高等教育“十四五”规划教材

“互联网+新形态”一体化精品教材

演讲与口才实训教程

主　编　俞　泉　郭军帅　苏晓云

副主编　卢俊颖　黄泳茵　陈一方
　　　　秦海平　辛朝乾　王　芳
　　　　王嘉文　范亚丽　崔玲俐
　　　　肖　萍　马文慧

燕山大学出版社

·秦皇岛·

内容简介

本书讲述了演讲与口才及其综合技能训练方法，编为十七章，从基础入手、由浅入深、由简到繁、循序渐进，每章都有精当的理论阐述和典型生动的案例，便于学习、体会，每一章在综合技能训练中，都设计了一些情景模拟及实践教学活动，并突出了实用性和可操作性，如自我介绍、语音训练、朗诵训练、谈话练习、导游词模拟讲解、演讲训练、模拟主持、模拟求职应聘、个人或团体辩论、推销、谈判等。本书讲解生动形象，通俗易懂，可作为大中专院校的口才课教材，也可作为想提高自身演讲与口才水平的读者的自学教材和参考书。

图书在版编目(CIP)数据

演讲与口才实训教程/俞泉，郭军帅，苏晓云主编.—秦皇岛:燕山大学出版社，2022.7
ISBN 978-7-5761-0348-9

Ⅰ.①演… Ⅱ.①俞… ②郭… ③苏… Ⅲ.①演讲-教材②口才学-教材 Ⅳ.①H019

中国版本图书馆 CIP 数据核字(2022)第 073437 号

演讲与口才实训教程

俞　泉　郭军帅　苏晓云　主编

出 版 人:陈　玉
责任编辑:朱红波　　策划编辑:朱红波
责任印制:吴　波　　封面设计:沐图品牌策划设计
出版发行:燕山大学出版社　　地　　址:河北省秦皇岛市河北大街西段 438 号
邮政编码:066004　　电　　话:0335-8387555
印　　刷:涿州汇美亿浓印刷有限公司　　经　　销:全国新华书店

开　　本:185mm×260mm　16 开　　印　　张:16
版　　次:2022 年 7 月第 1 版　　印　　次:2022 年 7 月第 1 次印刷
书　　号:ISBN 978-7-5761-0348-9　　字　　数:328 千字
定　　价:39.80 元

前　言

口语交际能力是现代公民的必备能力之一，更是直接在生产、建设、管理和服务第一线工作的高级应用型人才必备的能力之一。“演讲与口才”是一门在理论指导下培养学生在工作中运用口语能力的实践性很强的课程，旨在对学生进行演讲与口语表达的技能训练。主要任务是使学生掌握相关训练科目的语言技巧，具有专业所需的演讲与口语表达能力，具备一定的语言应变能力。

全书共分十七章，先介绍口才运用的前提和理论依据，它始终贯穿于整个教程，着眼于提高素养，然后介绍具体的运用，有针对性地培养学生在人际交往的不同场合运用口才的技巧，使之具有适应现代社会发展所需要的各种言语能力。其具体内容的安排，采用“本章导读”“开篇案例”“知识链接”“综合技能训练”的体例，充分体现出实践性课程的教学目标要求——“口才为实用、口才展素质”的理念；教材内容注重思维训练和素质培养，以坚定自信、自强不息、坚韧不拔的优秀心理品质的培养和良好的职业道德及正确的世界观、价值观和审美观的培养作为素质教育的目标；注重培养和提高语感能力及语言表现力，如朗读和朗诵的技能、演讲口才技能、营销口才技能、求职应聘口才技能、谈判口才技能、辩论口才技能项目的安排等，目的是培养良好的倾听能力、阅读能力、调查取材、获取信息的能力、思维能力、应变能力等，从而形成本教材的能力和职业技能的目标追求。

本教材十分重视案例分析和实训的设计，大量安排案例和实训材料是为了充分地进行实用必需的口语训练，且主要是针对设计的具体语境展开口语练习，训练内容由易而难、由简而繁，循序渐进，新颖、独到。

本教材在编写的过程中力求严谨、简洁和典型，以适应不同专业、不同职业、不同学习阶段的读者的需求。

本教材由俞泉、郭军帅、苏晓云任主编，由卢俊颖、黄泳茵、陈一方、秦海平、辛朝乾、王芳、王嘉文、范亚丽、崔玲俐、肖萍、马文慧任副主编，最后由俞泉负责全书的统稿工作。

鉴于编者水平有限，其中疏漏及不妥之处在所难免，恳请专家、同仁和广大读者提出宝贵意见。

编　者

2022 年 1 月

目　　录

第一章　演讲理论

本章导读

随着社会生活方式不断向现代化迈进，人际交往的机会也日渐增多，更加需要通过演讲与口才满足生活多方面的需求与选择。尤其在社会活动中，特别是公开场合我们需要使用有声语言说明道理、阐述观点、交流思想和感情、介绍学习和工作情况、分享经验等，以使他人信服并产生情感上的共鸣。同时，也有必要用态势语言帮助说话、协调动作、表情达意，向他人展示自己的同时，也为事业的成功提供一个台阶。

开篇案例

晏子使楚

齐相晏子奉命出使楚国，楚国人知道晏子身材矮小，就想要故意侮辱他。他们在城门边上开了个小门，请晏子从小门进宫。晏子见了，笑着说："出使狗国，才从狗洞里进去。现在臣奉命出使楚国，大概不应该从狗洞里进去吧？"楚国官员听了之后，赶快打开正门，请晏子进宫。

晏子对楚王行礼，刚刚站起身，楚王就发话了："齐国难道没有人了吗？"晏子一听，就明白了楚王是在蔑视自己，可表面上却似乎在说齐国没有人，于是就从容答道："齐国都城临淄，有三十万户人家，每人如果抬起胳臂来，那衣袖可以遮住太阳；每人挥一把汗，就像下了一场大雨；大街上人来人往，摩肩接踵，谁说齐国无人？"

楚王又问道："既然齐国有那么多人，怎么派你来出使呢？"晏子随口回答："齐王任命使臣，量才录用，任命贤德之人出使贤德之国，品行不好的人出使到下等国度。臣的品行最差，所以只能被派到楚国来了。"

楚王听了，气得张口结舌，无言以对。但楚王对自己的失败仍然耿耿于怀，总想找个机会进行报复，便与手下大臣商议对策，想找机会羞辱晏子。过了两天，楚王请晏子进宫赴宴。众人畅饮正欢，忽见殿前走过一伙人，晏子一看，原来是一队卫兵押着一名囚犯走过。楚王高声斥问道："何人来此喧哗？"一名侍卫官报告说："启禀大王，刚刚抓到一个贼。"楚王又问："从哪里来的？审问过没有？""审问过了，这贼说他是从齐国来的。"楚王听了就得意地对晏子说："齐国人生来就善于偷盗吗？"晏子听了立刻起身答道："臣听说橘生淮南则为橘，果实大而甜；移之淮北则为枳，果实小而酸。为什么？原来是因为水土不同的缘故啊！今齐国百姓在齐国不会偷盗，人们可以夜不闭户；而这人一到楚国就会偷盗，该不是楚国的水土使人变得善于偷盗了吧？"楚王听了哭笑不得，待了一会儿，才自我解嘲地说："与圣人真是不能随便开玩笑啊，这次我是自找难堪了。"

那晏婴是什么人呢？身任齐灵公、齐庄王、齐景公三朝相国，是一位著名的政治家，又是一位能言善辩的外交家。他多次出使诸侯各国，都以犀利的口才维护了自己的人格和国家的尊严。在这则故事里，他巧妙地运用了归谬法，将对方荒谬的观点进一步夸大，并将荒谬引向对方自身,使人一听就知道是荒谬至极,而且使羞辱他的人受到加倍的羞辱。这种方法就叫作“请君入瓮”。

古人这些以绝妙口才出奇制胜、转危为安的事例,令人百读不厌。我们常见的口头创作,或借古讽今,或以物喻理,或以近喻远,或以小喻大,或虚张声势、明知故问,或借题发挥、指桑骂槐,或跌宕起伏、妙语连珠,或先声夺人,或后发制人等方法,莫不令人拍案叫绝。学习古人的口才,不仅要学习他们善于说服人的口语表达技巧,更要学习他们严密的逻辑思维能力以及观察判断问题的敏锐性。

第一节　演讲概述

一、演讲的含义

“一人之辩,重于九鼎之宝;三寸之舌,强于百万雄师。”刘勰在《文心雕龙》中的论述极其精练地概括了口语表达能力的意义和作用。演讲,作为现实活动中比较典型的实用性独白体口语表达艺术,为人们所热衷、学习、追求和运用。要想成为一名优秀的演讲者,首先要对演讲的相关问题有一个比较全面的了解。

(一)什么是演讲

关于这个问题,知名演讲家李燕杰先生的回答是:“什么是演讲?简单回答:是就某个问题对听众讲明事理,发表意见,如此而已。”

从概念去理解,“演讲”具有“演”和“讲”两层含义:“讲”是表述、表达,是“说”。而“演”一是多种语言表现形式的口语艺术,诸如修辞、节奏、声调等;二是演讲者现场形态的表现形式,如态势、动作、表情、风度等。因而从广义上理解,“演讲”是人类有声语言和其他无声语言相结合的表现形式,是一种艺术。

著名相声表演艺术家侯宝林曾跟朋友开玩笑说:“想要学演讲并不难,可以先学说相声!”话虽诙谐,却道出了演讲与其他语言表演艺术的相似点和内在联系。

(二)演讲是一种什么样的艺术

要回答这一问题,我们不妨从艺术和演讲自身的内涵分析,以进一步加深理解。

单纯就现代艺术而言,应有两大艺术系统。一是欣赏艺术系统,如戏剧、评书、相声、诗歌朗诵等,都是通过艺术形象间接地反映现实。演员是艺术舞台上的“角色”,是通过“角色”的言语形态表达(如叙述、描述、模仿)等间接地反映现实,并通过艺术形象的感染力,在读者与观众之间产生共鸣,形成间接的社会效果。二是实用艺术系统,是出于实用的需求,受实用目的支配的有限的艺术、手段性艺术、实用性艺术。实用艺术必须遵守现实活动的性质与规范,为更好地为实用服务、达到实用目的、取得良好的使用效果,采用并表现为一种天才的、娴熟的、精湛的、富有魅力的高超技能、技巧和技艺,展示出一定的艺术性和审美价值,其突出特点是在任何时候都不会脱离“实用”的艺术,如建筑艺术、经营艺术、教学艺术、法庭辩论艺术等;前者属于物质实用艺术,后三者属于精神实用艺术。

(三)演讲的社会性质

演讲就其社会性质来说,是一种社会现实活动。

1. 演讲是出于社会现实的需要

作为演讲主体之一——演讲者,是针对某一现实客观事件陈述现实、发表意见、评价或干预现实,目的在于提出现实问题和解决现实问题,并直接作用于现实听众,追求直接的现实效果,也就是说,演讲的社会价值在于它能在听众那里产生直接的影响乃至现实作用。

2. 演讲是演讲者从事社会活动的讲话

演讲者都是社会现实中的人,有相应的职业,演讲是他们从事社会现实活动的一部分。他们不是任何艺术平台上的角色,无须任何装扮即可进行演讲,呈现在听众面前的是一个真实的自我。演讲不是独立的社会专业,演讲家也都有自己的职业活动,而演讲都是演讲者以真实身份从事现实社会活动的讲话,甚至是出于其职业活动需求的演讲。

3. 对于听众而言,演讲是现实生活的活动

从演讲中的另一主体——听众角度看,演讲也是一种现实生活的活动。他们去听演讲不同于看话剧、听评书等,是出于艺术生活的娱乐性、欣赏性需求,而是现实生活的实用性需求;目的在于通过演讲者陈述的事实、发表的意见、讲解的道理,从而受到人生理性的启迪,解决自己关心的社会现实问题。

根据以上的分析,我们可以得出明确的结论:演讲是属于现实活动的实用性言态表达艺术。

二、演讲的特征

演讲活动作为一种社会实践活动,主要有以下五大特征:

1. 现实性

演讲的话题大都是社会现实问题,选用的材料大都是真实的,站在台上的演讲者不同于舞台艺术的演员,而是以真实姓名出现在现实生活中的人。

演讲不是表演艺术,虽然演讲既“讲”又“演”,但演讲中的“演”,不是为了塑造艺术典型,而只是以此作为一种辅助手段,以取得更好的演讲效果。

2. 艺术性

演讲是一门艺术。演讲的艺术性表现在它的语言、形象、声音都会给人以艺术的美感,这也正是演讲作为一种更高级的语言艺术的魅力所在。同时,演讲的许多环节都需要进行艺术性处理,如演讲有声语言和态势语言处理得当,就能更吸引听众注意,引导演讲走向成功。

3. 综合性

演讲是说与写的综合,是讲与演的综合,也是演讲技巧与各种表达方法的综合,还是演讲者素质与各种知识的综合,更是演讲者与听众思想的融合。

4. 鼓舞性

演讲的目的就是感召听众并促使其行动,所以为达到这一目的,就要求演讲必须具有鼓舞性,引起听众与演讲者的心灵共鸣。

5. 临场性

演讲是在特定的时间、空间范围内面对听众进行的口头语言表达活动。一般来说,它不应该采取照本宣科背演讲稿的办法,而应该讲究临场发挥,即根据演讲现场的情况和听众对

演讲的反应，在原有准备的基础上，审时度势地对演讲的内容、结构、语言等作适当的变更，以求达到更好的演讲效果。

三、演讲的作用

演讲的作用是巨大的，在人类历史上，演讲伴随着许多重大历史事件产生、发展。概括地说，演讲的作用包括以下几个方面：

(一)传播真理

演讲重在说理。一般的演讲都要求摆事实、讲道理，以理服人。能对听众产生影响的演讲，演讲者所讲的道理首先应是客观真理。演讲的首要作用就是传播真理。古希腊大演讲家德摩西尼的“斥腓力演说”之所以对雅典同胞有那么大的激发力和感召力，根本原因还是由于他揭示了正义、民主、自由以及不能投降、只有抗争才有民族生存的社会真理，而正是这种关于民族存亡的真理启迪，才会使听众觉醒起来，群情激愤、摩拳擦掌，纷纷投身战斗；孙中山在东京中国留学生欢迎大会上的演说，阐发了深刻的民主革命和民族自强“自雄”的政治真理，使在场的千余听众受到真理的启迪而觉悟起来，达到了唤醒民众的目的。李大钊的《庶民的胜利》、鲁迅的“北平五讲”、闻一多的《最后一次讲演》等，都是以他们揭示的真理影响了听众，产生了广泛的社会影响及深远的历史影响。

(二)激发情感

演讲不仅能以理服人，还能以情感人。演讲是演讲者在现场声态并茂的直观性的言态表达，其所表达的理性内容是饱含着情感的，比如对某一事物的看法既有理性认识又有情感体验，表达时也是带着情感的表达，情感又必然在声音、语调、态势、动作、表情上直观地表现出来，近距离地感染听众、激发听众，使听众心里无法平静，或激动欢呼，或愤愤不平，或热泪盈眶，这种情感就会驱动听众产生符合目的的行动。所谓演讲特有的“煽动”作用，主要就体现为情感的激发作用。秦朝末年，陈胜、吴广发动大泽乡起义时，陈胜有一段著名的演讲：

“公等遇雨，皆已失期，失期当斩。藉第令毋斩，而戍死者固十六七。且壮士不死即已，死即举大名耳。王侯将相宁有种乎！”徒属皆曰：“敬受命。”

陈胜这段演讲，有说理、有鼓动，成功地激发了听众的情感，“徒属皆曰：‘敬受命’”正是陈胜激发情感效果的反映。

(三)指引行动方向

演讲的最高宗旨在于引导听众向符合演讲者希望的方向行动。演讲指引行动方向的作用有时是直接的、立竿见影的，如上面提到的陈胜起义前的鼓动演讲；有时是间接的、循序渐进的，如毛泽东的《改造我们的学习》。

(四)演讲是政治斗争的有力武器

演讲历来是政治家发表政见、阐明观点、批驳政敌、争取盟友的有力武器，特别是处于社会激烈变革的年代，这种社会作用尤为突出。“一人之辩，重于九鼎之宝；三寸之舌，强于百万之师。”“一言可以兴邦，一言可以误国。”历史上，很多口若悬河、能言善辩之士，仅凭一条剑舌，活跃在政治舞台上。他们有的劝阻战争，化干戈为玉帛；有的怒斥奸佞，以正气压倒歪风；有的巧设比喻，以柔克刚，争取盟友；有的反唇相讥，绵里藏针，瓦解敌阵。诸葛亮“舌战群儒”和“智激周瑜”就是家喻户晓、老少皆知的故事。美国黑人民权运动领袖马丁·路德·金的

《在林肯纪念堂前的演讲》,以诚挚抒情的语调,描述了黑人梦寐以求的平等自由的理想,有力地推进了美国黑人的民权运动。

正因为演讲与政治活动联系密切,具有极大的组织、鼓动、批判和推动作用,所以人们不仅利用演讲来为特定的政治目的服务,同时也广泛关注各国政界、军界和知名人士的演讲,从中了解和研究其演讲所透露的信息,预测今后的发展趋势,以制定相应的对策。

知识链接

初学演讲应处理好哪四种关系

随着知识经济时代的到来,演讲能力已成为考核和评价人才素质的重要尺度,学习演讲的人越来越多。初学演讲,应注意把握好以下四个方面的关系。

一、演讲理论与实践的关系

演讲理论与实践的关系众所周知,任何没有科学理论指导的实践都是盲目的实践,演讲亦然。演讲是在特定的环境中,由演讲者的品德修养、语言表达和听众心理、信息传播价值及方式等多种因素共同作用的综合行为过程,具有很强的科学性和艺术性。科学的演讲理论是从演讲实践中概括、抽象出来的,熔铸了哲学、美学、社会学、教育学、心理学、语言学、逻辑学、文学、历史等许多门类的科学成果。

初学演讲的人,往往有着迫切的成功欲望,但却容易走上两个极端:或者轻视理论、盲目实践,或者死抠理论、忽略实践,结果都是屡讲屡败,事与愿违。究其原因,前者忽视了演讲作为一门严肃的科学所具备的科学性和艺术性,忽视了对演讲理论的深入学习和研究,企图凭借浅薄的个人经验去盲目摸索或简单地模仿而形成高水平的演讲能力,要么单纯地把演讲能力等同于口头表达能力或普通话水平甚至演讲稿的写作水平,以偏概全;要么专在态势语言上下功夫,钻牛角尖;要么错把演讲理论当成可有可无的调味品,以几个演讲名人的某次演讲或几句名言作为指南,夸夸其谈。而后者则往往被当前百家争鸣的各种演讲理论惹得眼花缭乱,要么难辨真伪,无所适从;要么视理论为要诀,一招一式都非得从书本上讨说法,被理论束缚住了手脚。如此等等,只能是事倍功半,甚至误入歧途。

事实证明,没有一个人的演讲能力是天生的,而在科学的理论指导下经过长期的艰苦实践,这才是古今中外的一切著名演讲家成长的共同道路。目前,在我国,以邵守义教授为代表的一大批演讲学专家对演讲理论广泛深入的研究成果,应该是指导我们演讲实践的宝贵财富。初学演讲的人,应该抛去浮躁,系统地掌握有关演讲的基本概念、演讲稿的写作、口语表达技巧、演讲中的机变艺术、演讲设计等知识,把科学的理论和扎实的实践相结合,开展有序、有效的演讲活动。

二、即兴演讲与常规演讲的关系

我们一般把经过演讲者深思熟虑并备有演讲稿的比较严肃郑重的演讲称为常规演讲,而把演讲者兴之所至、有感而发、在没有准备或没有充分准备的情况下所发表的演讲称为即兴演讲(注:按高振远先生的定义,见《演讲与口才》1997 年 1 期)。

常规演讲和即兴演讲是两种常见的演讲方式,虽有各自的特点和适用范围,但并无彼重此轻之分,更无不可逾越的鸿沟。一些初学演讲者往往急功近利、好高骛远,认为常规演讲是念稿子或背稿子、装样子,是人人皆可为的没水平的表现,而即兴演讲才能体现一个人的真实口才,所以一味追求即兴演讲而竭力否定常规演讲,初登讲台就毫不准备或只拿个简单的提纲就"即兴演讲"一通,渴望出口成章、一鸣惊人,结果往往是语无伦次、纰漏百出。我们认为,即兴演讲能力固然能真实体现演讲者的水平,但并非以"没有准备"为其根本特征,并非如毛泽东同志所批评的那种信口开河、胡讲乱说,向人民群众哇哇叫的老鸦声调,而"兴之所至,有感而发"才是它的灵魂,更何况所谓备有演讲稿的常规演讲,也并非只是机械地照本宣科或背诵讲稿,即使是十分严肃郑重的会议上非照稿宣读不可的,也应该是边看讲稿边看听众的。另外,我们也常会看到这样的情况,在常规演讲中,一些演讲者为了追求理想的演讲效果,机智灵活、随机应变地从当时、当地听众的实际出发运用一些即兴演讲,或者放弃准备好的演讲稿,即兴发表演说(如时间不充足、听众不耐烦、演讲主题临时改变、天气地点变化等)。这些事实都说明常规演讲和即兴演讲之间并无非此即彼的矛盾,我们学习演讲也就没有厚此薄彼的必要了。一个演讲者高水平的即兴演讲能力离不开常规演讲能力的培养,而一个只具备常规演讲能力、缺乏即兴演讲能力的人,也只能算是演讲台上的"半桶水"。所以,对初学者来说,应该脚踏实地地进行长期的文化修养、心理品质、思维方式、语言技巧等各方面的艰苦训练,全面培养各种演讲能力。

三、演讲稿与演讲的关系

演讲前要不要写演讲稿?演讲时带不带演讲稿?这似乎是一些初学演讲者碰到的难题。有些初学者认为,演讲稿无非就是演讲前下点儿功夫写就的一篇"作文"而已,念熟甚至背诵过,如果允许带就上台照着念,否则就照原样背出来。演讲稿就起这点儿作用吗?这就涉及了演讲中一个重要问题,即如何正确处理演讲稿与演讲的关系。

演讲稿,顾名思义,就是为演讲而准备的文字材料。由于演讲的类型和方式以及演讲者的水平等因素的差异,对演讲稿的要求会有所不同。一般说来,严肃郑重的常规性演讲,如公务报告、学术研讨,由于各自的政策性和权威性、科学性和真实性等的严格要求,都必须事先备有"全稿式"讲稿,并且可以或者必须在台上照稿宣读;而英模报告、经验交流等类型的演讲,则既可以准备全稿,以便做到胸有成竹、从容上阵,在有限时间里抓住问题的关键,揭示问题的实质,也可以只写出梗概或基本观点,临场充分发挥、灵活应变。至于"兴之所至,有感而发"的一些特定场合的即兴演讲,虽然由于时间的紧迫"没有准备或没有充分准备",但也应在情况允许的范围内迅速打出"腹稿"或列个提纲,以免上台后信口开河。

初学演讲者往往人为地割裂了演讲稿与演讲的有机联系,要么把心思全放在演讲上,只考虑着上台后如何去"演"去"讲",对演讲稿为演讲服务的重要性认识不足,即使有充分的时间也不愿去撰写演讲稿,或者写了也当成可有可无的"道具",显示出心态上的浮躁;要么倾尽全力在"写"上下功夫,成语、典故、格言连篇累牍,忽略了从演讲稿到演讲之间语体上的有机转换,失去口头语言应有的通俗、朴素、简短、流畅等特点,失去了演讲的可听性,上台后唯稿是从,不敢越雷池一步,结果把演讲变成"作文朗读"或"作文背诵"。我们认为,作为初学演讲者,不但应认真撰写演讲稿,还应充分把握演讲稿的写作要求,努力达到演讲稿为演讲服务的目的。

四、口头语言与态势语言的关系

我们习惯上把演讲中的语言分为口头语言和态势语言两种。仪表、风度、表情、手势这样一些非口头语言因素统称为态势语言。毋庸讳言,和谐、自然的态势语言是演讲成功不可或缺的组成部分。古今中外很多著名的演讲家都十分重视态势语言的作用,陶行知先生说:"演讲如能使聋子看得懂,则演讲之技精矣!"但演讲作为人类重要的交际活动,首先是一种口语行为,不同于电影、电视、戏剧等表演艺术。一些初学演讲者为了追求轰动性的演讲效果,很容易过分夸大态势语言的作用,把演讲的“演”理解为演戏,脱离具体的演讲内容,或者借鉴一些喜剧明星的表演技巧,如:模仿口技演员学鸟鸣马嘶,模仿小品演员学老年人说话、走路等;或者按演讲前精心“设计”的表情、“排练”的动作上台表演;或者简单学习一些演讲名家的演讲习惯。作为一个初学演讲的人,如果过分夸大态势语言的作用,渲染态势语言的魅力,势必是哗众取宠、舍本求末,使演讲失去本来的意义,只有把丰富深刻的演讲内容、准确熟练的口语表达能力与和谐、自然的态势语言有机地结合起来,才是学习演讲、最后达到成功的必由之路。

(五)演讲是经营管理的有效途径

在经济活动中,企事业单位的领导人常常运用演讲,把企业活动的奋斗目标、方针、措施,向职工传达,使领导的决心变成职工的具体行动,从而推动企业各项工作的全面开展;职工也运用演讲向上级汇报工作、反映情况,向兄弟部门介绍经验、交流信息等;从事经济活动的人,常常能从演讲,特别是从各国领导人的演讲内容中捕捉到与经济有关的信息,从而预测经济发展动向,以便采取相应的措施、调整对策。在贸易洽谈中,生动的演讲常常能把客户的注意力吸引到产品价格相对的价值上来,使对方感到他们将得到好处,而不是付出代价。

四、演讲的传达手段

演讲的传达手段包括有声语言、态势语言和主体形象。

(一)有声语言

有声语言是演讲活动最主要的表达手段。它由语言和声音两种要素构成,以流动的声音运载思想和情感,直接诉诸听众的听觉器官。它要求吐字清楚、准确,声音清亮、圆润、甜美,语气、语调、声音、节奏富于变化。

(二)态势语言

态势语言就是演讲者的姿态、动作、手势和表情,是流动着的形体动作,辅助有声语言运载着思想和感情,直接诉诸听众的视觉器官。它要求准确、鲜明、自然、协调。

(三)主体形象

主体形象是指演讲者的体形、容貌、衣冠、发型、举止神态等。主体形象的美与丑、好与差,直接影响着演讲者思想感情的表达。它要求演讲者在符合演讲思想感情的前提下,注重装饰朴素、得体,举止、神态、风度的潇洒、优雅、大方,给听众一个美的外部形象。

必须指出,演讲如果只有“讲”没有“演”,只作用于听众的听觉器官而不作用于听众的视觉器官,就会缺少动人的主体形象和表演活动;如果只有“演”而没有“讲”,只作用于听众的视觉器官而不作用于听众的听觉器官,也就不能称其为演讲了。所以,两者缺一不可,相辅相成。但是,“演”与“讲”的和谐必须是以“讲”为主、以“演”为辅,“演”必须建立在“讲”的基础上,否则便失去了演讲的意义。

现在,可以给演讲的本质下一个定义了:演讲是演讲者在特定的时境中,借助有声语言和态势语言的艺术手段,针对社会的现实和未来,面对广大听众发表意见、抒发情感,从而达到感召听众并促使其行动的一种现实的信息交流活动。

五、演讲与口才的关系

演讲是口语表达的一种形式，一个人可以通过演讲来锻炼自己的口才。演讲又不同于其他口语表达形式，是较高层次的口语艺术。因此，我们可以这样看待二者的关系。

（一）演讲是提高口语表达能力的重要方法

1. 演讲能增强自信心，克服当众说话的恐惧感

第一次登台演讲，往往会眼睛不敢看听众，由于紧张，说话会语无伦次。经常进行演讲练习，就会逐渐消除恐惧感，增强自信心，口语表达也就会更自然流畅。

2. 演讲能提高选词造句、组段成篇的能力，使口语表达精练、生动，逻辑性强

要想成功地进行演讲，就必须用最生动的词语和事例、最精练的语言、最强的逻辑性来感染听众。经常进行演讲训练，就会养成一种正确运用语言的习惯，积累丰富的知识，将这些运用到其他场合也一样会得心应手，从而提高口头语言的表现力。

（二）演讲优于其他口语表达形式，是最有审美价值的口语表达形式

1. 演讲阐述的观点是全面而系统的

正式的、重要的演讲都要有讲稿，起码要有腹稿。这就决定了演讲者会较全面而系统地阐述自己的观点，不能离了大纲而随心所欲。这样，听众才会因演讲者深刻的理论阐述、丰富而生动的事例描述而受到感染，从而接受演讲者的观点。

2. 演讲是最完善、最有审美价值的口语艺术

演讲是艺术性较强的实践活动演讲，是以“讲”为主、以“演”为辅，要求调动有声语言（讲）和态势语言（演）等一切积极因素和手段，在大庭广众之下，交流思想、表达感情。因此，它不同于领导人作报告，不同于服务员招待顾客，也不同于业务谈判。所以说，演讲是最完善、最有审美价值的口语艺术。

3. 演讲是最具有鼓动性的实践活动

演讲不同于二人的交谈，也不同于不同意见的争辩，它是一人讲、众人听的活动。在演讲中，演讲者会以极强的说服力和感染力吸引听众，使听众信服、感动、跃跃欲试，并付诸行动。这是其他口语表达形式所不能及的。

总之，我们理解了演讲与口才的关系，就会以更积极的态度进行演讲，训练口才。

第二节 演讲的分类

一、按演讲功能

（一）“使人知”演讲

这是一种以传达信息、阐明事理为主要功能的演讲。它的目的在于使人知道、明白。它的特点是知识性强，语言准确。但凡属于知识传授口才范畴的都应该属于这一类，如教师的教学演讲等。又如美学家朱光潜的演讲《谈作文》，讲了作文前的准备、文章体裁、构思、选材

等，使听众明白了作文的基本知识。

（二）"使人信"演讲

这种演讲的主要目的是使人信赖、相信。它从"使人知"演讲发展而来。如恽代英的演讲《怎样才是好人》，不仅告知人们哪些人不是好人，也提出了三条衡量好人的标准，通过一系列的道理论述，改变了人们以往的旧观念。它的特点是观点独到、正确，论据翔实、确凿，论证合理、严密。

（三）"使人激"演讲

这种演讲意在使听众激动起来，在思想感情上与你产生共鸣，从而欢呼、雀跃。如美国黑人运动领袖马丁·路德·金的《在林肯纪念堂前的演讲》，用他的几个"梦想"激发广大黑人听众的自尊感、自强感，激励他们为"生而平等"而奋斗。

（四）"使人动"演讲

这比"使人激"演讲进了一步，它可使听众产生一种欲与演讲者一起行动的想法。如法国前总统戴高乐在"二战"期间的英国伦敦作的演讲《告法国人民书》，号召法国人民行动起来，投身于反法西斯的斗争中。它的特点是鼓动性强，多以号召、呼吁式的语言结尾。

（五）"使人乐"演讲

这是一种以活跃气氛、调节情绪、使人快乐为主要功能的演讲，多以幽默、笑话或调侃为材料，一般常出现在喜庆的场合或人与人交流感情的场合。它的特点是材料幽默、语言诙谐，可以和谐关系、融洽感情。

二、按演讲内容

（一）政治演讲

凡是为了一定的政治目的，出于某种政治动机，就某个政治问题以及与政治有关的问题而发表的演讲均属此类。它包括外交演讲、军事演讲、政府工作报告、政治宣传等。像周恩来的《中美友好的大门终于打开了》、张学良的《我们要立于抗战第一线》等都属于这一类。

（二）生活演讲

生活演讲指演讲者就社会生活中存在的各种问题、风俗、现象而作的演讲，它表达了演讲者对这些问题的看法、见解和观点。这种演讲涵盖的内容更加广泛，如：表达亲情、友谊、吊贺、迎送、答谢等。像梁启超的《为学与做人》、爱因斯坦的《悼念玛里·居里》等都属于此类。

（三）学术演讲

学术演讲指演讲者就某些系统、专门的知识和学问而发表的演讲。一般指学校和其他场合的专题讲座、学术报告、学术发言、学术评论。它必须具有内容的科学性、论证的严密性和语言的准确性三大要素。这是与其他类型演讲的最大区别。赫胥黎的《进化论与伦理学》、王守武的《从晶体管说起》等都属于这一类。

（四）法庭演讲

法庭演讲指公诉人、辩护代理人在法庭上所作的演讲和律师的辩护演讲。法庭演讲有自己的突出特征：公正性和针对性。施洋的《谁是真凶》、亚伯拉罕·林肯的《伪证罪之辩》是这一类的典范。

三、按演讲表达形式

按表达形式演讲可分为陈述型、论辩型、主情型、鼓动型四类。

(一)陈述型

陈述型演讲是一种叙述事件发生经过、缘由、人物生平事迹的演讲,也称叙述式演讲。它主要用于报告某一地区或某一单位的政治、经济、文化发展情况,或某项工作的开展情况,或报告参观访问、参加会议的情况,或报告他人或自己的生平事迹等。陈述型演讲是“主识”型,目的是使人“知”。它的内容决定了演讲者不容许在思想和艺术两方面作更多的创造,而必须是从客观事实出发加以发挥。陈述型演讲除了感人的先进事迹演讲外,均不如其他形式的演讲富有感染力。因此,陈述型演讲特别讲究条理性,要求增强故事性,加强语言的生动性。

“教育兴则国家兴,教育强则国家强。”习近平总书记在党的十九大报告中指出,“建设教育强国是中华民族伟大复兴的基础工程”。在全国教育大会上,习近平总书记进一步提出了“加快推进教育现代化、建设教育强国”的新要求。关于教育强国的论述是习近平新时代教育新理念新思想新观点的重要组成部分,是新时代建设教育强国的行动指南。习近平总书记明确指出:“国家繁荣、民族振兴、教育发展,需要我们大力培养造就一支师德高尚、业务精湛、结构合理、充满活力的高素质专业化教师队伍,需要涌现一大批好老师。”建设高水平的教师队伍,必须提高教师队伍的总体素质和专业化水平,要按照“有理想信念、有道德情操、有扎实学识、有仁爱之心”的标准,做好教师培养和培训工作,强化师德师风建设,加强专业能力建设。优秀的教师队伍要使其发挥“人类灵魂的工程师、人类文明传承者”的天职,担负起“传播知识、传播思想、传播真理,塑造灵魂、塑造生命、塑造新人的时代重任”。

《学习张桂梅先进事迹,书写“平凡”党员故事》中的演讲:

张桂梅是云南省丽江华坪女子高级中学党支部书记、校长,华坪县儿童福利院院长。她坚守滇西贫困地区40多年,建成了针对贫困山区家庭困难女孩的全国第一所全免费女子高中,使1600多名贫困家庭学生圆梦大学。她将自己工资、所获奖金和社会捐助诊疗费等100多万元全部用于兴教办学,以实际行动兑现着自己“只要还有一口气,就要站在讲台上”的诺言。

“如果我是小溪,就流向沙漠,去造就一片生命的绿洲。”张桂梅作为一名平凡的人民教师,扎根贫困地区全身心投入教育事业,用生命点滴书写出来的人生故事彰显出一名普通党员、一名教育工作者的高尚人格和博大精神魅力。

初心不改,使命不弃。“如果我有追求,那就是我的事业;如果我有企盼,那就是我的学生;如果我有动力,那就是党和人民。”张桂梅简单的几句话,诠释了她的初心与使命,为此,张桂梅参加工作40多年来,爱岗敬业,虽身患疾病,依然坚守在三尺讲台上,全心投入教育事业,学习和研究新的教学方法,取得突出的教学成绩。习近平总书记在党的十九大报告中指出“为中国人民谋幸福、为中华民族谋复兴”就是我们党的初心和使命。而作为一名普通基层党员,应加强党性修养和党性锻炼,守初心、担使命,坚定理想信念,立足岗位,干一行、爱一行、专一行,刻苦钻研、勇于创新,在工作点滴中提升自我、服务人民、实现价值,在平凡的岗位上做出不平凡的事迹。

(二)论辩型

论辩型演讲是一种运用逻辑手段证明演讲者所提出的论点令人信服的演讲,也称议论式演讲。它分为立论和驳论两种。前者以论为主,后者以驳为主。但无论是立论还是驳论,辩中不可少论,论中不可少辩。论辩型演讲是“主劝”型,目的在于把“理”说通、说透,令人“信”和“服”。因此,论辩型演讲特别要求演讲者的观点必须鲜明,论据必须充分,语言必须有严密的逻辑力量。

(三)主情型

主情型演讲是一种以抒发演讲者的主观情怀为主,融情于理,融情于事,情、理、事交融,以情动人的演讲,也称抒情式演讲。它既包括各种礼仪性演讲,也从属于其他类型的演讲。主情型演讲的目的是动人“情”,这类演讲,占主体部分的是热情奔放的抒情,有时辅之以简洁的叙事,有一定的议论成分。主情型演讲,要求有浓烈的感情、诗一般的语言。

如《让爱洒满人间》:

有人说爱是人性绽放的最美的花朵,是人用高贵的灵魂织成的秀美的锦缎,我却要说爱是那涓涓的细流,涤荡着人的灵魂,更是那冬日的暖阳,将温暖洒满人间。

(四)鼓动型

鼓动型演讲是指通过演讲者的意志创造一种磅礴的气势,鼓励、动员、号召听众接受演讲者所提倡的理念,从而奋发行动的激励式演讲。如战争、战斗动员,救灾动员,鼓励人们参加某一行动、从事某一事业、增强某一毅力等。鼓动型演讲是“主理”型,目的是促人“行”。因此,鼓动型演讲要求演讲者必须把自己的观点、主张、道理讲得清楚明白,既要讲清行动的正义性和必要性,又要讲明行动的可能性和迫切性。

如闻一多的《最后一次讲演》:

“特务们……你们以为打伤几个,杀死几个,就可以了事,就可以把人民吓倒吗?……我们有这个信心:人民的力量是要胜利的!……希特勒、墨索里尼,不都在人民之前倒下了吗?”

闻一多用反问句式,鞭挞了国民党特务的无耻和丑恶,吹响了催促人们起来抗战的号角,给人民以鼓舞的力量。

由于演讲的内容、形式、功能复杂多样,我们以上对演讲的分类不可能做到绝对的划一和标准。这里只讲了几种基本类型。

综合技能训练

一、给下面一组命题演讲设计一个好的开头或结尾,并就其中一题作命题演讲练习。

1. 我爱我的专业
2. 赠你一条格言
3. 面对挫折抬起你的头
4. 我眼中的金钱
5. 掌握自己的命运
6. 逆境出(未必出)人才
7. 酒香不怕(也怕)巷子深

8. 毕业前夕的告别演讲

二、扩句练习。承接下面已提供材料的意思，沿原文思路，或充实、阐释，或引申论证，写一段话，然后登台演讲。

苦练出口才，常言道："台上一分钟，台下十年功。"熟练的猎人，一枪就能射中飞鸟；高明的医生，一刀就能正中患处，使病人康复……（请你讲下去）

第二章　口才理论

本章导读

高尔基曾讲过这样一个谜语：不是蜜，却可以粘住一切。其谜底就是语言。

对于人类社会来说，语言交际不仅是最主要的交际形式，也是最重要的交际形式，它构成了现代信息社会人们相互交流的基础。

开篇案例

明代学者解缙一次入宫晋见皇帝朱棣。朱棣告诉他："昨夜后宫生了个孩子，请先生诗以记之。"解缙便吟出一句："君王昨夜降金龙。"朱棣说："错了，不是男孩，是女孩。"解缙又改口道："化作嫦娥下九重。"朱棣又说："又错了，她生下就已经死了。"解缙忙说："料是世间留不住。"朱棣说："已扔进金水河里了。"解缙于是说："翻身跳入水晶宫。"一连串的难题，都被解缙化解，可见其思维非常敏捷。

我国古代是非常重视口才的，出现了许多著名的辩论家，如孔子、墨子、韩非子。他们中很多人都是凭借良好的口才传播自己的思想的，有的甚至左右一场战争，他们的一些辩论至今被我们奉为经典。可见演讲与口才对于我们是多么的重要。

著名教育家、演讲口才艺术家卡耐基说："一个人的成功85%是靠他的人际沟通和演说能力，只有15%跟他的专业技能相关。"语言是人与人之间沟通的桥梁，是人类最重要的交际工具，是人们进行沟通交流的各种表达符号，人们借助语言保存和传递人类文明的成果。一个人语言的能力，又叫作演讲与口才。口才在如今的社会非常重要，一个很有才能的人，如果没有一个好口才，不能把自己所想很好地表达出来，也就很难得到别人的肯定与认可。在我们生活中，如何与别人有效地沟通，意味着你能否处理好与家庭、朋友、同事等各种人际关系。良好的口才，能够帮助我们减少不必要的麻烦，帮助我们更好地生活、更好地发展事业。

具有卓越的口才的人拥有更强的说服力，能够更直接、更准确地表达自己的思想，所以能够使主体更适应于社会的需要。从社会层面上讲，当代高度信息化的社会需要其主体之间有充分的交流，而口才则是信息化社会交流的重要组成部分，优秀的口才能使交流更加有效率，促进社会分工合作的进一步完善，从而为社会发展起推动作用。

随着中国社会经济的快速发展，对人才的需求和要求也逐渐提高，口才越来越受到招聘企业的重视。对于大学生来说，在求职的时候口头表达能力的好坏将直接影响到其是否能进入自己心仪的企业。大学生作为推动社会进步的主力军，在成长与发展过程中培养良好的演讲口才，能有效地展现其良好的内在素质，不断提升持续发展的信心和能力，从而实现人的全面发展。

总之，口才是一门说话的艺术，是用口语表达思想的一种形式。在社会经济高度发展的今天，口才已经成为一种人们传情达意、交流思想的重要手段。

第一节 口才概述

一、口才的概念及其功能

语言是人类最重要的交际工具,是人的思想的直接反映,是人区别于其他动物的本质特征之一。语言是人类实现交往的最早形式,它随着人类的产生而产生,伴随着人类的发展而发展,自从人类诞生那天起,语言交流就在人们之间不断进行着、发展着。在现代信息社会中,信息的传递与交流是极其重要的,而在各种信息交流形式中,语言交际又是最生动、最主要的形式之一。

口才与演讲,有时可以统称为口才,或口语交际,它受到了古今中外的远见卓识者的重视。古代中国有云:"一言可以兴邦,一言可以丧邦。""一言之辩,重于九鼎之宝;三寸之舌,强于百万之师。"

那么,是不是一个人话多就表示有口才、口才好呢?好的口才要求表达者在交谈、演讲、论辩等口语交际活动中,根据特定的交际任务,切合特定的语境,运用恰当、有效的言辞策略,准确、得体、生动地运用连贯标准的有声语言,并辅之以适当的体态语言表情达意,达到特定交际目的,取得圆满的交际效果。它是一个人的素养、能力和智慧的一种全面、综合的反映。

现代社会中,口才是一个人应具备的重要能力,尤其是创造型、开拓型人才的必备素质。社会是丰富多彩的,人物是形形色色的,如果我们不善于同这个万花筒般的社会中的各种人打交道,那么必将陷入孤陋寡闻、自以为是的境地。人与人之间只有不断地交流,才能将自己的空间开拓得更为广阔,一个人只有感觉到自己是被了解、被需要的,才会更努力地去奋斗、去争取。口才在一定意义上标志着人类社会的进步,尤其对于政治家、教育家、外交家、秘书、商务人士而言,是其在社会交往中不可缺少的素质和能力。因此,口才具有表白、认识、交际、信息交流、指令、情感、美感等多项功能。

二、口才的特征

在社会生活中,社交活动不可避免,口才作为人们的交际工具,十分重要。在交际活动中,虽然口才的应用形式很多,但是却有着共同的特征。

(一)平等性

交际活动中的口头表达主要目的是交流思想、表达情感、传递信息。这一过程中的参与者是由两人或两人以上组成的。从交际的定义,我们不难发现交际活动都是双向性或多向性的,因此,参与交际活动的人在人格上和机会上都是平等的,没有尊卑、主次之分。在交际活动中,每个人都可以根据自己的实际情况发表自己的观点,阐明自己的立场;在相互倾听的基础上,以口头表达语言为载体,在了解别人观点的同时,使别人了解自己的观点。

交际活动中口头表达的平等性主要表现在两方面:

1. 人格上平等

虽然人们在交际活动中,要尊重长辈、领导,但是在人格上是平等的。地位高的人平等地与他人交流,他的观点也会容易被人接受。

2. 表达机会上的平等

在交际活动中，作为长辈或领导，不要认为自己是长者、领导，就应当多说，搞“一言堂”。交际活动并不是单向性的报告或演讲，没有交流，交际活动就可能变成单方向的说教。

因此，在交际活动中，在人格上互相尊重、礼貌待人，在表达过程中礼让谦和、平等待人，才能保证交际的平等性。

(二)随机性

交际活动中的口头表达不同于演讲和辩论等逻辑性、目的性非常明晰的活动，而是表现出典型的随机性特征。交际口头表达的随机性主要表现在如下几个方面：

1. 交际口头表达的话题随机性比重很大

虽然许多交际活动是有所准备的，但是也不可能像写文章、作演讲、进行辩论那样事先预设主题。尤其是日常生活中的交际活动，如同学聚会，先预设一个中心问题，就会使很多人感到不舒服，而这个时候的表达就可能是海阔天空的交流。在谈判等市场营销活动中，交际双方也常常会从一些不相关的问题谈起，而后层层深入，引入正题，而引起双方交流的话题一般说来也是随机的。

2. 交际口头表达的语言使用带有随机性特征

交际活动的特点决定了在实际活动中有诸多不确定的因素，这些因素直接决定了交际活动语言的随机性。

某市供电局的一支执法分队，在检查欠缴电费的过程中发现了一个欠费用户，执法分队的负责人与欠费用户交流的主题是讲明国家的规定，实施处罚。交谈中发现户主是一个单身老人，不但是一名倒闭企业的老工人，而且是一名志愿军老兵，如果按照欠费情况应当查封电表，停止供电；这位负责人随机应变，与老人交流主题变成了解他的具体情况。当查明情况后，第一项工作就变成用自己的钱为老人交了所欠的电费，然后，回到单位向有关领导作了汇报。有关领导了解情况后，作出为老人减免电费的决定。

如果执法分队的负责人不考虑实际情况，坚持既定的谈话思路，势必会对老人造成伤害；而他抓住了交际口头表达语言使用的随机性特征，就在扶危济困的过程中树立了国有企业在人民群众中的形象。

3. 交际活动的人员具有随机性

除了一些较为特殊的场合，在大多数交际场合中，参与的人员是不固定的。

4. 交际的口头表达方式具有随机性

在交际活动中由于情况不同，表达者采取的具体方法也有所不同。如，在现代社会中，大学生面对社会或学习压力出现心理疾病的比例有所上升，面对这一现象，作为教师，与学生交流中就要区别对待，对于被一时挫折击倒的学生可以以激励为主，而对于问题积累时间较长的同学则应当施以“援手”，帮助其解决问题。

(三)互动性

任何交际活动都不是单向的，因此交际中的口头表达就具有互动性特征。这种互动性特征主要表现在两个方面：

1. 交际活动角色的主次关系可以互动

在交际活动中,交流双方或多方对于话题内容的了解和关注程度存在差异,因此,交流的主次关系不断变化。

2. 交际活动信息过程具有互动性

交际活动中的口头表达是一个信息迅速反馈、交流的过程。在交际活动中,参与各方所持的立场观点可能一致也可能相反,而在信息交流的过程中一定是互动的,在信息互动的过程中,交流的目的才得以实现。

(四)制约性

交际口头表达的另外一个特征是制约性,包括思情、情感以及交际活动的环境、交流对象和话题等的制约。

在交际活动中,表达者要充分考虑自己身份和随处的环境,不可说不合时宜的话,要有一定的政治立场,应当体现马克思主义意识形态的要求。口语表达不能信口开河,尤其不能信口雌黄,贬低领袖,抹黑历史。口语的表达,在社会主义的中国,就要用中国的话语体系去说话,弘扬中国特色社会主义主旋律,说话一定要讲政治,这也体现了口才的制约性特征。

首先,在交际活动中,交谈时要选择内容高尚、文明、优雅的内容,不宜谈论庸俗低级的内容。语言所代表的是一种道德文明,它集中反映了人的思维能力、文化素养、道德品质等诸多内在素质,是获得成功的重要因素,也是风度美的重要标志。

其次,在交际活动中,表达者要充分考虑自己所处的环境,切不可说不合时宜的话,以免造成尴尬与误会。

法庭上正在公开审理一起盗窃案:

法官:你是几点去行窃的? 被告:9 点左右。法官:是早上吗? 被告:晚上 9 点。法官:说出准确的时间。被告:……

法官在情急之下,想请证人——被告的妻子出庭作证。由于不够冷静,竟然脱口而出:把他的老婆带上来!

法庭上一片哗然。

再次,在交际活动中,所选的话题具有制约性。在社交活动中有些话题是不能提的,比如个人隐私。不仅如此,人们还应当根据不同的对象选择不同的话题,展示自己的口才。

在著名豫剧表演艺术家常香玉舞台生活 50 年庆祝会上,著名演员谢添要作家李准当场用三句话把常香玉说哭。一个喜庆的日子,说几句话让喜气洋洋的资深表演艺术家当众流眼泪,显然有点不合时宜,李准连连摆手。出席活动的嘉宾却都穷追不舍,常香玉也走上前不依不饶地要求他"马上就说"。李准无奈,站起来说了下面一段话:

"香玉啊,今天多好的日子——咱们能有今天也真不容易。论起来,您还是我的救命恩人呢。记得我 10 岁那年跟着父母逃荒到西安,没吃没喝,眼看成群的难民快要饿死了,忽然听见有人喊:'常香玉放饭啦,河南人都去吃吧!'一下子涌上去许多人,我捧一大碗粥,眼泪吧嗒吧嗒地流个不停,想:日后若能见着恩人,我得给她磕头。哪想到,'文化大革命'您也挨整,那天,您被押在大卡车上戴高帽挂牌子游街,我站在街头看了,心在滴血啊——我真想喊:让我来替替她吧! 她可是大好人啊……"

李准还没说完,常香玉已捂着脸、转过身,泪水滚滚而下了。

三、口才与文才的比较

文才是书面上的文字能力，它包括逻辑思维能力、语言表达能力、修辞表达能力；而口才除了必须具备上述三方面能力，还应具有表演能力、交际能力、应变能力。

（一）表演能力

据美国心理学家统计：100% 口语表达效果 = 8% 内容 + 37% 语调 + 55% 表情。

在一次世界艺术家的聚会上，晚餐过后，一对意大利夫妇应邀为在场的艺术家们用意大利语演唱了一段歌剧。歌者优雅动人，歌声婉转动听，一曲终了，所有人都深深沉浸在乐曲的优美旋律之中。许久，方有人问起二人所唱的曲目为哪部歌剧，夫妻笑言是当晚所用餐的菜单。简单的菜单之所以声情并茂，令人回味无穷，就是因为演唱者自然优雅并巧妙地将优美的曲调融入进去，用富有感情的表演使得无生命的菜单焕发出了富有生命的感染力。

因此，口语活动中要注意通过美好的形象和语音、语调增强语言的表现效果。具体可以通过对态势语言和语言表达的训练得以加强。

（二）交际能力

交际能力与口才是互为因果的，因此进行语言交流活动必须了解一些人情世故，具体可遵循以下三点交际原理：

第一，注意给人以优越感。在和人交流中，可以合理地夸大其优点，这是你善解人意的表现，也是对人性中存在的自恋自大的理解。

第二，要注意身份地位。在群体中，了解每个人的身份、地位十分重要，其中包括领导成员、核心成员、主要成员、一般成员等，以使自己的说话得体。

第三，在社会大舞台上，社会、群体对你有着相应的角色期待，所以每个人应扮演好自己的角色，进而应把握好自己说话的分寸。

（三）应变能力

这是口语活动中重要的口才因素。因为社会中存在着不同的听众类别，有你的崇拜者，也有你的拥护者和支持者，有关心你的人，而更多的是与你没有太多关系的一般人员，当然不排除冷漠者和你的敌对者，因此，口语活动中，应注意听众的反应，尤其是各类不同听众的反应。在言语活动中，根据他们的反应及时变换角度、侧重点以及语音、语调。

第二节 良好口才应具备的素质

良好的口才不是与生俱来的，它依赖于后天的刻苦学习和锻炼。说话是一种技能，只有通过强化训练，才能更好地掌握这种技能。良好口才的核心素质包括丰富的知识、思维能力、语言修养和持之以恒的精神。

一、丰富的知识

良好的口才深深扎根于知识的土壤之中。大凡口才好的人，在说话时，往往能够旁征博引、谈吐自如、妙语连珠、巧问妙答、左右逢源。而要做到这一点，就要具有渊博的学识和深厚的语言积累。为此，可以多看一些富有哲理的小故事，多记一些富有时代气息的新名词，多读一些异彩纷呈的经典名著,这样说起话来就能够更翔实、更丰满、更厚重、更有新意、更发人深省。

二、思维能力

思维是一种分析、判断、推理的认识过程。人的思维活动是与语言紧密相连的,良好的口才要求人们具有较强的思维能力。

第一,思维要具有广泛性。它是培养口才的重要基础。思维的广泛性,即思路开阔、富于联想,从而能全面地认识事物。这样可以使口语表达内容丰富,灵活多变。

第二,思维要具有深刻性。它是培养口才的重要条件。有的人谈问题很肤浅,对事物的认识只停留在表面上;有的人谈话很深刻,能够认识事物的本质。究其原因,在于两者思维的深刻性存在差异。

第三,思维要具有敏捷性。它是良好口才的重要保障。口语表达中反应快速敏捷、迅速对事物作出判断、语言如行云流水,要以敏捷的思维为基础。

三、语言修养

人们常说"言为心声",口才折射的是一个人的内心世界和道德水准。改革开放的总设计师邓小平同志说:"我是人民的儿子,我深深地爱着我的祖国和人民。"被誉为"平民总理"的温家宝总理,无限深情地吟诵林则徐的"苟利国家生死以,岂因祸福避趋之"。把自己所有的爱都给了失学儿童的丛飞说:"我无力成就整个世界,却可尽我所能成就一些孩子。"仔细回味这一句句感人肺腑的话语,可以感受到他们的语言修养,同时也感受到他们的人格魅力。

然而,在现实生活中人们发现,有的人片面理解和歪曲口才的含义,认为好口才就是"耍嘴皮子";有的人说谎话,面不改色;有的人"吹牛皮",不假思索;有的人满嘴空话,语言尖酸刻薄,不以为耻,反以为荣。事实上,这样的人越能"说",反映出他的道德水准越低下。

口才训练要内外兼修,既要练口才,更要讲做人,要不断提高自己的道德修养,提升人格魅力,要做实事、讲实话、传真情。

四、持之以恒的精神

英国学院派创始人乔·雷诺兹说过:"如果你富于天资,勤奋可以发挥它的作用;如果你智力平庸,勤奋可以弥补它的不足。"口才不是一种天赋的才能,它是通过后天刻苦训练得来的。古今中外历史上众多演讲家,他们无一不是靠刻苦训练而获得成功的。

华罗庚先生在总结练"口才"的体会时说:"勤能补拙是良训,一分辛苦一分才。"

知识链接

口才训练绕口令摘抄

1. 蒋家羊,杨家墙,蒋家羊撞倒了杨家墙,杨家墙压死了蒋家羊,杨家要蒋家赔墙,蒋家要杨家赔羊。

2. 高高山上一条藤,藤条头上挂铜铃,风吹藤动铜铃动,风静藤停铜铃静。

3. 一个驼子骑匹骡子,碰到婆子,挑担茄子,驼子个骡子践到婆子个茄子,婆子拖驼子下骡子,要驼子赔婆子个茄子。

4. 墙上一个瓶,墙下一个盆,瓶落下来打破了盆的底,盆翻转来打破了瓶的嘴,瓶要盆赔瓶的嘴，盆要瓶赔盆的底。

5. 吃葡萄不吐葡萄皮，不吃葡萄倒吐葡萄皮。

6. 石狮寺有四十四只石狮子，四十四只石狮子吃四十四枝湿紫柿子。

7. 和尚端汤上塔，塔滑汤汤烫塔；和尚端塔上汤，汤滑塔塔烫汤。

8. 你会炖我的冻豆腐，就来炖我的冻豆腐，你不会炖我的冻豆腐，别胡炖八炖我的冻豆腐。

9. 稀奇稀奇真稀奇，蟋蟀踩死老母鸡，气球碰坏大机器，蚯蚓身长一丈七。

10. 扁担长，板凳宽，板凳没有扁担长，扁担没有板凳宽。扁担要绑在板凳上，板凳偏不让扁担绑在板凳上。

第三节　提高口才的途径与方法

从某种意义上说，一个人在社会交往过程中的口语表达能力，很能体现他的综合素质。而语言运用中，又有高低之分，优劣之别，精与粗、文与野的差异。要想使自己的语言达到“高、优、精、文”的境界，只能努力学习，别无他法。

一、提高认识，树立正确的口才观

毋庸讳言，社会上对口才褒贬不一，而孔门四科的顺序则是“德行、言语、政事、文学”，言语仅次于德行，排列第二，从中可以看出在孔子的教育实践中，“言语”所占的地位之高。在中国古代社会中，说客一度十分流行。以苏秦、张仪为代表的所谓纵横家，在春秋战国时代比今天的外交家要受欢迎得多，地位也要高得多。因而到了汉代班固的《汉书》中，还将纵横家与儒、道、阴阳、法、名、墨等思想流派并列，成为“九流十家”之一，当时甚至还出现过鬼谷子所创办的“口才学校”。当然，古代的政治家、理论家也有反对把口才当作一门艺术的，如北宋著名历史学家司马光就对说客极为不喜，说他们是“掉三寸之舌”，“专以辩说相高，人君悉国而听之，此所谓利口覆邦者也”。

到了现代社会对此也仍然分歧巨大，有人认为口才是人才的一半；也有人认为能说会道只不过是“耍贫嘴”。这种贬低口才的观点，从历史的角度看是不公正的；从认识论的角度看，是片面的、极端的，他们没有看到口才与思维水平之间的密切关系，谁能说一个思维迟钝而混乱的人，会有好的口才呢？又有几个口才好的人在业务上是低能儿呢？尤其是当今社会已经进入了信息时代，而口语则是最常用、最便捷的交流工具。为了培养现代化的复合型人才，我们今天也必须一扫那些对待口才的陈腐观念，变“君子讷于言而敏于行”为“君子善于言而又敏于行”，树立正确的口才观。

二、“功夫在说外”，加强个人修养

在社会言语交流过程中，说话人总是根据自己特定的世界观、政治倾向、道德观念、思想感情、知识水平、思维方式以及语言环境等基本要素的要求，将自己在认识中积淀于心灵深处的信息，转换成一种口语的形式传递出去。“语言是思想的直接现实。”没有爱憎分明，哪有义正词严；没有渊博见闻，哪能谈古论今；没有虚怀若谷，哪有言谈雅秀；没有文思泉涌，哪能口若悬河！十分明显，要想掌握好口才艺术，不仅仅是磨砺嘴皮子，更关键的是磨砺思想。朱熹

《观书有感》一诗中说："半亩方塘一鉴开，天光云影共徘徊。问渠那得清如许？为有源头活水来。"口才艺术的"源头活水"就在于人的德、才、学、识以及高尚思想指导下的社会实践活动。

三、普遍练习与重点突破相结合

培养丰富的语体感是口语表达训练的一项重要任务。要做到这一点，就应该坚持唯物辩证法关于一般与个别相结合的原则，既要抓好一般性口语语体的普遍练习，又要选择符合自己才能和兴趣的一种或多种语体进行个别突破。

首先，应该对使用频率较高而又适合训练的各种口语语体进行认真练习。根据以上原则，我们可以依据言语样式的不同，选择交谈、发言、问答、论辩、演讲五种不同的口语语体。这其中交谈属于日常口语，演讲则自成一体。这些语体虽然带有举例性质，但都是日常学习、工作、生活和社交中经常遇到，而又必须加强练习的。

其次，应该选择符合自己的语体，以重点突破。这是一个相当古老而又颇有道理的见解。三国时，曹丕在他的《典论·论文》中说："文非一体，鲜能备善"，"故能之者偏也，唯通才能备其体"。十八般武艺样样皆通，一般的人是难以做到的，口语语体的运用也是如此。因此，可以在各类语体中，选择符合自己的一种或数种语体作为口语训练的方向去认真实践。

四、学习前人，敢于创新

著名画家李可染曾说："踩着前人的脚印，最佳结果也只能是亚军。"这与爱因斯坦所说的"踩着别人的脚步走路的人，永远不会留下自己的脚印"是相似的。托尔斯泰说："正确的道路是这样的，吸取你的前辈所做的一切，然后再往前走。"邯郸学步，不仅没有学好，反而将自己原来的走法也丢掉了。走自己的路，是一种不重复前人的方法，不墨守成规，不死守教条，敢于创新，敢于冲破束缚的魄力。

每一个人都要在学习中不断超越，正如徐悲鸿，学习西方绘画的同时融合中国画的神韵，以己所学，创己之新，他并没有丧失自己，反而在中国画坛上留下了浓重的一笔。

口才练习也是一样的，创新自己的路程，才会走出风格。我们继承前人，又不因循守旧，借鉴别人，又要有所独创，站在前人的肩膀上，我们才能看得更远，同时我们也需要走出一条与前人不同的路。我们现在努力学习，就是把前人的精华学以贯通，吸收他们的经验然后再结合当下实际开拓创新。学习古人的经验最直接的办法是熟读古人的经典之作，并从中总结出其雄辩的方法和技巧，然后结合现实加以创新为我所用。

在中国古代，口才上乘的范例简直数不胜数，如《左传》中记载的"蔡厨师认罪辩冤"的故事：

晋文公作为公子时，曾经在外流浪了19年，受尽了磨难。后来回国执政当上了国君，就尽情地享受了一番，什么山珍海味他全都尝遍了，其中最爱吃的则是烤肉。有一次，晋文公点了一盘烤肉，但是端上来一看，分明有一根头发丝缠绕在烤肉上。于是，晋文公勃然大怒，唤来烤肉的蔡厨师。晋文公的侍从对蔡厨师吆喝道："烤肉上居然缠有头发丝，这是对君主的大不敬，你如此失职，该当何罪？"蔡厨师看了一眼盘子里的烤肉，心知有人故意陷害自己，心想，我一个卑贱的厨师，在皇上面前哪有辩护的权利？但是如果不将冤屈点破，又会马上被处死。在这危急关头，聪明的蔡厨师连忙跪倒在地向晋文公认罪："臣有罪，臣该死！臣罪有三：厨下切肉的刀快得像宝剑,能够割断肉却割不断头发丝,这是臣罪之一;烤肉时,我用铁锥串起来反复翻动,却没有发现这么长的一根头发丝,这是臣罪之二;炉火熊熊,旺得发红,肉烤熟了,头发竟然还没烤焦,这是臣罪之三。有此三罪,死罪难免。"晋文公听了这番话之后,就领会了蔡厨师的巧妙申辩,醒悟到这是有人故意做手脚,一是戏弄国君,二是陷害厨师。于是,他下令将伺候进膳的侍从找来审问,果然如此。晋文公大怒,杀了这一侍从。蔡厨师终于免遭杀身之祸。

这个故事中,蔡厨师认罪的三条罪状本身就是自相矛盾的判断,而每一个矛盾的判断,又都是一个三段论的前提与结论相结合的复杂判断,他故意省却了一个小前提,即头发是别人在肉烤好后故意绕上去的。这个小前提就让晋文公自己去领悟。

综合技能训练

一、口才与文才哪个重要?

二、选一篇你认为文采出众的演讲稿,用表演性的口才演练一下,再进行效果分析。

三、根据材料回答问题。

我国的一位外交官应邀参加了一场舞会。舞会上一位同他跳舞的法国女郎突然问道:"请问先生,您是喜欢你们中国小姐,还是喜欢我们法国小姐?"这位外交官只是微微一笑,彬彬有礼地答了这么一句:"凡是喜欢我的小姐我都喜欢她。"

请问:

1. 本案例中外交官的回答好在什么地方?

2. 设想在辩论中如果碰到这样的问题你该怎么回答?

第三章 有声语言

本章导读

有声语言是演讲获得成功的重要条件。好的有声语言不仅使演讲准确清晰、圆润和谐、生动有趣，而且能体现出演讲绚丽多彩、跌宕起伏、音义兼美的艺术魅力，形成一种境界，使言辞的表现力和声音的感染力达到最佳状态，从而使听众受到德的熏陶、智的启迪、美的洗礼。

开篇案例

小刘家住江西省一个偏远的小山村，他在乡里读完了小学和初中，后来考入县一中。来到县城中学读书后，小刘才发现自己的地方口音太重了，说话时还常夹带着一些方言土语。但由于忙于高考，也顾不得纠正自己的口音。高考结束后，小刘考入北方一所大学。来到北方，他感觉一切都是那么新奇。尤其是在说话方面，自己跟北方人的口音差距太大了。说话时常常引人发笑，而且在与老师和同学交流时也常产生一些障碍。这使得本来就少言寡语的小刘话语就更少了。同学们标准的普通话、抑扬顿挫的语调、诙谐幽默的语言、清晰的叙说、生动的描述、有力的说理、优美的抒情，都令小刘羡慕不已。在口才训练课上，老师说："不会说标准的普通话，不善于与人沟通，不但会影响人际交往，而且还会影响将来就业。"这引起了小刘的焦虑，没想到普通话、口语表达有这么大的作用。于是小刘向老师请教说好普通话的技巧，打算纠正地方口音，突破语言表达关。

要想成为一名出色的演讲者，就必须对有声语言进行有意识的研究与训练，娴熟地掌握有声语言的特点和规律，使自己的声音达到清脆、圆润、悦耳、舒心的最佳境界。而要做到这一点首先必须从语音的标准化入手。

第一节 有声语言概述

一、有声语言的概念及作用

有声语言是在演讲活动中传递信息和表达思想的最主要的媒介和物质表达手段。它是演讲者思想情感的载体，以流动的方式，运载着演讲者的主张、见解、态度、感情，并将其传达给听众，从而产生说服力、感召力，使听众受到教育和鼓舞。离开了口语表达，就无所谓演讲。

二、有声语言的特点

（一）口语化、简洁化、激情化

口语化是指演讲者在演讲时所使用的以人民群众常用的口头语言为基础，经过加工提炼后让听众一听就明白的语言。简洁化是指在演讲中用最少的字句，准确、简明地表达出所要陈述的思想内容。激情化是指演讲的语言要有真情实感，跌宕起伏，声情并茂。

(二)语音美、语调美、节奏美

所谓语音美是指演讲者的语言吐字清晰，咬字准确，声音圆润、清亮。语调美是指语言要起伏有致、灵活多变。节奏美要求演讲者的有声语言必须抑扬顿挫、变化多端。

三、有声语言的运用

语言交流的效果不仅要靠语言内容本身，合理地运用各种有声语言的技巧手段，也是表达获得成功的关键。

(一)有声语言的运用技巧

有声语言的节奏是语言中的音节排列组合后体现出的一种均衡和谐之美。节奏的构成主要有重音、停顿、语速、抑扬等。

1. 重音

重音是指在句子中某个词语说得特别重或者特别长。重音通常分两类，一类与句子的结构有关，叫作结构重音；另一类与强调的某个潜在的语义有关，叫作强调重音。在说话人没有任何强调意思时，句中的结构重音就起作用了，这时的重音是句中组成成分之间相比较而存在的。例如在简单的主谓句中，旨在说明主语“怎么样了”时，相比之下，谓语重些，如：小王买了（重音在“买”）。如果句中有宾语，则宾语较重，如：小王买电脑了（重音在“电脑”）。如果句中有修饰语，则修饰语较重，如：楼上的小王买电脑了（重音在“楼上”）。强调重音没有固定的位置，是根据表达者所要强调的潜在意义来决定的，但强调重心也不是随心所欲的，要根据上下文意思来决定。例如：我们要起诉施虐者（实施起诉的不是别人）。我们要起诉施虐者（不是采取别的行为，是起诉）。我们要起诉施虐者（起诉的对象是施虐者）。

2. 停顿

停顿是指在语言交流中的语句或是词语间声音上的间歇。停顿一方面是我们生理和心理的需要；另一方面它也起到控制节奏、强调重点的作用；同时也给听者一个思考、理解和接受的时间，使听者更好地理解语义。停顿有多种性质，一是语法停顿，这类停顿基本依据标点来处理，如句号、问号、感叹号的停顿就要比顿号、逗号、分号的长。二是层次停顿，语义的层次需要停顿来表达清楚，这既包括语言中大的意思层次，如一节或一段，也指一句话中语义的层次。三是呼应性的停顿，如果是一大段的语言内容，往往会出现整体性的呼应或是局部呼应，这种情况下声音必须停顿，否则就会造成呼应中断，影响语义的表达，如：这对小燕子，便是我们故乡的那/一对，两对么？（郑振铎《海燕》）四是音节性停顿，这主要是在朗读节奏感比较强的诗词时运用，如空山/新雨后，天气/晚来秋。五是强调性停顿，即为了突出句中的某些重要词语，而在这些词语的前或后稍加停顿，如：有的人活着/他已经死了；有的人死了/他还活着。（臧克家《有的人》）

3. 语速

语速是指语言节奏的快慢。它是体现语言节奏、表达思想感情的重要手段。在现实生活中，兴奋、激动时，语速会加快；沉思、平静时，语速就会减慢。因此语速的运用一方面要与内容、情感有关，另一方面也受不同场合的影响。如作报告、播音时的语速就相对较慢，而讲课的语速则要快一些。

4. 抑扬

抑扬是指语调高低升降的变化。这种升降的变化能表达不同的语气。一般来说,下抑的语调表示肯定的或是祈使的语气;上扬的语调则表示疑问的语气;平直、低沉、慢速的语调则表示庄重的语气;平直、快速的语调则表示冷淡的语气;有转折的语调则表示有言外之意或是反语。

以上所说的重音、停顿、语速、抑扬在实际运用中不是孤立使用的,而是相互配合的,只有这样才能真正使有声语言富有节奏,展示出声音的和谐之美。

(二)有声语言的运用原则

1. 热情

热情是对表达内容的兴奋之情或激情,使声音听起来富有表现力。表现力是热情的最大信号。通过改变音高、音量、语速等,可使声音与语言内容、思想情感相吻合,感染听众,甚至让听众体会表达者语义上的细微差别。完全缺乏热情会造成声音单调,这会使交流的气氛沉闷压抑,使听众昏昏欲睡。

2. 自然

要想做到声音自然,对语言内容的熟悉非常重要,还有不要死记硬背语言内容,学会自然地表述语言内容,使它听起来好像讲话者在用心考虑语言内容和他的听众。"宁要自然的雅拙,也不要做作的乖巧。"卡耐基认为,演讲时声音自然,才能把意念表达得更为清楚,更为生动;否则,难以引起听众的共鸣。

3. 流畅

有效的表达不仅是声音热情、自然,它同时还应该是流畅的,即没有犹豫和语音干扰。大多数人在语言交流中偶尔会犯语音干扰的小毛病,这些小毛病也就是干扰流利语言的无关声音,如"啊""嗯""呢"等单音节词或"然后""这个""那个""并且"等无实际意义的双音节词。当这些干扰过多时,听众就会注意到这些干扰,从而影响对语言内容的注意。日常训练时,我们要挑出属于自己的干扰词,并用心练习去除这些干扰词。

四、有声语言的基本要素

有声语言所赖以存在的物质材料是呼吸器官、发声器官和吐字器官等。具体地说,是以物理音响的基本方式直接作用于听觉接收器,形成直觉感受的语音。而形成语音这个物理音响最基本的条件则是由音量、音调、气息、声位、语气、声调等要素构成的。

(一)音调与音量

音调是声音的高低,它与振频有关,频率越高音调越高,反之就越低。而音量是声音的大小,它与振幅有关,振幅越大音量越大,反之越小。对于一篇文章,我们应根据有声语言表达方式的不同,将音调控制在一个相对稳定的音域内,然后用内容引导表达者产生相应的感情起伏,引起音量等方面的变化。

如峻青的《第一场雪》里的一段话:"大雪整整下了一夜。今天早晨,天放晴了,太阳出来了……"根据文章内容结合语境,本句应该是在音量上由小到大,而不是音调的由低到高。

朱自清《春》里的一段："……小草偷偷地从土里钻出来，嫩嫩的、绿绿的。园子里、田野里，瞧去，一大片、一大片满是的。"这一段是对小草的描写，根据内容，前面"偷偷地"为表现形象的描述，所以声音形式需要既轻又小，随着小草的破土生长音量也逐渐加大。

如果掌握不好音调与音量之间的关系，就容易把音量的大小用音调的高低来调节，音量变大时音调加高，音量变小时音调才下降，所以经常出现"唱高调"的现象。

（二）语气与音调

语气有感情色彩和分量之分，还有声音形式之别。但在演讲时，不论是感情色彩中包含的是非、爱憎，分量里的重、中、轻度，还是表现声音形式的各种语势，都是有机协调与运用的。像气息的强弱、共鸣的大小、声带的松紧、声音的虚实、句势的抑扬，这种可感性、可听性，绝不仅仅是一个音调的高低变化就能达到的。气息的沉不等于强，弱不等于懈；声音的虚不等于飘，实不等于高。要明确语气与音调之间的协调关系，理性地进行训练。

（三）语气与声调

语气以句子为单位，声调以音节为单位，二者之间是整体与个体的关系。有些学生在训练运用语气的同时，忽略了声调的调值。习惯拿语气来代替声调，受句势的影响，调值不是阳平上不去，就是去声下不来，形成一种顺着句势的走向不是往下就是往上的声调之外的"拖音"，即所谓的语气。例如，在读"花红柳绿"这组四字词时，要表现出鲜艳的花朵和翠绿的杨柳，从语气上用虚实结合的声音形式比较恰当，但不能因为声音有些虚就顾此失彼，拖长了时值，尤其是句尾或词尾。

当然，不论是语气、声位还是音量、音调等在语流中都离不开一个最基本的情感调动、气息控制，还有停顿、重音等技巧的处理。

五、有声语言表达的基本要求

（一）清晰

在日常生活中，我们有时说话比较含蓄，有时又比较幽默，无论是哪一种方式一定要说得清晰，让人听得懂、能理解。

（二）流畅

不要有口头禅，有的人作报告开头喜欢用"这个、这个"，有的人喜欢每句后面用"啊、啊"，让人听起来很不舒服。

（三）响亮

一般说话要把音送到对方的耳朵里，让人听得清楚，所以要响亮。

（四）口语化

口头语与书面语是有区别的，当我们写好一个书面的东西，不是读而是说出去的时候，就要口语化。比如，发言稿是要说给大家听而不是念给大家听的，就要口语化；演讲稿要说给大家听也要口语化。口语化有三个途径：

第一，书面语中的单音节词在口语里都要变成双音节词。比如，书面语中的"此时"，在口语表述时就要变为"这个时候"。

第二，文言词变白话词。如书面语"良久"，口语就最好说"很久"。例如下面两句话："教育历来被视为一片未加污染的绿洲。”“教育历来被人认为是一片没有受到污染的绿洲。”这两句话意思相同，区别在于，第二句话把单音词变多音词、把文言变白话，如果用于演讲显然第二句效果好些。

第三，把书面的停顿变成口语的停顿，书面的停顿靠标点符号，有声语言的停顿靠词与词(组)之间、句子与句子之间间歇的时间来表现，而且远远多于书面语停顿的时间。

第二节　有声语言训练内容

一、普通话语音规范

语音规范，就是演讲者演讲必须要讲普通话。普通话是以北京语音为标准音，以北方话为基础方言，以典范的现代白话文著作为语法规范的现代汉民族通用语。《中华人民共和国宪法》规定：“国家推广全国通用的普通话。”因此，推广普通话，有利于民族的昌盛、国家的统一；有利于增强民族的凝聚力，弘扬优秀的传统文化；有利于加强社会主义精神文明建设。普通话的推广对改革开放和建设有中国特色的社会主义现代化的伟大事业都具有重要的现实意义。要做到有声语言的标准化，就必须学好普通话，而学好普通话的唯一有效途径就是熟练地掌握“汉语拼音”。普通话的特点就是口耳之学，一个人只要下定决心，找准重点，突破难点，多听、多说、多悟、多模仿就能说出流利、标准的普通话。

二、普通话语音辨正

(一)声母辨正

各地方言的声母与普通话的声母不尽相同，为了帮助方言区的人学习普通话声母，把需要分辨的几组声母说明如下。

1. zh、ch、sh 和 z、c、s 对比辨音练习

志 zhì 愿——自 zì 愿	鱼翅 chì——鱼刺 cì	诗 shī 人——私 sī 人
仿照 zhào——仿造 zào	初 chū 步——粗 cū 布	知 zhī 识——姿 zī 势
新春 chūn——新村 cūn	中 zhōng 止——宗 zōng 旨	支 zhī 柱——资 zī 助
制 zhì 动——自 zì 动	物质 zhì——物资 zī	招 zhāo 了——糟 zāo 了
征 zhēng 订——增 zēng 订	收 shōu 集——搜 sōu 集	近视 shì——近似 sì
重 chóng 来——从 cóng 来	支 zhī 援——资 zī 源	主 zhǔ 力——阻 zǔ 力
木柴 chái——木材 cái	商 shāng 业——桑 sāng 叶	申述 shù——申诉 sù
摘 zhāi 花——栽 zāi 花	午睡 shuì——五岁 suì	八成 chéng——八层 céng
树 shù 立——肃 sù 立	找 zhǎo 到——早 zǎo 到	乱吵 chǎo——乱草 cǎo
山 shān 顶——三 sān 顶		

2. 读准舌尖后音 zh、ch、sh 和舌尖前音 z、c、s

振作 zhèn zuò	正宗 zhèng zōng	赈灾 zhèn zāi	职责 zhí zé
沼泽 zhǎo zé	制作 zhì zuò	杂志 zá zhì	栽种 zāi zhòng
增长 zēng zhǎng	资助 zī zhù	自制 zì zhì	自重 zì zhòng

差错 chā cuò	陈醋 chén cù	成材 chéng cái	出操 chū cāo
除草 chú cǎo	储藏 chǔ cáng	财产 cái chǎn	采茶 cǎi chá
残喘 cán chuǎn	操场 cāo chǎng	磁场 cí chǎng	促成 cù chéng
上司 shàng si	哨所 shào suǒ	深思 shēn sī	生死 shēng sǐ
绳索 shéng suǒ	石笋 shí sǔn	散失 sàn shī	扫射 sǎo shè
四声 sì shēng	宿舍 sù shè	随时 suí shí	所属 suǒ shǔ

3. zh、ch、sh 和 j、q、x 对比辨音练习

墨汁 zhī——墨迹 jì	交织 zhī——交际 jì	密植 zhí——密集 jí
编制 zhì——边际 jì	昼 zhòu 夜——就 jiù 业	阐 chǎn 明——浅 qiǎn 明
专长 cháng——砖墙 qiáng	失 shī 礼——洗 xǐ 礼	翔实 shí——详细 xì
确实 shí——缺席 xí	获释 shì——获悉 xī	烧 shāo 窑——逍 xiāo 遥
收 shōu 拾——修 xiū 饰	电扇 shàn——电线 xiàn	艰深 shēn——艰辛 xīn
盛 shèng 名——姓 xìng 名		

4. n 和 l 对比辨音练习

发音 n 时，舌尖抵住上齿龈，软腭下降，打开鼻腔通路，气流振动声带，从鼻腔通过。如“能耐”“泥泞”的声母。

发音 l 时，舌尖抵住上齿龈，软腭上升，堵塞鼻腔通路，气流振动声带，从舌头两边通过。如“玲珑”“嘹亮”的声母。

由于 n 发音时，气流从鼻腔通过，所以发出的声音带有“鼻音”，而 l 在发音时注意舌头的动作，即在发音前，舌头向上卷，发音时，舌头伸平，不带有鼻音，即使用手捏住鼻子也能发音。

无奈 nài——无赖 lài	水牛 niú——水流 liú	男 nán 裤——蓝 lán 裤
留念 niàn——留恋 liàn	女 nǚ 客——旅 lǚ 客	脑 nǎo 子——老 lǎo 子
年 nián 夜——连 lián 夜	浓 nóng 重——隆 lóng 重	南 nán 部——蓝 lán 布
烂泥 ní——烂梨 lí	牛 niú 黄——硫 liú 磺	大娘 niáng——大梁 liáng

5. 读准 n 和 l

哪里 nǎ lǐ	纳凉 nà liáng	冷暖 lěng nuǎn	流脑 liú nǎo
内涝 nèi lào	能力 néng lì	来年 lái nián	老农 lǎo nóng
奶酪 nǎi lào	脑力 nǎo lì	留念 liú niàn	岭南 lǐng nán

6. r 和 l 的辨正

从发音部位看，r 是舌尖后音，同 zh、ch、sh 发音部位一样，是由舌尖和硬腭前部构成阻碍而发的音。从发音方法看，r 是浊擦音，发音时，舌尖上翘，抵硬腭前部留一小缝，让气流从小缝中摩擦而出，同时声带振动。为找到正确的感觉，可以先发 sh 音，然后振动声带，即是 r 音。

r 和 l 的区别是发音部位不同，舌尖抵搭的位置有前后之别。r 的发音部位在硬腭，l 的发音部位在齿龈。发音方法也不同，r 发音除阻时，气流的通道很窄，限于舌尖和硬腭之间的一点点缝隙，摩擦很重；而 l 音除阻时，气流的通道在舌侧两边，很宽松，摩擦不十分明显。

碧蓝 lán——必然 rán	娱乐 lè——余热 rè	阻拦 lán——阻燃 rán
囚牢 láo——求饶 ráo	卤 lǔ 质——乳 rǔ 汁	露 lòu 馅——肉 ròu 馅

近路 lù——进入 rù　　流露 lù——流入 rù　　衰落 luò——衰弱 ruò
脸 liǎn 色——染 rǎn 色　　收录 lù——收入 rù　　绒 róng 子——聋 lóng 子

7. f 与 h 的辨正

在许多方言中 f 和 h 经常混淆，如长沙话、南昌话、广东话。发好 f 和 h 并不困难，这两个声母的主要区别在于发音部位不同。f 是唇齿音，发音时下唇和上齿构成阻碍；h 是舌根音，发音时舌面后部和软腭构成阻碍。

区分以 f 和 h 为声母的字也有一定规律。如以“方”为声旁的字多是以 f 为声母，如“放、防、访、纺”，以“胡”为声旁的字多以 h 为声母，如“湖、糊、瑚、葫”。

发 fā——哈 hā　　非 fēi——黑 hēi
粉 fěn——很 hěn　　防 fáng——杭 háng
凡 fán——寒 hán　　罚 fá——蛤 há
冯 féng——横 héng　　愤 fèn——恨 hèn
方 fāng——夯 hāng　　帆 fān——憨 hān
父 fù——户 hù　　饭 fàn——汗 hàn

（二）韵母辨正

1. 单韵母辨正

（1）分辨 i 和 ü

汉语有些方言中没有撮口呼韵母，如昆明话、梅县客家话，他们把 ü 读成 i。ü 和 i 并不难区分，两者都是前、高元音，区别就在于 i 不是圆唇，ü 是圆唇。我们可以通过唇形的变化来练习 ü 的读法。先发 i，保持舌位不变，然后把嘴唇拢圆，就能发出 ü 来了。体会到唇形的不同以后，就可以脱离 i 来练习了。

生育——生意　　居住——记住　　聚会——忌讳　　取名——起名
于是——仪式　　名誉——名义　　遇见——意见　　舆论——议论
美育——美意　　姓吕——姓李　　雨具——以及　　区域——歧义
继续——履历　　纪律——谜语　　体育——例句　　语气——距离
曲艺——具体　　比喻——与其　　寄语——预计

（2）分辨 o 和 e

汉语的一些方言中不分 o 和 e，有些方言将 o 读成 e，如新疆话；有些方言将 e 读成 o，这在西南地区的一些方言中比较常见。o 和 e 都是舌面后半高元音，区别在于 o 发音时唇形圆，e 发音时唇形不圆。我们同样可以通过唇形的变化来连续发这两个音，体会两个音的不同。先发 o，保持舌位不变，然后改变唇形，双唇向两边展开。

根据普通话声韵的配合规律，o 只跟唇音声母 b、p、m、f 配合，而 e 则同 b、p、m、f 以外的声母相配合（存在少量 e 和 m 配合的例子）。在学习普通话的过程中，把握好这一点，就能区分韵母 o 和 e。

脖子　　老婆　　蘑菇　　鸟窝　　伯父
哥哥　　天鹅　　河水　　毒蛇　　记者
叵测　　波折　　恶魔　　刻薄　　河坡

2. 复韵母辨正

复韵母是两个或三个元音复合而成，构成一个韵母的元音在音色的响亮程度和发音过程中充当的角色都是不同的。如果要发准复韵母，尤其是对主要元音一定要做到舌位的高低、前后以及唇形的圆展都要准确。对构成韵母的每一个音素都要熟悉，而且从韵母的起音到立音到归音的整个过程要饱满，即复韵母的动程要完整。

（1）ai 与 ei

造成这两个韵母相混的原因在于，主要元音的舌位把握不准确，ɑ 是舌面前低不圆唇元音，e 是舌面后半高不圆唇元音。南方方言区的人，由于受方言影响，容易把 ai 发成 ei。如：白菜——北菜、北方——百方。

海内 hǎi nèi　　败北 bài běi　　代培 dài péi

败类 bài lèi　　海类 hǎi lèi　　被买 bèi mǎi

黑白 hēi bái　　擂台 lèi tái　　黑麦 hēi mài

内债 nèi zhài

（2）ou 与 uo

混淆"ou"和"uo"是由于 u 和 o 都是舌面后元音，从唇形上说都是圆唇，只是舌位的高低不同。实际上从唇形上说也是有些差异的，u 是合口，o 是开口。再加上方言的影响，相混便是自然的事了。如：吃过了——吃够了、中国——中苟、果皮——狗皮。

（3）ie 与 üe

在北方话中，这两个音容易相混，如把"分类"读成"分略"，把"恶劣"读成"恶略"，根源还在韵头 i 和 ü 上。

孑孓 jié jué　　解决 jiě jué　　谢绝 xiè jué

灭绝 miè jué　　月夜 yuè yè　　确切 què qiè

学业 xué yè　　绝灭 jué miè

3. 鼻韵母辨正

（1）uan、uen、uei 与 an、en、ei

山东方言、江淮方言、吴方言往往有丢失或增加韵头 u 的现象，例如普通话韵母 uan、uen、uei 与声母 d、t、n、l、z、c、s 相拼时，山东青岛方言常丢掉韵头 u，韵母变成了 an、en、ei。如"推断"tuīduàn 读成 teidan，"退队"tuìduì 读成 teidei。而有些普通话 ei 韵母字，以上各地方言又有读成 uei 韵母的现象，增加了 u 韵头，如"内、累、雷、类、泪"，这种情况涉及的字并不多，但影响着普通话的准确程度，所以应特别注意。

①uan

d	段落 duàn luò	端详 duān xiáng	短暂 duǎn zàn
t	湍流 tuān liú	团体 tuán tǐ	
n	暖酒 nuǎn jiǔ		
l	孪生 luán shēng	卵石 luǎn shí	乱套 luàn tào
z	钻石 zuàn shí	编纂 biān zuǎn	
c	攒射 cuán shè	逃窜 táo cuàn	
s	酸痛 suān tòng	蒜苗 suàn miáo	

②uei

d	堆砌 duī qì	队伍 duì wǔ	兑奖 duì jiǎng
t	推动 tuī dòng	颓废 tuí fèi	退役 tuì yì
z	嘴唇 zuǐ chún	罪名 zuì míng	陶醉 táo zuì
c	崔嵬 cuī wéi	催眠 cuī mián	翠绿 cuì lǜ
s	虽然 suī rán	随意 suí yì	岁月 suì yuè

③uen

d	吨位 dūn wèi	顿号 dùn hào	盾牌 dùn pái
t	吞灭 tūn miè	屯田 tún tián	海豚 hǎi tún
l	伦理 lún lǐ	沦陷 lún xiàn	论断 lùn duàn
z	尊重 zūn zhòng	遵守 zūn shǒu	
c	村民 cūn mín	存在 cún zài	尺寸 chǐ cùn
s	孙女 sūn nǚ	损伤 sǔn shāng	竹笋 zhú sǔn

（2）eng、ong、ueng

eng 口半闭，展唇，舌尖离开下齿背，舌面后部隆起。e 发音情况与 en 中 e 相同，比单韵母 e 要前一些、低一些。

ong 圆唇，舌尖离开下齿背，舌面后部隆起。其中 o 比单韵母 o 口腔稍闭一些，舌位略高，发音状态同 u。

ueng 发音是在 eng 前面发一个轻短的 u 就是 ueng。ueng 不与声母相拼。

eng、ong、ueng 3 个韵母在发音过程中，最主要的区别是在唇形。eng 是展形；ong 在发音过程中，心里把 ong 的 o 想象成不太紧张的 u，唇形始终没有明显的变化；ueng 的唇形由最圆到不圆，变化明显。

①eng	蹦	捧	曾	峰	冷	猛	能	朋	声	疼
ong	冬	统	浓	龙	宫	孔	红	松	中	冲
ueng	翁	蓊	瓮							

②eng	更生	丰收	能手	腾飞	称谓
ong	萌动	蓬松	葱茏	从容	轰动
ueng	渔翁	老翁	蓊郁	嗡嗡	小瓮

（三）普通话声调辨正

声调是汉语音节的高低升降的变化形式。声调包括调值和调类两个方面。

调值是指音节高低升降、曲直长短的变化形式，也就是声调的实际读法。调值主要决定于音高的变化，音高的高低又决定于频率的高低。声调从最低音到最高音是频率的变化范围，也就是声调的“调域”。每个人的调域的高低、宽窄是不同的，即使是同一个人，在不同的情况之下，调域的范围也会发生变化。

声调指的是相对音高，两个人在说话时，他们的频率不一致，也不会影响理解对方的意思。一名成年男性和一名儿童都读“bù”（不）这个音节，他们都是从自己的最高音降到最低音，音高的变化形式和幅度基本是一致的。所以，即使成年男性的最低音比儿童的最高音还要高，但他们的相对音高是相同的。

描写汉语的调值，一般采用赵元任创制的“五度标记法”。五度标记法是用五度竖标来标记调值相对音高的一种方法，它把调域分成五度，用一条四等分的竖线表示，自下而上的5个点分别标为1、2、3、4、5，代表低、半低、中、半高、高。

调类是声调的种类。把一种语言中出现的调值进行归类，得出的类别就是调类。调值的归类主要是依据调值是否相同，调值相同的归为一类，一种语言中有几种基本调值就可以归纳成几种调类。普通话声调分为4类，即阴平（高平调55）、阳平（中升调35）、上声（降声调214）和去声（全降调51）。调类的名称也可以用序数表示，称为第一声、第二声、第三声、第四声，简称四声。

（1）阴平。即第一声，高平调，调值55，发音时高而平直，基本没有升降变化。

（2）阳平。即第二声，中升调，调值35，发音时由中音升到高音，是个高升的调子。

（3）上声。即第三声，降升调，调值214，发音时由2度降到1度再升到4度，是个先降后升的调子。

（4）去声。即第四声，全降调，调值51，发音时由5度降到1度，是个全降的调子。

（四）变调

在语流中，有些音节的声调起了一定的变化，与单读时调值不同，这种变化叫作变调。普通话里的变调现象主要有上声的变调，去声的变调，“一”“不”的变调和形容词重叠形式的变调。

1. 上声的变调

上声的调值是214，单念或在词语的末尾时调值不变。由于它是个曲折调，调值又比较长，在快速连读时常常会挤短、扯直，不是把开头的下降部分挤掉，就是把末尾的上升部分挤掉。

例如：

讲解 jiǎng jiě　演讲 yǎn jiǎng　影响 yǐng xiǎng　领导 lǐng dǎo
首都 shǒu dū　普通 pǔ tōng　雨衣 yǔ yī　奖杯 jiǎng bēi
祖国 zǔ guó　语言 yǔ yán　演员 yǎn yuán　简洁 jiǎn jié

2.“一”“不”的变调

这两个字都是古入声字，单念时“一”念阴平，“不”念去声，但在语句中，依据它们后面音节声调的不同而有一些变化。

（1）“一”的变调

①单念，或在句尾，或几个数字连在一起，或在序数中声调不变，读原调阴平。例如：

一　十一　统一　划一　一一过线　一师　一附中

②在阴平、阳平、上声前念去声。例如：

A. 阴平前：一般　一杯　一天　一双　一边

B. 阳平前：一年　一瓶　一条　一成

C. 上声前：一尺　一朵

③在去声前面念阳平。例如：

一样　一向　一夜　一部　一律　一个

④嵌在重叠的动词中间念轻声。例如：

看一看　想一想　做一做　查一查　比一比　走一走

(2)“不”的变调

①单念,或在句尾,或在阴平、阳平、上声前读本音去声。例如:

不听　偏不　不说　不安　不能　不妨　不好　不管

②在去声前面念阳平调值。例如:

不对　不去　不怕　不够　不妙　不利

③夹在词语中间念轻声。例如:

差不多　数不清　说不说　肯不肯　挪不动

打不开　学习不学习　整齐不整齐

(五)轻声

普通话里的每一个音节都有它的声调,可是在词或句子中许多音节常常读得短而轻,不同于原有声调,这就是“轻声”。例如“头”,原来是阳平,可是在“舌头”这个词中,读得比“舌”要轻得多,变成轻声音节。通常把这些在词或句子中读轻声的字叫作“轻声字”。

“轻声”并没有一个固定的调值,它不是一种独立的调类,只是四声的一种特殊音变。例如:

庄稼 zhuāng jia　钉子 dīng zi　心思 xīn si　精神 jīng shen

窟窿 kū long　知识 zhī shi　师傅 shī fu　亲戚 qīn qi

功夫 gōng fu　跟头 gēn tou　官司 guān si　先生 xiān sheng

知识链接

读轻声的规律

一个词语是否读轻声,大体上有如下规律可循:

(1)语气词“吧、吗、呢、啊”等读轻声。如:行啊、好吧、去吗。

(2)助词“的、地、得、了、过、们”读轻声。如:大的、写了、买得起。

(3)名词后缀“子、儿、头”等读轻声。如:桌子、罐头、老头儿。

(4)方位词读轻声,如:天上、家里。

(5)重叠式动词的末一个音节读轻声。如:过来、过去、干起来。

(6)叠字名词读轻声,如:哥哥、娃娃、猩猩。

(7)趋向动词读轻声。如:过来、过去、干起来。

轻声音节的音色变化是不稳定的。语音训练中应该掌握已经固定下来的轻声现象,即字典、词典已经收入的,对于可读轻声也可不读轻声的音节一般不读轻声。

(六)儿化

er 在普通话里是一个比较特殊的单韵母,它不同声母相拼,也不能同其他音素组合成复合韵母,除了自成音节外,还可以与它前一音节的韵母结合成一个音节,并使这个韵母带上卷舌音色,这种现象叫作“儿化”,这种卷舌化了的韵母就叫作“儿化韵”。儿化韵的汉字书写形式是“儿”字,用汉语拼音字母拼写儿化音节,只需在原来的音节之后加上“r”(表示卷舌作用)就可以了。例如:鸟儿——niǎor,馅儿——xiànr,根儿——gēnr。

1. 韵母末尾的音素是 ɑ、o、e、u,韵母不变,直接加卷舌动作

例如:(以下横线右侧是实际读音,不是实际拼法,下同)

唱歌儿 gē——gēr　　冰渣儿 zhā——zhār
上哪儿 nǎ——nǎr　　树苗儿 miáo——miáor
风车儿 chē——chēr　　眼珠儿 zhū——zhūr
火炉儿 lú——lúr　　模特儿 tè——tèr

2. 韵尾是 i 或 n，去掉韵尾，加卷舌动作

例如：

小孩儿 hái——hár　　宝贝儿 bèi——bèr
窍门儿 mén——mér　　桑葚儿 shèn——shèr

3. 韵尾是 ng，去掉 ng，主要元音变成鼻化元音（以下的注音中，音素上方的符号“～”，都是表示鼻化音的），同时还要加上卷舌动作

例如：

帮忙儿 máng——mǎ̃r　　吊嗓儿 sǎng——sǎ̃r
板凳儿 dèng——dẽ̀r　　胡同儿 tòng——tõ̀r

第三节　有声语言训练技巧

发声时正确的姿势是：挺胸、收腹、提气，颈部、背部、腰部要自然伸直，胸肌放松，用力适中，便于气流通畅运行，以达到良好的共鸣效果，使语音浑厚有力、轻松自然、清晰悦耳。

声音的动力是肺部发出的气息，气息强，声音就强；气息弱，声音就弱。所以练音时首先要练气息。采用“横膈膜式呼吸”（又称“胸膜联合呼吸”）是使气息充足的有效方法——使气量充足，随时自如地调节气息，具体运用如下：

用胸腔、横膈膜、腹肌共同控制气息，要求全身松弛，自然协调。吸气时，口鼻并用，平稳而轻柔，扩胸收腹，以增大肺部气息容量，控制住吸入的气息；呼气时，均匀平缓，用胸肌、膈肌、腹肌控制气息的输出，使声音获得气息的支持。

要达到上述要求，一要积极参加体育锻炼，努力扩大肺活量；二要采用适当的训练方法。

一、呼吸训练

呼吸训练法，即利用深呼吸迫使横膈膜下压，扩展胸腔，增加气容量，把横膈膜作为气柱的支撑点的呼吸方法，使整个发声有了根基，使声音具有立体感。训练方法可分以下三个步骤进行：

(1) 吸气至满后，作短促的“噗、噗、噗……”的无声吐气训练。注意吐气时声带不要出声，体会有欲吹去桌面上浮尘的感觉，保持腹部涨满，小腹收紧。

(2) 吸气至满后，作“啊、咿、喔、呜”的单声训练，保持感觉同上。

(3) 吸气至满后，作单句训练，保持腹部感觉同上。

二、共鸣训练

共鸣训练的目标是追求声音的集中、圆润、嘹亮，并具有一定的穿透力。共鸣训练的具体方法如下：

(一)发声训练

在前面呼吸训练的基础上进行“嗯”音的训练,具体做法如下:先闭口发出“嗯——”音,注意闭口发音时,让气息通过软腭后部,进入头腔。这时气息如果流向正确,可发出较为明亮的“嗯——”音,然后逐步张开口(而口腔内仍保持发“嗯——”音的位置)。这时,如果能做到“嗯——”音不随嘴巴的开合而出现音色明暗的变化,则位置准确。

(二)吐字训练

要求吐字准确、干净、坚实,归音到位,字正腔圆。

三、音色训练

音色训练的目的是让发音悦耳,优美动听,给人以美的享受。其训练方法具体如下:

(一)音高与音低的练习

选一首古诗,进行训练。如:“离离原上草,一岁一枯荣。野火烧不尽,春风吹又生。”

(1)先从低音说起,一句句地升高,然后再一句句地降下来。

(2)一句高,一句低,高低交替。

(3)每个字的音调由低到高,再由高向低。

(二)音强与音弱的练习

1. 小音量练习

要求:音量虽小,但吐字清晰。

2. 中音量(即正常音量)练习

要求:吐字清晰,抑扬有致。

3. 大音量练习

要求:气息强大,音色高亢响亮。

4. 三种音量,混合练习

要求:维持舒适的噪声功能。

(三)实音与虚音的练习

1. 实音练习

要求:音色响亮、扎实,清晰度高。

2. 虚音练习

说话的气息强而逸出较多,音量则有所控制,注意实音的清晰。虚音多用在表达感叹、回味、夸张等情感的语句中。

(四)虚实结合的练习

1. 明朗音色练习

要求:轻松明快,朗朗上口。

2. 暗淡音色练习

要求:暗声的气息深沉,共鸣点散而靠后,音色偏暗。暗淡音色多用来表达忧伤、抑郁的感情。

3. 明暗对比练习

要求:通过明暗对比,更恰当准确地表达思想感情。

(五)刚声与柔声的练习

1. 刚声练习

要求:气息充足,音色响亮,铿锵有力,掷地有声。

2. 柔声练习

要求:气息舒缓,音色柔美,如春风袭人。

3. 刚柔对比练习

要求:声音能刚能柔,刚柔相济,使声音刚强中带有柔韧,柔韧中富于变化。

四、声带训练技巧

在通常情况下,人们说话时,声带的振动频率大约在 60 ~ 350 赫兹之间。声带的振动频率决定了发音的音响、音高、音色。声带对发音起很大的作用。声带的好坏,既有先天因素,也靠后天的训练和保护。注意恰当地训练与运用声带、改变声带条件、保护声带,都是提高语音素质的重要方面。

(一)声带训练

声带训练最基本的方法是清晨在空气清新处“吊嗓子”:吸足一口气,身体放松,张开或闭合嘴,由自己的最低音向最高音发出“啊”或“咿”的连续声响,还可以做高低音连续变化起伏的练习。

(二)声带运用要科学得当

在演讲之前,声带要做准备活动,即将声带放松,用均匀的气流轻轻地拂动它,使之发出细小的抖动声,仿佛小孩子撒娇时喉咙里发出的那种声音,可以逐渐加大到一定分量,使声带启动,以适应即将到来的长时间运动。

在人数较多或场合较大的地方讲话时,发音要轻松自然,处理好节奏、停顿,特别是起音要高低适度,控制好音量,充分利用共鸣器的共鸣作用,要运用“中气”的助力来说话,不能直着嗓子喊,否则,声带负担过重,会导致声带很快不堪重负,变得嘶哑,影响效果。

另外,为了保护自己的嗓子,要有意识地少抽烟、喝酒,甚至不抽烟、不喝酒,少吃或不吃有强烈刺激性的食物。另外,还要注意不喝过烫或过冷的水。

五、吐字训练技巧

吐字清晰,是演讲的起码要求之一。因此,吐字归音是学习演讲必须练习的一项重要基本功。它是将一个音节的发音过程分为出字—立字—归音三个阶段。出字是指声母和韵头(介音)的发音过程,立字是指韵腹(主要元音)的发音过程,归音是指音节发音的收尾(韵尾)过程。

其基本要领是:出字要准确有力,有叼住弹出之感;立字要拉开立起,明亮充实,圆润饱满;归音趋向要鲜明、迅速“到家”,干净利索。总之,就是要求一个音节的发音过程有头有尾,构成一个“枣核形”形式：声母、韵头为一端，韵尾为一端，韵腹为核心，字的中间发音动程大，时间长，字的两头发音动程小，关合所占时间也短。汉字的发音应该遵循汉字的音节结构特点，要求“珠圆玉润”。应该尽量将每个汉字的发音过程处理成为“枣核形”。

(一)字正腔圆的含义与要求

“字正腔圆”是人们衡量吐字发声的最基本标准。所谓“字正”应当包括字准、字真、字纯三个方面；“腔圆”指的是声音运用的集中、圆润、灵活、自如，具体可以概括为准确、清晰、集中、圆润、流畅。

1. 准确

字音要准确、规范，即声母、韵母、声调必须准确，发音部位、发音方法必须准确。

2. 清晰

字音要清晰，即声、韵、调都不得含糊，唇、齿、舌、喉的活动必须协调，不可“吃字”，也不可含糊不清。要咬紧字头，发响字腹，收全字尾。

3. 集中

字音要有气息，有共鸣，要充实、响亮。

4. 圆润

字音要明亮、饱满、优美、动听。

5. 流畅

字音要轻快连贯，切勿“绷”字。

(二)吐字归音的含义与训练要领

吐字归音是指对字头、字腹、字尾的完整处理过程。“吐字有力，归音到位”是吐字归音的基本要求，训练时要掌握如下要领：

1. 出字

要求声母的发音部位准确、弹发有力。如：绿水、报告、白塔。

2. 立字

要求韵腹拉开立起，做到“开口音稍闭，闭口音稍开”。如：缥缈、花朵、美妙。

3. 收尾

要求归音到位，不拖泥带水，应做到声音虽止，余味无穷。如：汇兑、悠久、帮忙。

第四节　朗读技巧

一、朗诵的含义及作用

朗，即声音的清晰、响亮；诵，即背诵。朗诵，就是用清晰、响亮的声音，结合各种语言手段来完善地表达作品思想感情的一种语言艺术。朗诵允许朗诵者在忠实原文的基础上进行艺术加工，用丰富多彩的语言手段及其他音乐形式创造优美动人的意境和形象。

(一)规范语言,提高语言表达能力

朗诵有规范语言的功能,通过朗诵训练,可以提高普通话的水平,并且不断纠正错误的发音。朗诵的过程实际上是一个学习、摄取、积累的过程。朗诵作品中精美的词语、生动的修辞和妥帖的表达方法,可以极大地丰富朗诵者的知识。久而久之,朗诵者的表达能力就会不断提高。

(二)陶冶情操,提高修养

优秀的文学作品凝结着前人对人生、社会、自然万物的文化观察,闪现着人类的精神品格。人们在朗诵文字作品时能够提高自己的思想认识和精神境界,培养坚定的信念和人格力量。

二、朗诵前的准备

朗诵是朗诵者的一种再创作活动。这种再创作,不是脱离朗诵的材料去另行一套,也不是照字读音的简单活动,而是要求朗诵者通过原作的字句,用有声语言传达出原作的主要精神和艺术美感。不仅要让听众领会朗诵的内容,而且要使其在感情上受到感染。为了达到这个目的,朗诵者在朗诵前就必须做好一系列的准备工作。

(一)选择朗诵材料

朗诵是一种传情的艺术。朗诵者要很好地传情,引起听众共鸣,首先要注意材料的选择。选择材料时,首先,要注意选择那些语言具有形象性而且易于上口的文章。一般来说,抒情色彩较浓的文学作品适宜作为朗诵的文本。因为形象感受是朗诵中一个很重要的环节,干瘪枯燥的书面语言对于具有很强感受能力的朗诵者也构不成丰富的形象感受。其次,要根据朗诵的场合和听众的需要,以及朗诵者自己的爱好和实际水平,在众多作品中选出合适的作品。

(二)把握作品的内容

准确地把握作品内容,透彻地理解其内在含义,是作品朗诵重要的前提和基础。固然,朗诵中各种艺术手段的运用十分重要,但是如果离开了准确透彻地把握内容这个前提,那么艺术技巧就成了无源之水、无本之木,成了一种纯粹的形式主义,也就无法做到传情,无法让听众动情了。要准确透彻地把握作品内容,应注意以下几点:

1. 理解正确、深入

朗诵是运用有声语言把作者的思想感情传达给听众的。朗诵者要把作品的思想感情准确地表现出来,需要透过字里行间,理解作品的内在含义。首先要清除障碍,搞清楚文中生字、生词、成语典故、语句等的含义,不要囫囵吞枣、望文生义。其次,要把握作品创作的背景、作品的主题和情感的基调,理解作者的写作心境,这样才不会把作品读得支离破碎,甚至歪曲原作的思想内容。以高尔基的《海燕》为例,扫除文字障碍后,就要对作品进行综合分析。这篇作品以象征手法,通过暴风雨来临之前、暴风雨逼近和即将来临三个画面的描绘,塑造了一只不怕电闪雷鸣、敢于搏风击浪、勇于呼风唤雨的海燕——这一"胜利的预言家"的形象。而这部作品诞生之后立即不胫而走,被广大工人和革命群众在革命小组活动时朗诵,被视作传播革命信息、坚定革命理想的战歌。综合分析之后,朗诵时就不难把握其主题是:满怀激情地呼唤革命高潮的到来。进而,我们又不难把握这部作品的基调应是对革命高潮的向往、企盼。

2. 感受深刻、细致

有的朗诵听起来也有着抑扬顿挫的语调,可就是打动不了听众。如果不是作品本身有缺陷,那就是朗诵者对作品的感受还太浅薄,没有真正走进作品。听众是敏锐的,他们不会被虚情所动,朗诵者要唤起听众的感情,使听众与自己同喜同悲同呼吸,必须仔细体味作品,进入角色、进入情境。

3. 想象丰富、逼真

在理解感受作品的同时,往往伴随着丰富的想象,这样才能使作品的内容在自己的心中、眼前活动起来,就好像亲眼看到、亲身经历一样。以陈然《我的"自白"书》为例,在对作品进行综合分析的同时,可以设想自己就是陈然(重庆《挺进报》的特支书记),当时正处在这样的情境中:我被国民党逮捕,在狱中饱受折磨,但信仰毫不动摇,最后,敌人把一张白纸放在我面前,让我写自白书,我满怀对敌人的愤恨和藐视,满怀革命必胜的坚定信念,自豪地写下了"怒斥敌酋"式的《我的"自白"书》。这首诗既是一个共产党员崇高内心世界的真实写照,又是对蒋家王朝必然灭亡的庄严宣判。全诗感情真挚,充满了激情,充分表现了先烈坚定的革命信念和大义凛然的革命气节。我们在朗诵这首诗的时候,要表现出作者视死如归的英雄气概。这样通过深入的理解、真挚的感受和丰富的想象,使己动情,从而也使人动情。

(三)用普通话语音朗诵

要使自己的朗诵优美动听,必须使用标准的普通话进行朗诵,因为朗诵作品一般都是运用现代汉民族共同语(即普通话)写成的,所以,只有用普通话语音朗诵,才能更好地、更准确地表达作品的思想内容。同时,普通话是汉民族共同语,用普通话朗诵,便于不同方言区的人理解、接受。

三、朗诵技巧的训练

"诵"的本义是语调抑扬顿挫地读,抒情地表现。朗诵从本质上来说已成为语言表述的艺术形式,是在忠实于书面文本的基础上进行艺术的再创造,用丰富多彩的语音手段创造出美的意境和形象。这是表演艺术的一种。

评价朗诵优劣的关键是,朗诵者在文本基础上的艺术再创造的水平高低。这往往取决于朗诵者对文本中蕴含的美的领悟以及通过语音手段(音色、音量、语速、节律等语音造型手段的运用上要有适当的艺术夸张,变化幅度较大一些)表现出来的技巧。

(一)语音技巧——准确、悦耳

1. 吐词发音准确

咬字符合普通话要求,念准声、韵、调。字字清,词词真;防止"吃字";口型发音器官操作要到位。

2. 音质甜润悦耳

好的音质甜润、清亮、优美,令人悦耳爽心,不好的则粗糙、沙哑、低暗;好的音质富于变化,而差的音质则缺少变化,单调呆板。

3. 共鸣控制

良好的共鸣控制技巧,是指发音的声带要通畅,不憋不挤;发音时,颈部、脊背要自然伸直；胸部放松，喉头放松，口腔打开，气流可以十分畅通地向上、向前流动；声音像被吸住，收放自如，好像“挂”在前硬腭上。

（二）语调技巧——自然、流畅

语调是由音量的轻重强弱、音调的抑扬顿挫、节奏的起伏快慢和语流的停顿连接构成的一种“调式”，具有明显的表意功能，可以明显增强语言的感染力。

1. 控制音量变化

音量大小变化自然、流畅、恰当、适度。大时不能声嘶力竭，小时也不能令人听不见。

2. 把握音高起伏，使表述声情并茂

高音的特点是高亢、明亮，表示惊疑、欢乐、赞叹、慷慨激昂的感情。中音的特点是丰富、充实，多表示平和、明显以及一切较平缓的感情。低音的特点是宽厚、低沉，多表示沉郁、压抑与悲哀之情。

3. 讲究重音处理

重音的作用是强调重点，突出主要情感，处理时即在咬字的音量和力度上重一些。重音使用时，要注意选好重音词，忌过多，也不要过于吝啬。

（三）语气技巧——自然、舒畅

（1）把握语气的综合性。语气是思想感情、词句篇章、语音形式的结合。

（2）把握语气的多样性。语气的多样性是语言丰富的反映，是演讲者语言能力强的表现。

（3）把握语气的行进性和交错性。语气是一种艺术创作，只有自己不断体验实践，才能真正把握好。如演讲往往有基调，然而随着内容的进展，语气也随之变化，生动有效地展示演讲者的情绪，这就必然呈现出行进的交错状态。

（四）语速技巧——快慢相宜

1. 语速的快慢要根据讲话内容不同而定

慢速——抒情、记叙、说明、人物对话、情绪低沉处，150 字/分钟。

中速——自然平朴的叙事、说理，180 字/分钟。

快速——急切的呼吁、热烈的争辩、愤怒的指责、慷慨的陈述、紧张的场面，200 字/分钟。

2. 要做到急缓相间、富于变化，富有节奏感

快而不乱、慢而不拖、快慢得体、缓急适度、快中有慢、慢中有快，这样才能增强口语表现力。

（五）停顿技巧——停顿合适

恰当的停顿，可以使讲话的内容得到更清楚的表述，使语言呈现鲜明的节奏感。

停顿的作用：呼吸换气，提示话题，加强语言表达效果。

四、朗诵、朗读的区别

说到朗诵，人们往往会很自然地想起朗读。事实上，这两者还是有一定的区别的。

首先，朗诵的手段比朗读要多。朗诵，是朗诵者主要通过有声语言，向观众表达文学作品思想感情和诵读者主体感受的一种听觉艺术。它带有一定的表演成分。因此，朗诵者除了运用自己的声音、手势、身姿，甚至可以增加一些辅助效果，如音乐、化妆、灯光等来强化感情的

表达和气氛的渲染。而朗读则不然,它只是一般的有声语言活动,它无须有声语言之外的其他手段。

其次,朗诵的语调比朗读丰富。朗诵很注重语势、重音、停顿和节奏的处理,富有很强的音乐性;而朗读虽然也讲究抑扬顿挫,但只要注意语意清楚、舒缓不迫、字字分明就行,语调变化不用太大。

最后,朗诵的文体范围比朗读小。朗诵的对象主要是文学性的作品,如诗歌、小说、散文、寓言以及话剧和影视剧中的大段台词等;而朗读则涵盖各种文体。

朗诵需要通过多种手段来表达思想感情,这就决定了朗诵是一个复杂的系统性工程,它综合了许多门类艺术的特点。绝大多数的朗诵都是要面对广大听众进行的,这就决定了朗诵既不是自言自语地说话,也不是自我欣赏式的宣泄,朗诵者要懂得与广大听众进行语言的、眼神的、肢体的、心灵的交流。朗诵者往往要站在舞台上进行朗诵,这就与朗诵者的站位、灯光、舞美等的设计运用紧密联系,任何一个环节出现漏洞,都会影响整个朗诵作品的艺术水准和朗诵效果。

综合技能训练

一、复习本节有关朗诵的基本知识。

二、朗诵叶挺的《囚歌》,注意句调的处理。

为人进出的门紧锁着,(→平调)(冷眼相看)
为狗爬出的洞敞开着,(—平调)
一个声音高叫着:(↗曲调)(嘲讽)
——爬出来吧,给你自由!(↘)曲调(诱惑)
我渴望自由,(→)(庄严)
但我深深地知道——(→平调)
人的身躯怎能从狗洞子里爬出!(↑升调)(蔑视、愤慨、反击)
我希望有一天,(→平调)
地下的烈火,(稍向上扬)(语意未完)
将我连这活棺材一齐烧掉,(↓降调)(毫不犹豫)
我应该在烈火与热血中得到永生!(↓降调)(沉着、坚毅、充满自信)

三、重音练习。

——读出下列句子中词语的语法重音。

①东风来了,春天的脚步近了。

②一切都像刚睡醒的样子,欣欣然张开了眼。

③手势之类,距离大了看不清,声音的有效距离大得多。

——读出下面语句中的强调重音。

于是有人慨叹曰:“中国人失掉自信力了。”

如果单据这一点现象而论,自信其实是早就失掉了的。先前信“地”,信“物”,后来信“国联”,都没有相信过“自己”。假使这也算一种“信”,那也只能说中国人曾经有过“他信力”,自从对国联失望之后,便把这种他信力都失掉了。

四、朗读郭小川《团泊洼的秋天》这首诗的最后三段，注意语法停顿和强调停顿。

请听听吧，这是战士/一句句从心中‖掏出的话。

团泊洼，团泊洼，你真是那样/静静的吗？

是的，团泊洼是静静的，但那里/时刻都会‖轰轰爆炸！

不，团泊洼是喧腾的，这首诗篇里/就充满着‖嘈杂。

不管怎样，且把这矛盾重重的诗篇/埋在坝下，它也许不合你秋天的季节，但到明春‖准会/生根发芽。

五、下面是鲁侍萍回忆往事、揭露周朴园罪恶的两段话，一段是相认前、一段是相认后，相认前后，鲁侍萍的怨愤之情由克制到逐渐显露，说话的语气和态度也起了变化，试用不同的语速加以表达。

——相认以前

她是个下等人，不很守本分的。听说她跟那时周公馆的少爷有点不清白，生了两个儿子。生了第二个，才过三天，忽然周少爷不要她了。大孩子就放在周公馆，刚生的孩子她抱在怀里，在年三十夜里投河死的。

——相认以后

哼，我的眼泪早哭干了，我没有委屈，我有的是恨，是悔，是三十年一天一天我自己受的苦。你大概已经忘了你做的事了！三十年前，过年三十的晚上我生下你的第二个儿子才三天，你为了要赶紧娶那位有钱有门第的小姐，你们逼着我冒着大雪出去。要我离开你们周家的门。

六、朗诵下列作品。

1.《送杜少府之任蜀州》王勃

城阙辅三秦，风烟望五津。与君离别意，同是宦游人。海内存知己，天涯若比邻。无为在歧路，儿女共沾巾。

2.《咏柳》贺知章

碧玉妆成一树高，万条垂下绿丝绦。不知细叶谁裁出，二月春风似剪刀。

3.《鹊桥仙》秦观

纤云弄巧，飞星传恨，银汉迢迢暗度。金风玉露一相逢，便胜却人间无数。柔情似水，佳期如梦，忍顾鹊桥归路！两情若是久长时，又岂在朝朝暮暮？

4.《念奴娇·赤壁怀古》苏轼

大江东去，浪淘尽，千古风流人物。故垒西边，人道是，三国周郎赤壁。乱石穿空，惊涛拍岸，卷起千堆雪。江山如画，一时多少豪杰。

遥想公瑾当年，小乔初嫁了，雄姿英发。羽扇纶巾，谈笑间，樯橹灰飞烟灭。故国神游，多情应笑我，早生华发。人生如梦，一樽还酹江月。

5.朗读寓言《白云和乌云》；读绕口令。要求：准确、清晰、悦耳。

白云和乌云

白云看不起乌云，它对乌云说：“人们把我和你都叫云，真让我感到羞耻。你哪能和我比呢？我多么洁白、漂亮。我总是出现在碧蓝的天空中。作家喜欢描写蓝天、白云，画家喜欢画蓝天、白云。电影里，画片上，常常会看到我美丽的身影，可是你呢？又黑又丑，你总是出现在阴暗的天空中，只要你一出来，不是刮风，就是下雨。电影里要是你一出现，准会发生倒霉的事情。”

乌云没有说话，只是越来越黑……

忽然一阵大风吹来，白云早已逃跑得无影无踪了。大雨之后，山更青，水更绿，麦苗更茁壮，大地上的一切，都在感谢这及时的雨啊！乌云呢，渐渐地消散了。碧蓝的天空中，美丽的白云正在轻轻地飘动。

买菱角

骆老伯，郭老伯，柯老伯，柏老伯，骆郭柯柏四老伯，约着城北买菱角。买得菱角阁上剥，各剥各，各吃各，阁角莫落菱角壳，免得戳了骆郭柯柏四老伯的脚。

骆 luò 郭 guō 柯 kē 柏 bǎi 伯 bó 角 jiǎo 阁 gé 剥 bāo 各 gè 壳 ké 戳 chuō 脚 jiǎo

时事和报纸

史老师讲时事，石老师读报纸，史老师时常讲故事，石老师时常读报纸。时时学时事，时时读报纸。要知天下事，天天读报纸，天天学时事，提高思想长知识。

史 shǐ 师 shī 时 shí 石 shí 事 shì 纸 zhǐ 知 zhī

闷娃和笨娃

闷娃闷，笨娃笨。闷娃嫌笨娃笨，笨娃嫌闷娃闷。闷娃说笨娃我闷你笨，笨娃说闷娃我笨你闷。也不知闷胜笨，还是笨胜闷。

闷 mēn 笨 bèn

拾柿子

小石拾柿子，拾到四十四，拿到秤上试，需要称两次。头次称三十，斤数整四十，二次称十四，四斤四两四。两次称柿子，共是四十四斤四两四。

石 shí 拾 shí 柿 shì 子 zi 四 sì 十 shí 试 shì 是 shì

哥挎瓜筐过宽沟

哥挎瓜筐过宽沟，赶快过沟看怪狗，看怪狗，瓜筐扣，瓜滚筐空哥怪狗。

瓜 guā 筐 kuāng 过 guò 宽 kuān 沟 gōu 看 kàn 怪 guài 狗 gǒu 扣 kòu

6. 运用语调技巧，朗读童话故事《狼和小羊》。

狼和小羊

狼来到小溪边，看见小羊正在那儿喝水。狼非常想吃小羊，就故意找碴儿，说：“你把我喝的水弄脏了！你安的什么心？”

小羊吃了一惊，温和地说：“我怎么会把您喝的水弄脏呢？您站在上游，水是从您那儿流到我这儿来的，不是从我这儿流到您那儿去的。”

狼气冲冲地说：“就算这样吧！你总是个坏家伙！我听说，去年你在背地里说我的坏话！”可怜的小羊喊道：“啊！亲爱的狼先生，那是不会有的事。去年我还没有生下来呢！”狼不想再争辩了。龇着牙，逼近小羊，大声嚷道：“你这个小坏蛋！说我坏话的，不是你就是你爸爸，反正都一样。”说着，“啊呜”一声，就往小羊的身上扑去，把它吃掉了。

第四章　态势语言

本章导读

如果说，口头语言是人类以有义、有序的声音为物质材料的信息载体，书面语言是人类以有义、有序的文字为物质材料的信息载体的话，那么，态势语言则是人类以有义、有序的面部表情、体态语言、空间距离、服饰装束为物质材料的信息载体了。态势语言和口头语言、书面语言一道，共同构建起了神圣的语言殿堂。

态势语言是人类独有的语言形态。当人们不会使用口头语言和书面语言、不必使用口头语言和书面语言、不想使用口头语言和书面语言、不宜使用口头语言和书面语言的时候，态势语言却能独立地发挥它特有的表情达意的作用。至于人们在进行口头语言表达的时候态势语言所起的作用，更是不容忽视的。

开篇案例

英国前首相丘吉尔在一次演讲中说："我们现在的生活水平比历史上任何时期都高，我们现在吃得很多。"讲到这里，他故意停了下来，看着听众好一会儿，然后，他盯着自己的大肚皮说："这是最有力的实证。"

丘吉尔在这段演讲中首先妙用停顿，把听众的注意力吸引到他身上，然后巧妙运用"盯着自己的大肚皮"的体态语言辅助有声语言进行论证，产生了妙趣横生、令人捧腹的交际效果。

第一节　态势语言概述

一、态势语言的作用

（一）强调作用

在口语表述过程中，有的意思已经表达得很清楚、很充分了，但为了突出这层意思的重要性，常常辅之以眼神或手势等，以便加强听众的印象。

毛主席在《第一次全国人民代表大会第一次会议开幕词》报告结尾时，用激情澎湃、坚定有力的声音说：

我们的目的一定要达到！（掌声）我们的目的一定能够达到！（掌声）

毛主席每讲完一句，就伴随着一个向前推进的有力的手势。这个手势，强调了"我们的目的一定要达到"的革命坚定性和"我们的目的一定能够达到"的胜利的必然性，给全党全军和全国人民以极大的鼓舞和鞭策。

（二）补充作用

在口语表述过程中，有的意思虽然表述清楚了，但意犹未尽，于是便用手势等态势语言加以补充,完善口语表达的不足。

1917 年 11 月 7 日晚,列宁领导的革命军队炮轰冬宫。叶童在《列宁:伟大的红色学说演说家》中是这样描绘当时的列宁的:“在这革命胜利的第一个夜晚,整整一夜,列宁和托洛茨基都是躺在斯莫尔尼宫的地板上。列宁的样子有点疲惫。拿下冬宫后,天气已近早晨,列宁微笑着对托洛茨基说:‘从地下状态和动荡不安到掌握政权,这个转变太突然啦,头昏脑涨。’说着他用手在头边做了个旋转动作。”①

口语的“头晕脑胀”已经把意思说得差不多了,再做一个“旋转动作”,是对前者适时的恰到好处的补充。

(三)替代作用

在口语表达中的某一时段,有时会暂停讲话,而以态势语言替代后续的内容。这种替代非但不影响听众对内容的准确理解,相反,还能收到“此时无声胜有声”的效果。

1945 年 8 月 28 日清晨,毛泽东乘飞机去重庆和蒋介石谈判。在延安的机场,毛泽东和成千上万欢送的人们告别,作家在《挥手之间》中细腻地描写了这感人肺腑的一幕。

机场上人群静静地立着,千百双眼睛跟随着主席高大的身形在人群里移动,望着主席一步一步走近了飞机,一步一步踏上了飞机的梯子。

这一会儿时间好长啊！人们屏住了呼吸,一动不动地望着主席的一举手、一投足,直到他在飞机舱口停住,回转身来,又向着送行的人群。

人群又一次像疾风卷过水面,向着飞机涌了过去。主席站在飞机舱口,取下头上的帽子,注视着送行的人们,像是安慰,像是鼓励。人们不知道怎样表达自己的心情,只是拼命地一齐挥手,像是机场上蓦地刮来一阵狂风,千百条手臂挥舞着,从下面、从远处,伸向主席。

主席也举起手来,举起他那顶深灰色的盔式帽,但是举得很慢很慢,像是在举起一件十分沉重的东西。一点一点的,一点一点的,举起来,举起来;等到举过了头顶,忽然用力一挥,便停止在空中,一动不动了。②

我们不难想象,在上飞机之前和上飞机之后,毛主席肯定和他周围的人说了不少的话。上飞机时,他当然可以慷慨激昂地发表激励人心的演说。但是他没有这样做,而是以他特有的“挥手”替代了他此时此刻的心情、愿望和嘱托。毛主席的“挥手”究竟表达了什么意思呢?方纪以诗一样的语言诠释了“挥手”的丰富含义:“主席的这个动作,给全体在场的人,以极其深刻的印象。它像是表达了一种思维的过程,作出了断然的决定;像是集中了所有在场的人,以及不在场的所有革命的干部、战士和群众的心情,而用这个动作表达出来。这是一个特定的、历史性的动作,概括了当那个伟大的历史转折时期到来的时候,领袖、同志、战友以及广大革命群众之间,无间的亲密,无比的决心,无上的英勇。”

有一次,曾任美国第 16 任总统的林肯作为被告的辩护律师出庭。原告律师将一个简单的论据翻来覆去地陈述了两个多小时,听众听得早已不耐烦。好不容易才轮到林肯辩护。只见他走上讲台,一言不发,先把外衣脱下来,放在桌上,然后拿起玻璃杯喝了口水,接着重新穿上外衣,然后又喝水,这样的动作重复了五六次,逗得听众笑得前俯后仰。这时,林肯才在笑声中开始了他的辩护。

①叶童.世界著名演说家演说实录[M].天津:天津人民出版社,1996:110.

②曾湘宜.演讲与口才[M].成都:西南财经大学出版社,2008:72.

林肯与其他听众一样，对原告律师啰啰唆唆、翻来覆去的发言极为不满，却又不便直言指责。于是，他上台之后，进行了一系列体态动作的表演，以此代替有声语言嘲弄原告律师，抒发自己心中的不满。此举胜过千言万语，收到了无声胜有声的表达效果。

当然，在常见的口语表达中，用态势语言替代口头语言，一般是短暂的，表意也是明确的，但态势语言在口语表达中的替代作用实在是显而易见的。

（四）审美作用

态势语言不仅是演讲者思想情感的外化，同时也是演讲者风采风度的展示。准确、简洁、优雅和富有个性的态势语言，既有助于演讲者顺畅无误地表达自己的思想和情感，又能给听众以美好和谐的审美愉悦。

美国已故总统尼克松在他的《领袖们》一书中对周恩来总理的风度作了如下描述：

周恩来的敏捷机智大大超过了我能知道的其他任何一位世界领袖。这是中国独有的、特殊的品德，是多少世纪以来的历史发展和中国文明的精华结晶。他做人很谦虚，但沉着坚定。他优雅的举止，直率而从容的姿态，都显示出巨大的魅力和泰然自若的风度。他从来不提高讲话的调门、不敲桌子，也不以中止谈判相威胁来迫使对方让步。他在手里有“牌”时，说话声音反而更加柔和了……在谈话中，他有四个特点给我留下了不可磨灭的印象：精力充沛，准备充分，谈判中显示出高超的技巧，在压力下表现得泰然自若。

这是对周总理的整体的审美评价，其中不容忽视的是，谈话的举止、姿态，讲话的调门，不敲桌子等，都是态势语言中的组成部分。这就是说周总理的行为举止（即态势语言）和他的智慧、品德一样，都具有审美价值。

二、态势语言的构成

在语言交流中，听众都在用心观察，以期更好地理解表达者的意图，所有的眼睛都看着他。在这种情况下，他个人外表上最微小的不协调之处就显得格外醒目。所以在语言交流的训练中，态势语言训练至关重要，尤其在细节处理上。

态势语言主要包括目光语、表情语、体态语、手势语四个方面。

（一）目光语

“眼睛是心灵的窗户。”眼睛是最能传神的，是口语交流中表达感情信息的重要渠道，能产生很强的感染力。兴奋、热情的目光会使听众高兴，和蔼、关切的目光会使听众感到亲切，坚定、自信、充满希望的目光会使听众受到鼓舞，冷峻如剑的目光会使听众毛骨悚然，充满仇恨的目光会使听众怒火中烧。因此，应注意运用目光语来表达内在的丰富感情。目光语主要体现在时间、部位、方式三个方面：

1. 时间

实验表明，在整个语言交流过程中，双方的目光相接累计应达到50%～70%的时间，只有这样，才能在彼此间建立起信任和喜欢。如果交谈双方目光相接不足全部交谈时间的1/3，则表明对方对交流内容不感兴趣。还要注意的是，在语言交流中除关系十分亲密外，一般连续注视对方的时间应在1～2秒内，否则会给对方造成不舒服的感觉。如果长时间对异性注视或是上下打量，这都是不合礼仪的行为。

2. 部位

目光语的部位在场合不同、对象不同的情况下而有所不同。在业务洽谈、交易磋商、贸易谈判等公务活动中，目光停留的部位应在对方的前额至双眼这一区域，显得认真严肃、有诚意、积极主动，容易把握交谈的控制权。在大多数的社交场所中，目光停留的部位则是对方的双眼至嘴这一区域，显得友善尊重、富于关切。而对于恋人之间，目光则更多地停留在对方的双眼和胸部之间，对于关系并不密切的人，甚至是陌生人之间，这种目光语则是不合礼仪的。

3. 方式

目光语的使用方式主要有以下三种：一是环视法，即用眼睛环视听众的方法。在环视过程中要做到神态自然，视线在全场按一定部位自然地流转，环视场内听众。这种目光可以控制听众的情绪、了解听众的反应、检查语言表达的效果，但头部不可大幅度地转动，以免扰乱听众视线，分散听众的注意力；也不可过于呆板，使听众感到僵化而无生气。二是注视法，即把视线集中到某一听众或某一区域，只同个别或部分听众交流视线，以对听众作比较细致的心理调查，启发引导全场听众专心听讲，或制止个别听众在场内小声议论、搞小动作等。但注视个别听众时目的要明确，时间不宜过长，能让听众充分理解其意图即可。三是虚视法，即用眼睛似看非看的方法。虚视要求睁大眼睛面向全场听众而不专注某一点，使每一个听众都感觉到被注视。这种目光能够控制全场，可以克服语言交流中的怯场心理；在回忆和描述某种情景时，还可以表示思考，带领听众进入想象的理想境界，使听众受到优美意境的熏陶和感染。运用虚视法，要做到“目中无人，心中有人”。

目光语必须注意与面部其他表情协调一致，与有声语言密切配合，而且反应要灵敏、自然、和谐，不可随意挤眉弄眼，生硬做作。

(二)表情语

脸面是“心灵的镜子”。这面镜子，是由脸的颜色、光泽、肌肉的收与展，以及脸面的纹路所组成的。它以最灵敏的特点，把具有各种复杂变化的内心世界，如高兴、悲哀、痛苦、畏惧、愤怒、失望、忧虑、烦恼、疑惑等最迅速、最敏捷、最充分地反映出来。面部表情包括眼、脸、眉、口四个部分。因为前面的内容已对目光语进行了详细的阐述，在此对面部表情中的“眼”就不再重复，只阐述其余三个部分。

1. 脸

脸的表情依靠脸面肌筋动作和肌肉颜色、纹路的变化，而脸面肌肉颜色纹路的变化又跟脸面肌筋动作的变化密切相关。一般是“愉快”“和谐”“善意”的表情，脸上肌筋动作都向上；“不快”“悲哀”“痛苦”的表情，脸上的肌筋动作都向下；若在感情剧烈的时候，脸上的肌筋动作，一部分向上，一部分向下，一部分向左、右牵扭，失去其和谐性。我们在训练表情语时，可以选择一些感情丰富的演讲词，经过认真研读领会之后，带着感情面对镜子训练面部表情，使面部表情能够准确鲜明地反映出自己内在的真实感情。

2. 眉

眉和目相连，眉目常联合传情。如眉目低垂，表示冷漠；眉目骤张，表示恼怒；双眉紧锁，表示忧愁；眉飞色舞，表示兴奋，等等。在运用表情语时，眉的动作变化必须和眼睛变化协调配合。

3. 口

口形变化能够表情达意,具体情况有以下几个方面:口角向上,表示“高兴”“愉快”“谦逊”;口角向下,表示“忧愁”“失望”;嘴唇紧闭,口角向下,表示“厌恶”“不满”;嘴唇微开,口角向下,表示“悲哀”“痛苦”;口大张,表示“畏惧”“恐怖”;口角平直而嘴紧闭,表示“警惕”“坚定”;口角平而嘴唇颤抖,表示“气愤”“激动”,等等。上述口形与脸面、眼神要协调配合,不能分开。

在语言交流中,人的表情主要在面部,它受着两种因素的制约:一是对听众的态度,二是所讲内容。对听众的态度,表情的基调应是微笑,它是“招人喜欢”的秘诀;就内容来说,表情应丰富,喜怒哀乐都可展现。

(三)体态语

我们常说“坐有坐相,站有站姿”,“立如松,坐如钟,卧如弓,行如风”。稳定优美、舒适自然的体态有利于塑造一个人良好的形象。体态语主要指站姿、坐姿、行姿。

1. 站姿

脚是整个人体的底盘,脚的姿势关系到人的“站相”。而且许多姿态发源于此,站立姿态适当,会让人觉得全身轻松,呼吸畅快,易于旋转,让听众看着顺眼、舒适,体现着一种体态美、形象美。演讲家曲啸说:“听众就是演讲者的镜子,而且是多棱镜,从各个角度来反映演讲者的形象。要想从语言、气质、神态、感情、意志、气魄等方面充分地表现出演讲者的特点,也只有在站立的情况下才有可能。”恰当的站姿主要有两种:

一是“丁”字式站姿。站立的姿势,一般提倡“丁”字步,即一只脚在前、一只脚在后,两脚之间成90°垂直的“丁”字形,两腿前后交叉距离以不超过一只脚板的长度为宜。站立时,全身的力量都应集中在前脚上,后脚跟略为提起。其中,右脚在前,左脚在后,可称之为“右势丁字形”;左脚在前,右脚在后,可称之为“左势丁字形”。这种“丁”字站姿用于表达强烈的感情,有利于调动听众的兴趣和情绪。运用“丁”字站姿需要注意的是:两脚不宜紧靠在一起,否则会显得呆板,没有精神;两只脚不要平行地放在一条直线上,因为两腿所构成的平面,与前排听众的视线构成平行状态,如果身体的重力均等落在两只脚上,就会形成机械对称,失去对比,不仅毫无美感,而且直接影响语言的效果。

二是“稍息式”站姿。“稍息式”站姿是两脚之间任何一脚略向前跨步,两脚之间成75°角,脚跟距离在5寸左右。这种站姿要求两腿均须直立,一身力量多半集中在后脚。前脚只有辅助作用。在交流过程中,也可以根据需要随时变换左势和右势。改变站姿时,只要后脚前进一步,变左势为右势,或变右势为左势即可。“稍息”式站姿在语言交流中被广泛运用,特别是在说理、达意、传知等场合时,一般都用这种形式。

除此之外,站姿应注意收腹挺胸,做到“松而不懈,挺而不僵”,并克服以下不良的习惯动作:身子东摇西晃,背着手来回走动,以脚尖“打点”,紧张时抓耳挠腮等。

2. 坐姿

优雅美观的坐姿,不仅能塑造完美的自我形象,还可以减轻由于久坐而产生的疲劳。男性坐着的时候,要抬头、挺胸、收腹,两眼平视对方,两腿与肩平齐,要表现出男性的自信与大方。女性的坐姿与男性的要求不同,强调坐姿要优雅,要求坐在凳子的1/3或1/2处,不要靠椅背,胸脯不要靠前桌,身体稍稍向左或右侧15°为宜,一只脚的拇指紧接着另一只脚的脚跟,膝盖并拢。不论是男性还是女性,都切忌"跷二郎腿",如果"跷二郎腿"还轻轻抖动,这就会传达出说话者漫不经心、懒散、对话题不感兴趣等信息。

长时间的交流,可采取坐姿和站姿相结合。这样既可减少自己的劳累不适,也能形成一种"动静相济"的效果。动静结合更能突出表达所注重的思想情感。

3. 行姿

行姿是指整个身体的运动。在语言交流中,有的人自始至终都会完全静止地站着,而有的人则可能不断走动。动与不动的原则是,如果没有移动的理由,最好的做法是站在原地。理想的做法是移动应该有助于强调过渡、强调观点或将注意力吸引到语言内容的一个特别的方面。避免不自觉的运动、跳动或是摇晃,不停地左右换脚,从场地的一侧走到另一侧。这都会给听众造成眼花缭乱之感。

根据人们行走时的步态,大体可分为以下五类:

(1)自然型。步伐稳健,步幅不大不小,速度不快不慢,上身直立,两眼平视,两手自然摆动。这种步姿表现出来的是轻松、平静。

(2)礼仪型。步伐矫健,双膝弯曲度小,步幅、步率适中,步伐和手的摆动有强烈的节奏感,眼睛正视前方。这种步姿表现出来的是庄重、礼貌。

(3)高昂型。昂首挺胸,步态轻盈。这种步姿表现出来的是愉悦和自信。

(4)思索型。步速有快有慢,快者,踱来踱去;慢者,俯视地面,步伐迟缓。这种步姿表现出来的是焦急、心事重重、一筹莫展。

(5)沉郁型。步伐沉重,步伐较小且慢,眼睛低垂。这种步姿表现出来的是沮丧和痛苦。

(四)手势语

"手是人的第二张脸"。手的动作是态势语言的核心。在整个态势语言中,手势使用频率最高,作用也最明显。它不仅能够表情,还会达意。一些人上台讲话时,不能用、不会用或乱用手势,是因为缺乏手势语运用的严格训练。

1. 手势语的活动范围

手势语的活动范围分为上、中、下三个区域。

上区(肩部以上):手势在这一区域活动,多表达积极、宏大、激昂的内容和感情。如表示坚定的信念、殷切的希望、胜利的欢呼、幸福的祝愿、愤怒的抗议等。"让我们扬起风帆,向着光明的未来奋勇前进!"右臂向斜上方打出,表示奋斗的决心。

中区(肩部至腹部):手势在这一区域活动,多表达叙述事物和说明事理,一般表示比较平静的心情。如讲"请相信我,我一定会做好这项工作的。我虽没有名牌大学的文凭,但我有勇于进取、敢于负责的品质"时,右臂抬起,手抚心区,表示忠诚。

下区(腹部以下):手势在这一区域活动,多表示否定、不悦、鄙视、憎恶和厌弃的内容和情感。如讲"吸毒、嫖娼,这些害民害国的肮脏的东西,必须彻底清除"时,右后臂向胸前,然后迅速向斜下方打出,表示厌恶、憎恨。

2. 手势语的分类

手势语具体分为情意手势、指示手势、象征手势和象形手势四种。

情意手势是随着语言内容的起伏发展而用来表达自身思想感情的手势动作。如指心表示忠诚,抚胸表示悲哀等。

指示手势是在交流过程中显示听众视觉范围内的事物的动作。如在说到你、我、他和这边、那边时，轻轻用手指示一下，使听众产生一种形象化的感觉。

象征手势是伴随内容高潮的到来，用来引发听众心理上的联想的一种行为动作。如讲到“同学们，前程似锦，努力奋斗吧！”时，可以把手果断地向前方伸出，以示未来，体现着一往无前的精神。

象形手势可以模拟事物形状来引起听众联想，给听众一个具体明确的印象。如讲“什么是爱？爱不是索取，而是奉献”时双臂在胸前平伸，臂微弯，手心朝上，模拟心状物。

三、态势语言的运用要求

在人们的语言交流过程中，有声语言始终起着主导的作用。态势语言对有声语言的辅助、补充、替代与强化作用，表明态势语言只是完成表达任务的手段而不是追求的最终目标。因此，对态势语言的运用要注意符合以下要求：

（一）自然真实

自然真实是与交流双方建立信任的基础，这是对态势语言运用的最基本要求。孙中山曾经这样告诫人们：“处处出于自然。”动作生硬，刻意表演，姿态做作，如背台词一般，这种态势会使听众感觉别扭、不真实、缺乏诚意、矫揉造作，这样除了能够使听众心生反感之外，起不到任何积极作用。

（二）符合个性

卡耐基比喻一个人的手势就如同他的牙刷，应该是专属于他个人使用的东西，人人各不相同，只要他们顺其自然，每个人的态势语言都应各不相同。我们可以学习他人得体的态势语言，但并不是完全复制，否则就失去了风格。生活在不同时代、不同文化、不同国度的人，其态势语言的风格也会有所不同。例如观察当代的中国领导人和美国领导人，在语言表达中通过态势传递的个性都是不同的。因此，在态势语言的学习上，要结合自身个性特点，训练态势。例如一个人如果平时就比较安静，与人交谈时不喜欢用手势，那么在交流中也不必一定要加入手势，因为使用者自己会感到别扭，所做出的手势往往就会僵硬，不够自然。

（三）服从内容

口语交流中的一举一动、一颦一笑都应目的明确，与语言的内容一致，服从语言内容的要求，从而切实起到传情达意的需要。同时要善于随着语言内容、情感的变化适当地变换动作和姿态，以期生动活泼、富于魅力。如果交流的内容是一个相对严肃的话题，那么态势语言也应庄重严肃；反之，如果交流的内容是一个相对轻松的话题，那么态势语言也应活泼轻松。

（四）合乎礼仪

在上述原则基础上，表达者需要修正自己的态势，使其符合礼仪规范的要求。因为态势语言可以无声地向听众展示个人素质。态势语言的举止优雅、彬彬有礼、张弛有度，可以显示出表达者良好的教养和从容自信的内涵，从而使听者加深对其个人魅力的认同。如果一个人态势上粗鲁无礼、缺乏修养，那么他就很难在听众中建立起信任。

第二节 态势语言的使用技巧

一、身势动作的运用

身姿语言是利用人的身体姿势变化来表情达意的态势语言。身姿包括站姿、坐姿、行姿、蹲姿、卧姿等。其中最主要的是站姿、坐姿和行姿(内容可参考本章第一节内容)。

讲话者要根据不同场合、不同的谈话目的,选用不同的身姿,以自然、优美、高雅的身姿赢得对方的好感。

二、仪表的运用

(一)发型

发型是个人形象的核心组成部分,它反映着一个人的修养与艺术品位。头发整洁、发型大方是对发型美的基本要求。发型要与脸型、头型、性别、年龄、气质、职业等吻合。整洁大方的发型会给人留下生气勃勃的印象。

1. 男士发型

在商务活动中,男士的发型应显得精明强干。前部的头发不要遮住眉毛,两侧的头发不要盖住耳朵,不留过厚或者过长的鬓角,后部的头发,不要长过西装衬衫领子的上部,这是对男士发型的基本要求。男士不宜留长发、烫发、染发。

某公司董事长要接受电视台记者的采访,董事长对此次活动极为重视。为了郑重起见,董事长请人为自己进行形象设计,专业人员建议董事长要换一个较为儒雅而精神的发型,并且一定要剃去鬓角。理由是发型对一个人的上镜效果至关重要。

果然,改换了发型的董事长在电视上亮相时,形象焕然一新。他的发型使他显得精明强干,他的谈吐使他显得深刻稳健,二者相辅相成,令电视观众倾倒。

2. 女士发型

女士在选择发型时,应该先分析、研究一下自己的脸型,根据自己的脸型,选择适合自己的发型。一般来讲,脑袋大的女士不宜烫发,不宜使头发蓬松起来;高额角的女士,应做刘海,让头发遮盖一部分前额;脖子粗短的女士,应蓄短发,不要让头发遮盖发线。

(二)化妆

化妆,可以掩饰面部的缺点,凸显面部优点,使人精神焕发、神采奕奕。通过化妆,可以使人更加时尚、更加美丽,能够让人在人际交往中表现得更自信、更开放、更潇洒。

首先,化妆要视时间和场合而定。通常情况下,工作时间、工作场合应化工作妆(淡妆),在参加晚会或其他娱乐活动时可化浓妆。

其次,社交场合化妆要符合自然、得体的原则。

当然,现代女性,不仅要时尚、美丽,更要有内涵,这样才能做到真正意义上的秀外慧中。

(三)服装

人之初识,90%来自服饰。

通过一个人的穿着,可以看出其社会地位、经济地位、性别角色和审美情趣。穿着,可以反映人的精神风貌和文化素质。得体的服装,可以增加个人亲和力和个人魅力,给人留下美好的印象。

在交际场合中,对服装的基本要求是美观、大方、整洁、得体、高雅,与自己性别、年龄、职业等相符,充分体现出自己的特点与神韵。

不同颜色的服装,会给人带来不同的感觉。深色给人深沉、庄重之感,浅色让人觉得清爽舒服,白色使人感到纯洁,蓝色使人感到恬静,红色、黄色则使人感到喜庆、愉快。

参加社交活动时,要根据自身的特点选择服装。身体肥胖的人应选择深颜色的服装或竖条的服装,不宜穿过紧的衣服;身体瘦长的人应选择浅色服装或横条的服装,可以显得丰满一些;皮肤白皙的人,穿深色、浅色的服装都可以;皮肤较黑的人,不宜穿白色、黑色的服装。

知识链接

着装的基本原则

从礼仪的角度看,着装不能简单地等同于穿衣。它是着装人基于自身的阅历修养、审美情趣、身材特点,根据不同的时间、场合、目的,力所能及地对所穿的服装进行精心的选择、搭配和组合。

(一)整洁原则

无论多么新款的时装,若不够整洁,也将大大影响穿着者的仪容,无论是上班抑或普通上街时穿着的便服,均应以整齐清洁为原则,即衣服不能沾有污渍,不能有绽线的地方,更不能有破洞,扣子等配件应齐全,尤其要注意衣领和袖口处的整洁。在商务场合,人们往往通过衣着是否整洁大方来判断对方对此次交往是否重视,以及对方是否有涵养等。整洁原则并不意味着穿着高档时髦,而是保持服饰干净合体、全身整齐有致便可。

(二)个性原则

俗话说:“世界上没有两片相同的叶子。”不同的年龄、经历、身份、职业、文化素养等,会使人有不同的气质特点。因此,一定要根据自己的气质特色来选择服装,并通过服装更好地突出自己的个性、品位,树立自己的个人形象。但在突出个性时,要注意以下两个问题:

第一,不要赶时髦。最时髦的有时是最没有生命力的,赶时髦应因人而异。要穿得自然得体,就要根据自己的高矮胖瘦,选择不同质地、颜色、款式的服装加以修饰。

第二,穿出自己的特色。人人都希望自己以一个独立的个体为社会所接受。因此,只有深入了解自己,才能让服装起到锦上添花的作用。服饰的个性原则,归根到底也是一个美的原则,服饰搭配技巧就在于掩盖人体的缺点,尽显人体的优点。

(三)和谐原则

和谐是指整体效果的协调得体,强调与环境、身型、年龄、身份等的协调统一。服饰是一种艺术,人们可以借助服饰,掩盖个体的某种不足,营造出更加美妙的感觉。

培根说过:“美不在部分而在整体。”孤立地看一个事物的各个部分可能不美,但整体看却可能很协调、很美观。着装亦如此,服装的颜色、质地、款式、配件等与环境、身份角色、自身条件、时间等相协调才能达到浑然一体、整体和谐美观。

(四)“TPOR”原则

1. T(Time):时间

服饰、打扮必须根据时间来定。时间是一个总体概念,在服饰礼仪中,具体指以下三个方面：

第一，季节性。冬装不仅要讲究保暖、御寒，还要让人见到你如同见到冬日的阳光，感觉温馨而非增加寒意。夏装要透气、吸汗、凉爽，犹如雨后的一缕清风，让人神清气爽。

第二，早晚性。一般有日装、晚装之分。日装要求轻便、舒适，便于活动，但款式一般比较保守；而晚装则要求艳丽、华贵，可适当裸露。因此日装、晚装不能颠倒。

第三，时代性。不同的时代有不同的着装风格，要顺应时代的潮流和节奏，过分复古（落伍）或过分新奇（超前）都不合时宜。

2. P(Place)：地点、环境

着装技巧是懂得在什么场合穿什么服装。日常工作中，衣服颜色以清淡为主，款式简单而整齐，给人亲切感。在喜庆场合，切忌用黑色为主色，白色亦不宜。在丧礼上，白色和黑色均宜，但须全套服装一致，可以点缀其他颜色的配饰，只要忌用红色即可。

3. O(Object)：目的、目标、对象

每个人的着装总会表示一定的意愿，即自己留给别人的印象如何。所以，要学会根据自己的目标选择适合的服装，并且要弄清楚你的交往对象是谁。

4. R(Role)：角色

每个人都有自己的社会角色，甚至需要在不同场合中扮演不同的角色。不同的职业、不同的角色，有不同的穿着要求。例如，教师、干部一般要穿得庄重一些；青少年、学生的穿着要朴实、大方、整洁，不要过于成人化；医生的穿着要显得稳重和富有经验。总之，着装应适合自己的社会角色，商务谈判、应聘面试、陪同随从等角色转换需要服饰与之相适应。

三、手势的运用方法

从手势的部位着眼，手势又可分为手掌、手指和拳的动作。手势的作用就表现在对手掌、手指和拳的运用上；手掌、手指和拳以其运动的不同方式和不同形式表示着不同的意义，也表示着手势的不同作用。

（一）手掌的运用

在整个手势中，手掌的运用占据首位。其基本方法和作用如下：

1. 仰手

掌心向上，拇指张开，其余手指呈自然微曲状。这种手势，主要表示贡献、请求、承认、赞美、许诺、欢迎、诚实的意思。例如，“我相信大家是能够做到的”，“希望同志们为教育事业奉献自己的力量”。凡属这类内容的，就可以用这种手势。

2. 覆手

手心向下，胳膊微曲，手掌稍向前伸。这种手势，主要表示神秘、压抑、否认、反对、制止、不愿意、不喜欢的意思。例如，“这里面一定有问题”，“这种损人利己的行为，我们是坚决反对的”，“我们不同意采取这种办法”。这类内容，可以用这种手势。

3. 分掌

两手由合而分开。这种手势多表示空虚、失望、分散、消极的意思。例如，“一个人如果没有远大理想，那他将一事无成”，“虽然做了许多工作，仍然是不见效的。最后他们还是分开

了”。类似这样的内容，基本上都用这种手势。

4. 合掌

两手由分而合。这种手势主要表示团结、亲密、联合、会面、接洽、积极的意思。“我们要团结起来，把这个工作做好”，“同志们，为了一个共同的目标，我们走到一起来了”。凡是这类内容，就可以用这种手势。

5. 撇掌

手指自然伸直，手掌向外侧撇伸，与手臂形成一定的角度。例如，“同志们，如果敌人敢于进犯我们，我们就坚决把它打出去”，“朋友们，向着未来，向着胜利，前进吧”。手势就要紧密配合最后一句话，果断、猛力地向前方伸出去，给人一种信心和力量。

6. 推掌

手指自然伸开，亮开手掌，先曲臂，然后用力伸臂将手掌推出。例如，“中国人民是无所畏惧的，就是天塌下来，我们也顶得起！”以手心向上推顶出去，就给听众一种气魄浩大之感。另外，手掌向下、向后，则表示卑屑、消极、后退、黑暗的意思，演讲时可灵活掌握。

（二）手指的运用

手指的运用在演讲中虽然较少，但它也有很强的表意作用，表现在：

1. 表示态度

伸出拇指，就是赞颂、崇敬、钦佩之意。例如，“蒋筑英同志真了不起呀！”伸出小拇指，则表示卑下、低劣、无足轻重的意思。例如，“这种人的言行，实在太卑劣了”。

2. 指点事物或方向

为了使听众见到具体事物，可用食指指点那一事物，也可以指示某一方向。

3. 表达斥责、命令

例如，“你为什么要这样做呢？”这时可用食指指点，既明确对象，又加重了语气和意义。

4. 表示数目

例如，“‘五讲四美’的具体内容是，第一……”在用手指表示数目时，可用一只手的手指伸曲，也可用两只手的手指互相配合。如用左手的手指伸曲表示数目，而用右手的食指指点，这样做会使演讲内容表达更鲜明。

（三）拳的运用

从总体上看，拳的运用很少，一定要到感情最集中、最强烈的时候才能用，常用在政治、法律、道德等内容方面的演讲，学术演讲基本不用。用拳则表示愤怒、破坏、决心、警告等意念。如：“勿忘国耻！”“谁敢侵略我们，就一定要消灭它！”用拳时，可以直捶，也可以斜击。用拳有时也可表达有力和团结的意思。这要根据内容需要来定，但非到情感异常激烈时，绝不要用，而且也不可多用。

四、几种常用手势语

（一）请进

迎接来宾做“请进”的手势时，其动作要领是：站成右丁字步，左手下垂，右手从体侧移至腹前，然后以肘关节为轴，向右平移到身体的右前方，腕关节要低于肘关节。

（二）请往前走

给来宾指引方向做“请往前走”的手势时，其动作要领是：将右手由前抬到与肩同高的位置，前臂伸直用手指向来宾要去的方向。

（三）请坐

请来宾入座做“请坐”的手势时，其动作要领是：一只手由前抬起，从上向下摆动到距身体45°处，其手臂向下形成一斜线。

（四）握手

握手时两人相距约一步，双腿立正，上身稍前倾，伸出右手，四指并拢，拇指分开，两人手掌与地面垂直相握，上下轻摇三四次，随后松开手来，恢复原状。握手时双目应注视对方微笑致意，不要看着第三者，这是一种自然而平等的纯礼节意义上的握手方式。

握手时伸手的先后顺序是由握手人双方所处的社会地位、年龄、性别等各种条件决定的。握手应遵守“尊者决定”的原则，即双方首先确定彼此身份的尊卑，由位尊者先行伸手，位卑者予以响应，贸然抢先伸手是失礼的。握手的基本规则如下：

1. 男女之间

男方要等女方先伸手后才能握手，如女方不伸手，无握手之意，男方可用点头或鞠躬致意。

2. 宾主之间

主人应向客人先伸手，以示欢迎；客人在告辞时，应由客人首先伸手来与主人握手，表示感谢和告别之意。

3. 长幼之间

年幼的要等年长的先伸手。

4. 上下级之间

下级要等上级先伸手，以示尊重。

5. 一人与多人握手

应按照由尊而卑的次序进行，即先年长者后年幼者，先长辈后晚辈，先老师后学生，先女士后男士，先已婚者后未婚者，先上级后下级，先职位高者后职位低者。

应当强调的是，上述握手时的先后次序不必处处苛求于人。如果自己是尊者或长者、上级，而位卑者、年轻者或下级抢先伸手时，最得体的做法是立即伸出自己的手，进行配合，而不要置之不理，使对方当场出丑。

在公务场合，握手时伸手的先后顺序主要取决于职位、身份；在社交和休闲场合，主要取决于年龄、性别和婚否。

五、使用手势语的原则

（一）雅观自然

演讲者的手势贵在自然。自然才是感情的真实流露，才能真实地表情达意，才能给人以美感。演讲者的手势要做得舒展、大方，不动则已，动就给人以赏心悦目之感，在此基础上，使手势富于变化。

（二）保持协调

手势要和其他态势语相和谐，要共同为一个主题、一种情感服务而相得益彰。要保持三个协调：手势与全身协调，手势与口头语言协调，手势与感情协调。

（三）因人制宜

根据自身条件选择合适的有表现力的手势。就性别而言，男性的手势一般刚劲有力，外向动作较多；而女性的手势柔和细腻，内向动作较多。就年龄而言，老年人因体力有限，手势幅度较小，精细入微；而中青年身强力壮，手势幅度较大，气魄雄伟。就身高而言，个子比较矮小的人可以多做些高举过肩的手势来弥补不足，使听众的视感拔高一些；而个子较高的演讲者，可多做些平直横向的动作。

当然，这些都不是绝对的。手势的运用，演讲者有各自的习惯和技巧，中心问题是要与言辞的意义相协调，要突出表达的内容和情感。

六、使用手势语的注意事项

（一）手势不宜过多

切忌“指手画脚”和“手舞足蹈”。无论多好的手势，也不能太多，以免让听众感到眼花缭乱。

（二）准确运用手势

手势不可乱用，打招呼、致意、告别、欢呼、鼓掌属于手势范围，使用手势时应该注意手势力度的大小、速度的快慢、时间的长短，不可过度。

（三）不要用手指指点他人

在任何情况下都不要用大拇指指自己的鼻尖和用手指指点他人，用手指指点他人和自己都是不礼貌的。谈到自己时应用手掌轻按自己的左胸，那样会显得端庄、大方、可信。

（四）注意手势使用的区域和各地习俗

有些手势在使用时应注意区域和各国的不同习惯，不可以乱用。因为各地习俗迥异，相同的手势表达的意思也有所不同，有时甚至大相径庭。

如在某些国家认为竖起大拇指，其余四指蜷曲表示称赞夸奖，但澳大利亚则认为竖起大拇指，尤其是横向伸出大拇指是一种污辱；英国人跷起大拇指是拦车要求搭车的意思。伸出一只手，将食指和大拇指搭成圆圈，美国人用这个手势表示“OK”，是“赞扬”和“允诺”之意；在印度，表示“正确”；在泰国，表示“没问题”；在日本、缅甸、韩国，表示“金钱”；在法国，表示“微不足道”或“一钱不值”；斯里兰卡的佛教徒用右手做同样的姿势，放在颌下胸前，同时微微欠身颔首，以此表示希望对方“多多保重”；在巴西、希腊和意大利的撒丁岛，这是一种令人厌恶的污秽手势；在马耳他，则是一句无声而恶毒的骂人语。由此不难看出，每种文化都有自己的“手势语言”，千姿百态的手势语言，饱含着人类无比丰富的情感。它虽然不像有声语言那样实用，但在人际交往中能起到有声语言无法替代的作用。

综合技能训练

一、自我介绍

要求:

(1)从容地走上讲台,站定,抬头,面带微笑注视大家。

(2)说话中,必须有2~3个富有个性的手势。

(3)说话时间不少于2分钟。

二、结合专业特点,分组模拟职场接待场景,注意正确运用态势语。

三、态势语言训练

1.微笑训练

面对镜子进行微笑练习,要求:自然、真诚、亲切。

2.眼神训练

(1)平视、仰视、俯视、斜视。

(2)用不同的眼神表达下列词语的内涵:

愤怒、怀疑、惊奇、不满、害怕、感慨、刚强、稳重、深沉、亲切、高兴、遗憾。

3.形体训练

(1)坐姿练习

在高低不同的椅子、沙发上,练习各种坐姿;要求:自然、大方、优雅。

(2)站姿练习

①贴墙站立

要求:脚跟、小腿、臀、背、头贴墙。

②背对背站立

两人一组,背对背站立,两人的小腿、臀部、背、后脑勺都贴紧。小腿之间夹一张小纸片,不能让其掉下。

(3)走姿练习

要求:挺胸、抬头、收腹、平视;面带微笑,充满自信、友善;男性重稳健、力度,女性重弹性、轻盈。

四、站姿训练

(1)双脚并拢,收缩膝盖、臀部与腹部肌肉,尽量踮起脚尖,使全身紧张,再慢慢放下脚使身体放松,反复练习,直到自如、站稳。

(2)练习自然式、稍息式站姿。

五、坐姿训练

(1)按坐姿基本要领,训练入座、就座、离座。每次训练应坚持15~20分钟。

(2)坐在椅子边缘,使背与大腿、大腿与小腿成直角,两臂自然下垂,双肩微微弯曲,同时收缩腿肌、腹肌与背阔肌。双肩尽量向后仰,坐几分钟后放松,反复练习,加强肌肉的张弛度。

(3)练习双腿垂直式、双腿斜放式、双腿叠放式等几种常用坐姿。

六、走姿训练

按照走姿的基本要领反复对镜子练习。如果有条件的话,也可以将自己的走姿录下来,对不规范的地方进行改正。

七、以小组为单位，分别练习仰手、覆手、分掌、撇掌等几种常见的手掌运用方法。

八、练习请、请进、请坐等手势语。练习这几种手势语时应采用站姿，可按照顺序分排进行。做动作时可先分解再连起来做，教师要分别给予指正。

九、模拟男女之间、宾主之间、长幼之间、上下级之间握手礼的使用。注意按照握手礼的规范要求去做；也可设计几个场景分别进行练习，如客户与经理、主人与客人、一人与多人见面等。

十、(用眼神表示以下文字意思)正视表示庄重，斜视表示轻蔑，仰视表示思索，俯视表示羞涩，逼视表示命令，瞪视表示敌意，不住地打量表示挑衅，低眉偷觑表示困窘，行注目礼表示尊敬，白他一眼表示反感，双目大睁表示吃惊，眨个不停表示疑问，眯成一条线表示高兴。目光明澈表示胸怀坦荡，目光狡黠表示心术不正，目光炯炯表示精神焕发，目光如豆表示心胸狭窄，目光执着表示志向高远，目光浮动表示轻薄浅陋，目光睿智表示聪明机智，目光呆滞表示心事重重，目光坚毅表示自强自信，目光颓废表示自暴自弃。

十一、舞蹈《千手观音》的手势语有什么震撼效应？

提示：2005 年春节晚会的舞蹈《千手观音》让很多观众为之倾倒。其实，舞蹈本身就是一种很有思想的艺术形式，它的每一个肢体动作都是一种语言，时刻与观众交流。而千手观音的魅力就在于它非常细腻、非常独到地传达出作为社会特殊群体——聋哑人对爱的祈祷与祝愿。舞台上，美丽的姑娘们用那一双双纤纤玉手，非常和谐地勾勒出一幅动人的观音图，让人们沐浴在友爱与祥和的春风里。同时，那一双双令人久久不能忘怀的玉手，也汇聚成这样一句感人肺腑的话：“爱，是我们共同的语言。”可见，这无声的手势语言在某些特殊的环境里、特殊的情形下，能够表达出令人感慨万千的情怀，达到“此时无声胜有声”的艺术效果。

第五章　拟稿演讲

本章导读

好的口才往往是竞聘上岗、能力展示、事业成功的有力武器。演讲口才发挥的好坏很大程度在于演讲稿的写作水平。

开篇案例

1965 年 11 月,美国友人、女作家斯特朗女士在中国庆祝她 80 岁的寿辰,周恩来总理为其在上海展览馆大厅举行宴会。周恩来总理进行了宴会开场演讲:“今天,我们为我们的好朋友、美国女作家安娜·路易斯·斯特朗女士庆贺‘40 公岁’诞辰(出席宴会的人们对‘40 公岁’迷惑不解)。在中国,‘公’字是紧跟它的量词的两倍,40 公斤等于 80 斤,40 公岁就等于 80 岁。”

周恩来幽默的演讲引发在座人们的阵阵笑声,斯特朗女士也高兴地流下泪来。精彩的演讲为宴会增添了许多欢声笑语。

第一节　拟稿演讲概述

演讲稿又称演讲词,它是演讲者在演讲前写出来的、供演讲时使用的文书。演讲稿有广义和狭义之分。广义的演讲稿,是指演讲者为在听众面前发表意见、抒发情感而事先准备的文书。它的外延宽,包括许多讲话稿,例如学术专题演讲稿、会议报告演讲稿、法庭论辩演讲稿、各种礼仪演讲稿等,这些文书都属于演讲稿。狭义的演讲稿,专指为各种主题而写作的演讲稿,例如参加各种演讲比赛、演讲报告会而写作的文书。

演讲稿是演讲的依据,是对演讲内容和形式的规范和提示,它体现着演讲的目的和手段、演讲的内容和形式。

写好演讲稿,你的演讲就成功了一半。

一、演讲稿的特点

(一)针对性

演讲是一种社会活动,是用于公众场合的宣传形式。它为了以思想、感情、事例和理论来晓谕听众,打动听众,“征服”听众,必须要有现实的针对性。

所谓针对性,首先作者提出的问题应是听众所关心的问题,评论和论辩要有雄辩的逻辑力量,要能为听众所接受并心悦诚服,这样,才能起到应有的社会效果;其次是要懂得听众有不同的对象和不同的层次,而“公众场合”也有不同的类型,如党团集会、专业性会议、服务性俱乐部、学校、社会团体、宗教团体、各类竞赛场合,写作时要根据不同场合和不同对象,为听众设计不同的演讲内容。

(二)可讲性,可听性

演讲是通过有声语言来传播信息的,而且对听众来说,演讲者的语言稍纵即逝,几乎没有时间仔细领会其含义。因此,演讲稿要写得口语化,做到通俗易懂、深入浅出,使之讲起来上口、听起来入耳。一篇好的演讲稿对演讲者来说要可讲,对听讲者来说应可听。因此,演讲稿写成之后,作者最好能通过试讲或默念加以检查,凡是讲不顺口或听不清楚之处,均应修改与调整。

(三)鼓动性

演讲是一门艺术。好的演讲自有一种激发听众情绪、赢得好感的鼓动性。要做到这一点,首先要依靠演讲稿思想内容的丰富、深刻,见解精辟,有独到之处,发人深省,语言表达要形象、生动、富有感染力。如果演讲稿写得平淡无味,毫无新意,即使在现场"演"得再卖力,效果也不会好,甚至相反。

(四)可变性

演讲稿无论准备得多么充分,在演讲前都不能最后定稿,口头发表时也常常不能一成不变。因为演讲时在一定场合面对听众发表的讲话,在临场时听众往往会有一些演讲者事先没有预料到的反应,因此,在演讲时就要根据临场的实际情况对演讲稿作出相应的改动,以使演讲者始终掌握临场的主动权。所以有经验的演讲者在写作演讲稿时,都是事先估计临场的多种反应,并尽可能地多作几种准备。

二、演讲稿的作用

(一)保证演讲目的的完成

演讲的目的就是向听众宣传自己的观点并力争使听众接受。

演讲时第一要考虑怎样才能使演讲为听众接受,这是收到效果、达到目的的基础。

第二要考虑的是使演讲具有科学性、逻辑性、说服力和感染力,这是令听众接受和承认的不可缺少的条件。

第三,演讲必须具有深刻而动人的内容,这是使听众赞同、信服的根基。只有拥有了准备充分的演讲稿,在演讲时才能做到有的放矢、立论坚实,才能顺应听众的心理和情绪,按照"规范"和"提示",作出恰到好处的临场发挥,达到预期的目的。

(二)形成演讲者演讲思维模式的关键

演讲稿写作对演讲者形成演讲思维模式起关键作用。

这个作用可从一般和特殊两方面来看:从一般作用看,写演讲稿是为参加一次演讲活动所作的准备;从特殊作用看,就在于它能为以后的演讲和演讲稿写作打下坚实、雄厚的基础。

总之,演讲稿写作所需要的也正是它所能给予人的——它需要而又使人形成演讲的思维模式,即能加工、处理构成演讲的各种要素并使之相互关联及容纳万事万物于演讲范畴和轨道之中,且符合演讲要求的那种思考能力和方式、方法。这种能力和方法是在演讲稿写作实践中形成和练就的,所以说演讲稿写作对于形成演讲思维模式起着关键的作用。

(三)演讲前练习的依据

演讲稿写成后,便可据以进行讲前练习。对于演讲新手来说,演讲前的练习尤为重要。

试讲，反复默记，进一步地琢磨、补充，都要以演讲稿为底本。进行演讲时，应将讲稿搁置一边，不要念讲稿或背诵讲稿。以念代讲，会使听众厌烦。由于对所讲内容烂熟于心，又有讲稿作依据，对所讲的层次、纲目有所约束、控制；对演讲的时间也要有所控制。除非思考比较成熟，一般勿作超出讲稿的临场发挥，以免感情突破了理智的控制，造成俗话所说的“走火”。

三、演讲稿写作的基本要求

演讲，不仅要顾及允许的时空限度，充分考虑到听众的心理、环境的影响以及演讲的种种“反馈”等因素，更要十分讲究临场的听讲效果。演讲稿与其他理论文章相比，往往具有更大的灵活性，它应能伸能缩、可增可减，具有较强的应变性。

（一）对象明确，针对性强

弹琴要看听众，写演讲稿也要看对象。不看对象，无的放矢，演讲稿就没有针对性。演讲稿的内容、风格要根据对象、场合，甚至演讲者本人的特定情况而定。

（二）主题要鲜明、集中

一篇好的演讲稿，在阐述个人主张、见解和看法时，态度要明朗，观点要鲜明；而且自始至终要围绕一个中心阐述观点，不搞多个中心。只有这样，才能够吸引听众，在听众心目中留下深刻的印象。

（三）感情要真挚、饱满

演讲的效果如何，一方面看演讲者对听众迫切需要解决的问题回答得如何，另一方面也要看演讲者以什么态度、用什么感情去回答和解决这些问题。演讲者是端起架子，板着面孔在听众面前说教呢？还是平等待人，推心置腹地讲真话，以真情去感人呢？这是一个非常重要的问题。对演讲者来说，如果口不从心，不讲真话，那么听者必然是充耳不闻。虚情假意的说教，永远也不会说服听众。反之，讲真实思想，以真换真，以诚对诚，才能够沟通思想，产生共鸣。感情不仅要真挚而且应当饱满，也就是说，真实思想还要通过饱满的爱憎感情表现出来，才能收到以情动人的演讲效果。例如大家熟知的《最后一次讲演》，闻一多以极大的愤怒声讨了国民党反动派的血腥罪行。他慷慨陈词，感情激奋、真挚而饱满，对敌人犹如投下一颗重型炸弹，广大听众自然是深受感动和激励。

若是一篇呼吁性的演讲稿，就要注意鼓动性、抒情性；若是一篇劝导性的演讲稿，就要注意逻辑性、论证性，两者结合，则更好。

（四）事例要典型、新鲜

演讲稿只靠抽象说理，很难打动人；有事例，但不典型，或事例典型，但缺乏新鲜感，同样不能吸引听众。初学者常常犯有这种错误。实践证明，凡是有经验的演讲者在准备演讲时，围绕演讲中心，总是选取足够的典型、新鲜的事例，选取发人深省的、具有哲理性的名言警句和有说服力的统计数字等，用来阐述自己的观点和主张。这样做才能收到生动感人的演讲效果。

（五）条理清楚，结构清晰

写一般文章要求结构清楚，写演讲稿更要求有一个清晰的结构。因为读文章是靠视觉接收信息；听演讲是靠听觉来接收信息。文章一遍读不懂，还可多看几遍，而演讲则不然。因而，演讲更为强调结构清晰。

文章的结构表现在段落划分上,读者一看就知道从哪儿到哪儿是一层意思。演讲稿的结构是靠语言来交代和说明的,因此,在开场白中,要先交代本次演讲题目,分几部分,先讲什么,后讲什么,让听众对演讲内容有个总体的了解和把握。在演讲过程中,两部分之间转换时,要加上“以上是第一点”“下面讲第二点”之类的话,将前后两部分的联系表示出来。演讲结束时,还要对演讲的内容作一下归纳,说明一共讲了几个问题。这样,即使演讲内容再长,也能给读者留下明晰而又完整的印象。

(六)语言要规范、口语化,富有动作性

由于演讲者与听众是通过声音进行思想感情交流的,因此演讲稿的语言应根据不同的场合、不同的听众有所变化。为使演讲取得好的效果,演讲稿的语言要规范化、口语化和富有动作性。

所谓语言的规范化,指演讲者应使用规范化的现代汉语,即用普通话演讲,在语言、词汇、语法等方面都应符合普通话的标准要求。另外,由于演讲稿的有声性特点,要求演讲语言口语化,即要选用通俗易懂、生动活泼的语言;句式要短小,不宜使用长句式。再者,由于演讲的演示性特点,还应考虑其语言的动作性。所谓语言的动作性,是指在演讲稿的书面语言中,应暗含着某些无声的态势语,如眼神、表情、姿态、动作等。这样,在演讲的过程中,便可自然而然地做出某种表情和动作,使演讲充满活力,给听众以更深的感受。

四、演讲稿的类型

要写出符合演讲要求的演讲稿,首先要了解演讲稿的类型。根据演讲稿的表达方式和演讲目的,我们把演讲稿分为三大类:

(一)叙述式演讲稿

叙述式演讲稿主要运用叙述的表达方式,以适当的议论、抒情和说明为辅助手段。这类演讲稿主要通过介绍人物、事件、景物来表达作者的思想感情、观点和主张,反映社会生活规律等。叙述占演讲稿的大部分内容,但其最终目的不在于叙述,而是要实现以情感人,达到宣传教育的作用,所以叙述式演讲稿区别于一般的记叙文。

(二)抒情式演讲稿

抒情式演讲稿主要运用抒情的表达方式,直接或间接地将演讲者的爱恨、好恶等感情抒发出来,以情传意,在演讲者的带领下,听众在浓烈的感情氛围中明辨是非、分清曲直。抒情式演讲稿重在说“意”,让听者感受“情”,区别于抒情散文的“寓情于理”。

(三)论述式演讲稿

论述式演讲稿以议论为主要的表达方式,在占有确凿的、充分的、极具说服力的论据的基础上,通过富有逻辑性的论说、严密的推理和清晰的判断,让听众感受到事物的本质和规律,实现以理服人,达到宣传真理的目的。

第二节 演讲稿的写作技巧

写作演讲稿时,要根据演讲稿的类别,恰当选择主题的表达方式,这样形成的讲稿才能符合演讲的需要。

一、标题的写作技巧

演讲的题目是一篇演讲稿有机的组成部分。它与演讲的内容、风格、语调有直接关系。题目能鲜明地表现内容的特点。一个新颖、生动、恰当而富有吸引力的题目有以下三个作用:第一,具有概括性,即能全面地反映演讲的主题、内容、目的。如毛泽东的《反对党八股》《为人民服务》等演讲题目。第二,具有指向性,即看题目就让听众明确你讲的是哪方面,是政治性的、学术性的还是伦理道德的。第三,具有选择性,即题目能在未演讲之前就告知听众内容,听众可以据此进行选择听或不听。

(一)拟订演讲题目的标准

1. 演讲的题目应能揭示主题和中心

如曲啸的演讲题目《心底无私天地宽》。

2. 演讲的题目应能提出问题

如鲁迅的演讲题目《娜拉走后怎样》《未有天才之前》等,能引起听众浓厚兴趣并进行思考。

3. 演讲的题目应能划定范围

如《大学生的任务》《美术略论》这样的演讲题目,听众听后就可知道演讲的内容、范围及涉及的具体问题,以便听众选择。

4. 题目要有积极性

要选择那些光明、美好、有建设性的题目,使听众一听就有无限希望。如《自学可以成才》这样的题目,就可鼓舞听众充满信心地走自学之路。

5. 题目要有适应性

其一,要适应听众的实际。即选题考虑听众思想修养、文化水平、职业特点、阅历等,这样才能有的放矢。其二,要适应自己的身份,即要选择与自己所从事的工作性质、专业、知识面接近的题目,因为自己熟悉的东西容易讲深讲透,容易收到好的效果。其三,要适应演讲的时间,即要按规定的时间选择题目。如果规定的时间长,题目就可大些;时间短,题目就可小些。

6. 题目要有新奇性

只有“新”和“奇”,才能像磁石一样吸引听众。像鲁迅的演讲题目《老而不死论》《伟人的化石》《老调子已经唱完》《象牙塔与蜗牛庐》,这样新奇的题目怎会不吸引人呢?

7. 题目要有情感色彩

演讲者的演讲总是充满强烈的感情色彩,并把这种强烈的爱憎情感注入题目里去,从而打动听众,有一种情感的导向作用和激发作用。如鲁迅的《流氓与文学》、马克·吐温的《我也是义和团》等,其爱憎情感都是很鲜明的。

8. 题目要有生动性

演讲题目生动活泼,就能给人一种亲切感、愉悦感。像前面举的《老而不死论》《象牙塔与蜗牛庐》等,都非常生动活泼。当然,生动活泼与否主要由主题和内容而定。严肃的主题和内容就不宜用活泼的题目,用了反而会冲淡和破坏演讲的战斗性和严肃性。

(二)怎样拟订标题

拟订标题的主要方法有以下几种：

1. 提示型标题的拟订

即标题要概括演讲的基本内容,把演讲的核心简明地揭示出来。如《好女建功在军中》《把艰苦奋斗的乐章奏得更响》。

2. 象征性标题的拟订

运用比喻或象征等修辞手法,把抽象的哲理或某种象征意义具体化、形象化,从而深入浅出地揭示主题。如《扬起生命的风帆》《让美的横杆不断升高》。

3. 含蓄型标题的拟订

运用伏笔,造成悬念,用婉转的话来烘托或暗示某种内涵,让人思而得之,而且越思考含义越多。如《春泥》《笑声中的忧虑》。

4. 警惕型标题的拟订

运用哲理名言,提醒、劝谏、鼓励听众,以激起听众的警觉,使之猛醒。如《走自己的路》《天下兴亡,匹夫有责》。

5. 设问型标题的拟订

通过设问,提示演讲所涉及的内容,其实演讲内容就是对演讲题目的回答。如《人才在哪里?》《谁来保卫2000年的中国?》。

6. 抒情型标题的拟订

抒发自身的情感,以情动人,具有浓烈的感情色彩。如《我骄傲,我是军人的妻子》《党啊,亲爱的妈妈》。

二、称呼的写作技巧

称呼需提行顶格加冒号。称呼根据受听对象和演讲内容需要决定,常用称呼有“同志们”“朋友们”“女士们、先生们”等,也可加定语渲染气氛,如“年轻的朋友们”等。当然,也可根据演讲场合不用称呼,自然进入演讲。

三、开头的写作技巧

任何形式的演讲,开头总是关键。在演讲开始后的几分钟或者几秒钟内,听众通常会决定是否接受演讲,是否听下去。

(一)开头的基本要求

1. 吸引听众的注意

演讲开头成败的关键在于能否吸引并集中听众的注意力。演讲时随时获取听众注意力,演讲的方式随题材、听众和场景的不同而改变,一般可以运用事例、轶闻、经历、反诘、引言、幽默等手段达此目的。

2. 为听众提供背景知识

演讲时,演讲者被认为是专家或权威。因此,如果听众对演讲的主题不熟悉或是知之甚少,那么很有必要在开头部分对听众讲述与主题有关的背景知识,它们不仅是听众理解演讲所必需的,而且还可以体现出主题的重要性。

3. 为听众阐述演讲结构

演讲时,应当利用开头部分对演讲内容加以概述,让听众了解演讲的中心思想和结构。特别是当演讲的主题很复杂,或是专业性较强,或是需要论证几个观点时,这样做就能使演讲显得清楚而易于理解。

下面以汉诺威公司的主席在一次演讲的开头为例,他在演讲稿的开头首先陈述了他演讲的结构及范围:

女士们,先生们,晚上好:

我很荣幸应科里曼主任的邀请来参加这个在我国很有权威的商业论坛。

首先,我将对最近的国内经济形势加以展望。我认为它并非人们有时所想象的那样严峻。

第二,谈谈近期欧佩克的经济增长对国际经济增长的影响——对包括我们自己在内的许多国家来说是件痛苦的事,但又是完全有办法应付的。

第三,对总统的能源建议作几点评论,我认为它既令人鼓舞,又令人失望。

最后,我将就演讲逐渐成为一种时尚和必要的现象以及美国的现状谈一点个人看法。

4. 为听众说明演讲目的

在大多数情况下,演讲的开头应揭示出演讲的目的。如果做不到这一点,那么听众要么会对演讲失去兴趣,要么会误解演讲的目的,甚至会怀疑演讲者的动机。

美国运通公司主席詹姆斯·鲁宾逊三世在短短的 15 秒钟内便把他的演讲目的陈述给听众:

女士们,先生们,早上好。谢谢大家给予我这个露面机会。美国广告联盟是美国传播工业的一个重要组成部分。当前,美国传播工业还面临许多问题,而重担则落在大家的肩上。我今天演讲的目的便是就这些问题及它们呈现出的挑战谈谈我的看法。

5. 争取到听众的信任

有时候,听众可能会对演讲者的动机发出疑问,或是与演讲者持相反的观点。在诸如此类的场合——特别是想改变听众的观点或行为时——要使演讲成功就需要建立或是提高听众对演讲者的信任感。

(二)开头的实用技巧

匠心独运的开场白,以其新颖、奇趣、敏慧之美,能给听众留下深刻印象,能立即控制场上气氛,在瞬间集中听众的注意力,从而为接下来的演讲内容顺利地搭梯架桥。

1. 奇论妙语,石破天惊

听众对平庸普通的论调一般都不屑一顾、置若罔闻;倘若发人未见,用别人意想不到的见解引出话题,造成“此言一出,举座皆惊”的艺术效果,会立即震撼听众,使他们急不可待地听下去,这样就能达到吸引听众的目的。

下面以一位班主任在欢送会上的讲话为例。

班主任在毕业欢送会上通常会依照惯例给每位毕业生送出自己的祝福,但是有一位班主任却巧妙地运用了“奇谈妙语”，给大家留下了深刻的印象。

这位班主任一开口就说：“我原来想祝福大家一帆风顺，但仔细一想，这样说不恰当。”这句话把在座的同学弄得丈二和尚摸不着头脑，大家屏声静气地听下去。“说人生一帆风顺就如同祝某人万寿无疆一样，是一个美丽而又空洞的谎言。人生漫漫，必然会遇到许多艰难困苦，比如……”

最后班主任的致辞得出的结论是：

一帆风不顺的人生才是真实的人生，在逆风险浪中拼搏的人生才是最辉煌的人生。祝大家奋力拼搏，在坎坷的征程中，用坚实有力的步伐走向美好的未来！

“一帆风顺”是常见的吉祥祝语，而这位班主任另辟蹊径，不落俗套，从另一角度概括出人生哲理，告诉学生们要努力拼搏，才能拥有美好未来。这份祝福感情真挚，令人难以忘怀。

2. 自嘲开路，幽默搭桥

自嘲就是“自我开炮”，用在开场白里，目的是用诙谐的语言巧妙地自我介绍，这样会使听众倍感亲切，无形中缩短了与听众间的距离。

一位青年演讲者应邀到华中师范大学为应届毕业生作青年成才问题的演讲。为引起同龄人的共鸣，他设计了这样的开场白：

同学们，到这个讲坛上演讲的，应该是丁玲、唐弢、李燕杰、邵守义那样的大人物，我这个“嘴上无毛办事不牢”的青年人站在这儿，很不般配呀；不过，我很欣赏契诃夫的一段名言：“世界上有大狗也有小狗，小狗不应该因为大狗的存在而慌乱不安，所有的狗都叫！小狗也要大声叫！就用上帝给的嗓门叫好了。”今天，我这个自信的小狗，就大胆地叫几声。

这一番话嬉而不谑、妙趣横生，观众捧腹大笑。这段开场白给人们留下了非常坦诚、风趣幽默的良好印象。

3. 即景生题，巧妙过渡

一上台就开始正正经经地演讲，会给人生硬突兀的感觉，让听众难以接受。不妨以眼前的人、事、景为话题，引申开去，把听众不知不觉地引入演讲之中。可以谈会场布置，谈当时天气，谈此时心情，谈某个与会者形象等。例如，你可以说：“我刚才发现在座的一位同志非常面熟，好像我的一位朋友。走近一看，又不是。但我想这没关系，我们在此已经相识，今后不就可以称为朋友了吗？我今天要讲的，就是作为大家的一个朋友的一点儿个人想法。”

又如有一次，某单位召开关于安全生产的职工大会，轮到最后一个车间主任作表态发言时，职工有的看表，有的交头接耳，会场秩序有些不安定。这位主任见此情景，开口就说了一句：“劳驾诸位——请对一下表。”说着他也伸出胳膊，注视着自己的手表，神态极为认真。

在场的所有职工几乎都愣了一下，然后真的就去看自己的手表。“现在是9点12分，不准的请拨正，我的发言只需15分钟，到9点27分我要讲不完，请前排的同志把我从窗口扔出去”。会场内先是爆发一阵欢笑，大家笑得都很开心，接着便鸦雀无声，开始听他的15分钟的发言。

4. 讲述故事，顺水推舟

用形象性的语言讲述一个故事作为开场白会引起听众的莫大兴趣。选择故事要遵循这样几个原则：要短小；要有意味，促人深思；要与演讲内容有关。

李燕杰在《爱情与美》的演讲中这样开场：“我不是研究爱情的，为什么会想到要讲这么一个题目呢?"然后讲了一个故事:北京一家公司的团委书记再三邀请李老师去演讲,并掏出几张纸,上面列着公司所属工厂一批自杀者的名单,其中大多数是因恋爱问题处理不好而走上绝路的。"所以,我觉得很有必要与大家谈谈这方面的问题。"

这个故事一下子把听众的注意力集中起来,使他们感到问题的严重性和紧迫性。

5. 制造悬念,激发兴趣

人们都有好奇的天性,一旦有了疑虑,非得探明究竟不可。为了激发起听众的强烈兴趣,可以使用悬念手法。在开场白中制造悬念,往往会收到奇效。例如,一段演讲的开头,是这样巧设悬念的:

在140年前,伦敦出版了一本被公认为不朽的小说杰作,很多人都称它为"全球最伟大的一本小说"。当小说出版之时,市民在街头巷尾与朋友见面,都要彼此问一声:"你读过这本书吗?"答案几乎都是"是的,我已读过了"。这本书出版的第一天,便销售了1000本,两周内销售了15000本。以后又出版了不知多少次,世界各国都有了译本。几年前,银行家以连城的价值,买到了这本书的手稿,现在这本书的原稿陈列在纽约市的美术馆。这部世界名著是什么?

就是狄更斯19世纪40年代写的——《圣诞欢歌》。

四、主体的写作技巧

主体是演讲稿的主干部分,既要紧承开场白,又要内容充实、主旨鲜明,并符合逻辑地展开论述,而且还要设置好演讲高潮,以使听众产生心灵共鸣,所以主体部分的安排要从突出主体、巧布详略、分明层次与衔接段落等方面考虑。常见的演讲稿布局方法有以下几种:

(一)直叙式

即以时间先后为序,或以事情的发生、发展及变化过程为序。这种结构层次比较单一,事情的来龙去脉很清楚,常用于介绍个人成长过程和他人先进事迹的演讲。运用这种方法,要注意突出重点、兼顾一般,切忌平均用力、平铺直叙。

(二)比较式

在演讲稿中,人们常用正反比较的方法来完成结构布局,即在分论点与分论点之间、段落与段落之间形成一正一反的对照,使听众从两种事物的不同之中去认识演讲的主题。

例如,丁建新的《党旗永远在我心中飘扬》就是用的这种方法。在开头部分提出中心论点以后,分别用《党旗下的报告》中的共产党员形象同少数党员在金钱、权力面前腐化堕落的现象相比较;用优秀共产党员张景韬几次放弃出国定居的机会立志献身国防事业的模范事迹,同一些人为出国不遗余力的行为相比较;用身边的共产党员群体同个别腐败分子相比较,使大家从比较中认清了党的本质和主流,增强了对党的信念。

(三)递进深入式

阐释若干个问题,这几个问题之间的关系是递进的、步步深入的,甚至是一环套一环的。

五、结尾的写作技巧

(一)好结尾的写作方式

成败的关键,往往取决于最后一刻。演讲者把自己认为论证最有力的话留在结尾来说,可以发挥画龙点睛的威力。

1. 自然收篇

这种结尾，是根据演讲内容的结束起句当如爆竹，骤响易彻；结局当如撞钟，清音有余。

而戛然收笔，具有简洁明快的特点，给人以干净利落的印象。例如闻一多的《最后一次讲演》就是这样结尾的：

我们不怕死，我们有牺牲的精神，我们随时像李先生一样，前脚跨出大门，后脚就不准备再跨进大门！

2. 总结全篇，再次点题

这种结尾方式是被演讲者应用得最多的，一般是演讲者在结尾部分用简明扼要的语言对讲述的内容进行一下总结，用以加深听众的印象。

刘伟勋在《当代中国改革之我见》中，就采用了这种结尾方式：

阿基米德说要举起地球，那毕竟是伟大的空话，因为他不可能找到真正的杠杆和坚实的支点，而我们却找到了真正的“杠杆”和“支点”。只要全国人民掌握了这个“力学原理”，在党的领导下，拧成一股劲，我们就一定能完成改革大业，一定能举起中国的未来！这就是我，一个大学生的改革观。

3. 抒情式结尾

这种结尾常常是演讲者在叙述典型事例和生动事例后油然而生的激情。以这种方式结尾，言尽而意未尽，留有余韵，给人以启迪。

如郭沫若的《科学的春天》的结尾：

春分刚刚过去，清明即将到来。“日出江花红胜火，春来江水绿如蓝。”这是革命的春天，这是人民的春天，这是科学的春天！让我们张开双臂，热烈地拥抱这个春天吧！

4. 鼓动号召式结尾

这种结尾用充满信任和期望的语言来对听众进行鼓励号召，以激起听众感情的波涛，给人以心志的激励。

总之，结尾的方法很多，但都应简洁有力，结尾最忌讳虎头蛇尾、画蛇添足和陈词滥调。演讲者可以在实践中，不断创新结尾方式，“结”出个性，“结”出新意。

（二）常见的结尾方式

“余音绕梁，三日不绝”是演讲结尾追求的最佳效果。演讲者要善于设计出既符合内容要求，又符合现场情境的结尾来。常见的结尾方式有以下几种：

1. 总结式结尾

卡耐基在《演讲训练教程》中谈到这样一个例子，芝加哥铁路公司的一名交通经理在演讲结束时讲道：

总之，根据我们自己操作这套设备的经验，以及根据我们在东部、西部、北部使用这套机器的经验——它操作简单，效果精确；再加上它在一年之内预防撞车事故发生而节省下的金钱，促使我以最急切的心情建议：请立即采用这套机器。

对此，卡耐基给予高度评价：“你们看出了这篇演讲成功的地方吗？你们不必听到演讲的其余部分，就可以感受到那些内容。他只用了几个句子，就把整个演讲重点全部概括进去了。”

2. 号召式结尾

例如，毛泽东的演讲《论联合政府》是这样结尾的：

成千上万的先烈，为着人民的利益，在我们的前头英勇地牺牲了，让我们高举起他们的旗帜，踏着他们的血迹前进吧！

一个新民主主义的中国不久就要诞生了，让我们迎接这个伟大的日子吧！

3. 点题式结尾

1989年，西班牙作家塞拉获诺贝尔文学奖，塞拉在授奖仪式上发表了题为《虚构颂》的演讲，他的演讲是这样结尾的：

通过努力和想象，人最终可以成其为人。在这种很大一部分尚未完成的事业中，虚构在任何时候、任何情况下都是一个决定性的工具：在通向自由的无尽的征途上，它能够给人们指引方向。

结尾直接回归演讲的主题，强化了他自己所倡导的“虚构”的重要性，将他的文学主张深深地烙在人们的心里。

4. 赞美式结尾

哥伦比亚作家加布里尔·加西亚·马尔克斯在1982年的诺贝尔文学奖授奖仪式上，用这样一段话结束他的演讲：

相信一个美好的未来还为时不晚，那是一个新的、真正的理想王国，在那里没有人能决定他人的生活或死亡方式，爱情将变为现实，幸福将成为可能；在那里，那些注定要忍受百年孤独的民族，将最终永远得到再次在世界上生存的机会。

演讲者直接赞美了社会的进步。

5. 警句式结尾

肯尼迪总统在就职演说快结束时，连续使用了两个重复的呼告语，用发人深省的警句形式结束了演讲：

不要问你们的国家能为你们做些什么，而要问你们能为自己的国家做些什么。不要问美国将为你们做些什么，而要问我们共同能为人类的自由做些什么。

肯尼迪总统的这个警句，不仅具有新意，而且颇有深度。

6. 幽默式结尾

一个演讲者在演讲结束时能赢得笑声，不仅能创造融洽和谐的氛围，还会给听众留下愉快美好的回忆。

我国著名作家老舍先生在某市的一次演讲中，开头即说“我今天给大家谈六个问题”，接着，他第一、第二、第三、第四、第五，井井有条地谈下去。谈完第五个问题，他发现离散会的时间不多了，于是他提高嗓门，一本正经地说：“第六，散会。”听众开始一愣，立刻就欢快地鼓起掌来。

老舍在这里运用的就是一种“平地起波澜”的演讲艺术，打破了正常的演讲程序，从而出乎听众的意料，收到了幽默的效果。

第三节　演讲稿的语言要求

演讲稿对语言的使用有很高的要求，一般说来，写作演讲稿在语言运用上应注意以下几点：

一、口语化

演讲的语言必须是生动、有趣的口头语言。但演讲稿的“口语”不是日常的口头语言的复制，而是经过加工提炼的口头语言，要逻辑严密，语句通顺，生动活泼。如毛泽东的《改造我们的学习》中的一段：

这两种人都凭主观，忽视客观实际事物的存在。或作讲演，则甲乙丙丁、一二三四的一大串；或做文章，则夸夸其谈的一大篇。无实事求是之意，有哗众取宠之心。华而不实，脆而不坚。

毛泽东使用了生动有趣的口头语言，并且运用比喻、比拟、对偶等手法增强语言的形象色彩，把抽象化为具体、深奥变得浅显、枯燥变成有趣。这段文字读起来朗朗上口，听起来铿锵悦耳，很有吸引力。

二、通俗易懂

演讲稿的语言要贴近听众，力求做到通俗易懂、亲切自然。正如伟人列宁所说：“应当善于用简单明了、群众易懂的语言讲话，应当坚决抛弃晦涩难懂的术语和外来的字眼，抛弃记得烂熟的、现成的但是群众还不懂的、还不熟悉的口号、决定和结论。”对于演讲中的术语或抽象的概念，为了让听众听懂，就需要用具体形象的诠释代替抽象的定义，把抽象、深奥的道理形象化、浅显化，使听众容易接受并得到启示。

三、生动感人

演讲主要是运用语言影响和感召听众的，这就需要在演讲中主动使用那些带有浓厚感情色彩、充满激情的语言。运用色彩浓烈的词语，运用比喻、排比、对偶等修辞手法和灵活多变的语音、语调、语速，使演讲生动感人。

四、反复推敲修改

任何文体的写作都要重视修改，写作演讲稿更不能例外。如恩格斯的《在马克思墓前的讲话》，演讲的草稿是这样开头的：

就在十五个月以前，我们中间大部分人曾聚集在这座坟墓周围，当时，这里将是一位高贵的崇高的妇女最后安息的地方。今天，我们又要掘开这座坟墓，把她的丈夫的遗体放在里边。

作者考虑后进行了修改，改写成：

三月十四日下午两点三刻，当代最伟大的思想家停止了思想。让他一个人留在房里总共不过两分钟，等我们再进去的时候，便发现他在安乐椅上安静地睡着了——但已经是永远地睡着了。

两相比较，修改稿一开始就抒发了对逝者的无限敬爱和万分惋惜的心情，使现场的人们也沉浸在对马克思的缅怀与崇敬之中。正是这种认真的态度和精心的修改,才使这篇演讲稿成了近代演讲的经典之作。

第四节 拟稿演讲实战策略

演讲的准备工作是作好演讲的基础,而完成好演讲的关键是在具体的演讲过程中如何发挥。在演讲前后有如下几个问题是需要演讲者注意的。

一、演讲时需要注意的礼仪

演讲,实际上也有一定的礼仪规范可循。

(一)步入会场

演讲者要态度谦和、步子稳健、潇洒自如,不论听众是否在注意你,都要面带微笑,用眼神和听众进行友好的交流。切忌左顾右盼或装腔作势,给人以轻佻和傲慢之嫌;也不宜忸怩畏缩,有失身份。

(二)就座前后

当演讲者与随同者走到座位前时,不应马上坐下,而是要以尊敬的态度主动请大会主席或陪同人员入座,对方肯定会礼貌地恳请演讲员入座,这时双方稍事相让,但不宜过多推让,即可落座。入座时声音要轻,要坐正、坐稳,身体不宜后倾或斜躺,不宜前探后望,不要和台上台下的熟人打招呼,也不宜玩弄手指、衣角等。

(三)介绍之时

当主持人介绍演讲者时,演讲者应自然起立,向主持人点头致意,并向听众鼓掌或点头,以表示感激之意,切不可稳坐不动或仅仅欠一下身子。

(四)演讲时

要求不卑不亢,雍容大方,彬彬有礼,不失身份。听众对演讲者傲慢的态度、轻佻的作风、随便的举止极为反感。演讲者由站起到走向讲坛面对听众站立的十几秒钟里,给广大听众留下的印象非常重要,所以应注意:在主持演讲的人介绍后,向主持人颔首微笑致意,然后稳健地走到讲坛前,自然地面对听众站好,向听众行举手礼、注目礼或微微鞠躬,而后以亲切的目光环视听众,以示招呼,并借以镇场。

(五)走下讲台

演讲结束时,应面带微笑说一声:“谢谢!”或“我的演讲结束了,谢谢大家!”等,然后先向观众鞠躬或敬礼,再向主持人致意一下后再下台,如遇听众鼓掌应表示感谢并面向听众敬礼,态度应真诚、谦逊。应从容不迫地回到原座,下台时切不可过于匆忙,显出羞怯失意之神态,也不可摆出洋洋得意、满不在乎的样子。坐下后,如大会主席和听众以掌声向演讲者表示感谢时,应立即起立,面向听众、点头敬礼,以示回谢。切不可流露出敷衍了事或得意忘形的神态。

(六)离开会场

会议结束后,主持人或单位负责人陪同演讲者走出会场时,听众常常会出于礼节而鼓掌欢送。这时，演讲者更应谦逊谨慎，面带微笑，自然、得体地用鼓掌或招手和频频点头的方式，向听众表示诚挚的谢意，直到走出会场为止。

总之，演讲活动是一种高层次的社交活动，演讲者一定要全面了解和掌握礼仪要求，时时处处注意自己的一言一行、一举一动，要给人一种谦虚谨慎、彬彬有礼、风度翩翩的印象，这样才不会因为缺乏风度和礼仪而影响演讲的整体效果。

知识链接

你能成为演讲家吗

想成为一个出色的演讲家，首先就不能怕在大庭广众之下丢脸，迷人的笑容、得体的手势、煽情的声音、对听众情绪的控制和应变能力一样都不能少。不过一些智力素质也是基本功，回答下面的问题来检测一下自己的演讲能力吧！

还记得你小学三年级的语文老师吗？一首从未读过的唐诗，在看过5秒后，是否能马上背诵出来呢？你是否常常独立思考一些问题？周围的人是否认为你是有高见之人？看过一篇文章后，能否立刻概括出中心内容？讲话从不啰唆？经常能在侦探电影结束之前就准确地推测出结果？在任何时候都说话逻辑严谨？对一件事有无与众不同的结论？如果讲话引起了别人的笑声，能否在10秒内列举出5个别人发笑的原因？能否很快爱上一种你不擅长的体育项目？骑自行车几乎没有发生过碰撞事故？

这些分别体现了你的记忆、概括、分析、推理、想象和应变能力，肯定的回答越多，说明你在智力上就越接近一个出色的演讲家。

二、穿衣的礼仪

演讲礼仪在整个演讲过程中有着举足轻重的作用，而演讲者的穿戴打扮又是演讲礼仪中非常重要的一部分，那么演讲者在演讲时穿什么服装或者怎样打扮自己才最合适呢？

其实，对于大多数演讲活动来说，演讲者的穿戴只要干净、大方、整洁、朴素，能够使听众或者观众接受就可以了。但是要严格要求演讲者的服饰标准，就有很多需要注意的地方了。

演讲者在演讲时须穿正装。正装，顾名思义就是正式场合穿的衣服。传统的正装有西装、中山装、套裙等。穿正装要注意以下原则：

1. 三色原则

三色原则简单说来，就是身上的色系不应超过3种，很接近的色彩视为同一种。

2. 有领原则

有领原则说的是，正装必须是有领的，无领的服装，比如T恤、运动衫一类不能称为正装。男士正装中的领通常体现为有领衬衫。

3. 纽扣原则

正装应当是带有纽扣式的服装，拉链服装通常不能称为正装，某些比较庄重的夹克事实上也不能称为正装。

4. 皮带原则

男士的长裤必须是系皮带的，通过弹性松紧穿着的运动裤不能称为正装，牛仔裤自然也不算。

5. 皮鞋原则

没有皮鞋的正装绝对算不上正装,运动鞋和布鞋、拖鞋是不能称为正装的。最为经典的正装皮鞋是系带式的,不过随着潮流的改变,方便实用的懒式无带皮鞋也逐渐成为主流。

6. 套裙要求

女式正装最常见的就是西服套裙了，与之搭配的衬衫、内衣、鞋子、袜子等颜色不能太艳丽。比如内衣不能颜色过于显眼,鞋子不能选用大红大紫之类的,在正式场合建议女士不要穿凉鞋或者露趾的鞋，如果穿高跟鞋,鞋跟高度3~4厘米为最宜。

三、首饰和妆容

(一)首饰的礼仪

演讲时可以戴首饰,但是切忌首饰太多。佩戴首饰最重要的规则是以少为佳。第二个规则是注意搭配,色彩和款式要协调。比如要戴一个黄金的胸针,那么戴的戒指或者项链首选黄金;要戴眼镜,金丝边眼镜跟黄金胸针配起来就更好看了。第三,符合习俗。

演讲时首饰佩戴过多的不利影响主要有以下几个方面:

(1)演讲者戴首饰过多会给观众或者评委一种不庄重的感觉。

(2)演讲者戴首饰过多会分散观众或评委的注意力。

(3)演讲者戴首饰过多有时也会分散演讲者自己的注意力。

(二)化妆的礼仪

很多人有这样的疑问:演讲时需要化妆吗？如果需要,该怎样化妆呢？首先要明确地告诉大家,演讲时可以化妆,尤其是女性。化妆要掌握以下几个原则:

(1)化妆要掌握端庄舒雅的原则。

(2)化妆要淡,自然且不露痕迹。

(3)头发要整齐、利落,不可遮住脸部,长发不要随意散开。

另外男士的头发要求整齐、利落,前发不附额,侧发不掩耳,后发不及领。

四、现场控制技巧

演讲的根本目的在于影响听众的主观意识,促使某种行为的出现或改变。要达到这一目的,临场演讲必须实施有效的控制。这种控制分为演讲者的自我控制和演讲者对演讲现场的控制。

(一)演讲者的自控技巧

演讲者在演讲中的自我控制,主要表现为对怯场心理的控制和情感的控制。

1. 怯场心理的控制

有这样一个例子:

一位代表本单位参加演讲比赛的年轻姑娘,一站到讲台上,脸就涨得通红,两腿微微颤抖,说话的声音变调儿,呼吸也显得急促起来……突然,她刚说了几句就忘词了。她越发感到恐惧,好像所有人的目光都像利箭一样射向她。她想尽快躲避,但又不甘心临阵脱逃。她不能当众出丑,给本单位丢脸,可她唯一能感觉到的是心跳加快,越来越快,而脑子里一片空白,早已背熟的词句全都飞得无影无踪。她像落入了回旋加速器，头晕目眩丧气地跑回到自己的座位坐下……直到演讲会结束，她也没敢把头抬起来……

她的失败在于自卑心理与消极心态引起的胆怯病。胆怯病大体有两种情况，一种是精神失常的病态，一种是个性上的自卑心理。对大多数人来说不是生理上有什么毛病，而是害怕紧张的心理引起了脸红、心跳、胃痉挛和出汗等生理上的变化。恐惧心理和紧张情绪必然会刺激感应神经系统，使之开始分泌出过多的肾上腺素，使机体处于警觉和紧急状态。在演讲交际中出现的过度羞怯和紧张的情绪，从表面上看，似乎是一个人害怕当众表现，或是缺乏临场的经验。其实并不是所处的环境造成的压力，而是一种害怕自我形象受到某种威胁和损害的消极心态。

2. 情感的控制

演讲需要感情，这是古今中外的演讲者所具有的共识。但是感情是需要控制的，情感失控的后果是不堪设想的。情感失控会导致行为失态。譬如在演讲中拍案打椅、声嘶力竭、脸红脖子粗、吹胡子瞪眼、说过头话等。轻者造成不良影响，重者在自己的人格上留下污点。

情感应该服从理智，服从动机和目标，服从演讲的表达。

（二）克服怯场心理的方法

1. 充分准备

对付怯场心理最有力的武器是，真诚地告诉自己对本次演讲准备得十分充分：你的选题不仅对自己而且对听众很有吸引力；你对该题目已深思熟虑，而且收集到了所有必需的资料；你的演讲稿紧扣主题，安排有序；经过反复演练，你已能恰到好处地把握演讲时间；你对自己的仪表和临场表现有充分信心；你有能力很好地应对演讲过程中出现的各种意外情况。

如果你原计划给二三十人作演讲，到场后却发现听众有两三百人，你会怎么办？你准备了一份非常正式的演讲稿，走上演讲台时却发现大家都穿着牛仔服和T恤衫之类的衣服，你将如何想？你准备了长达两个小时的内容，可上场前却收到通知，你只有15分钟的演讲时间，你又该怎么办？

诸如此类的情况在演讲中绝非偶然事情。所以，如果你被邀去演讲，不要忘了事先收集如下信息作好充分的准备。

第一，演讲有无固定论题，论题范围。

第二，听众成分（包括人数、年龄、性别、受教育程度、宗教信仰、工作性质以及参加演讲的原因等）。

第三，演讲地点（包括其地理位置、场地大小、有无话筒等内部设施），如果有可能，最好亲自去演讲地点看一看，做到心中有数。

第四，演讲时间。

第五，有无听众提问。

2. 呼吸控制法

情绪紧张、激动时，多表现为呼吸短促，这时采用适度的深呼吸有助于缓解紧张、焦躁、烦闷的情绪。演讲者在临场发生怯场时，可以运用深呼吸法进行心理和生理调节：演讲者全身呈放松状态，目光转移到远方景物，做缓慢的腹式深呼吸，根据情况做5～10次，甚至更多次。

很多运动员、歌星、主持人,他们在上场时也会做深呼吸来调节自己的情绪。其实,这在心理学上叫注意力转移法。之前把注意力放在担心上,现在不过是把注意力转移到深呼吸上,以此来让自己放松平静下来。

3. 肌力均衡运动

当你紧张时,会发现自己浑身肌肉紧缩。这个时候你换个动作和姿势,会直接减轻你的紧张程度。或者是握紧双拳,握得不能再紧之后放松,这样反复练习,多做几下,身体就会慢慢放松下来。做肌力均衡运动的目的在于让你某部分肌肉紧张一段时间,然后你就不仅能更好地放松那部分肌肉,而且能更好地放松整个身心。

4. 暗示控制法

要开始登台时,会忽然感觉紧张、忧心忡忡、怕失败,结果往往是越怕失败越讲不好。这时不妨认真听前面演讲者的演讲,然后,在心中指出别人逊色之处,暗示自己,自己会比他讲得好。同时,演讲时把注意力全部专注在你要演讲的内容上,而不是放在听众怎么评价你,对你形成什么样的印象上。无暇顾及听众的反应,无暇关注听众,自然就会减轻紧张程度。其实演讲的最高境界就是忘了自己,面向听众,专注所说。

5. 引笑控制法

幽默是演讲中的食盐。演讲者在临场前,可与一些熟悉的人开开玩笑,讲一讲笑话或幽默故事。把自己逗乐、引笑,以轻松、坚定的心情进入演讲。

6. 欣赏音乐、朗诵诗词控制法

轻音乐是一门艺术,有浓重的情感色彩,能够打动人的心灵,活跃人的思维,使人听后感到轻松舒适、兴奋。名人诗词寓意丰富,朗诵诗词如临其境,如见其人,如闻其声,很快就会被感染,情绪会一下子高涨起来。只要条件允许,可在上台前打开 MP3 听听音乐,或自己哼哼歌曲,朗诵朗诵名人诗词。

7. 回忆法

回忆令你高兴的事,诸如自己在事业上的成就、工作中的贡献、学习中的好成绩。这些往往显示了自己的知识才华和能力,可使你看到自己的长处,能放松情绪,坚定信心。

(三)演讲者的控场技巧

控场能力指的是一个人在整个谈话活动中把握主动,对现场情况进行有效控制的能力。即使是事前有较充分的准备,在进行过程中也会出现一些自己无法预料的情况。这些情况会干扰、阻碍演讲活动的顺利进行。如果一个人不能实施有效的控制,所说的话就不能产生预期的效果。

1. 怎样控制冷场

冷场是指在演讲中,听的人毫无兴趣、注意力分散。冷场的根本原因在于听者不愿听你所说的话。听者仅仅是出于纪律的约束或处世的礼貌而扮演一个“接受”的角色。因此冷场完全应由说话人负责。冷场的出现,是发言者的失败,因为他不能达到彼此沟通交流的目的。发言者既要发言,必须实施控制,避免冷场的发生。一般控制的方法有以下几种:

(1)发言简短

在演讲中,一旦发生冷场,简短发言是最简便但也是比较消极的一种手段。

(2)转换话题

话题变换是暂时的,所变换的话题是为了吸引听者的注意力,调动他们的兴趣。这一目的达到后,仍要回到原有话题的轨道。引发兴趣可以从内容、表达方式等方面来调动听众的参与感。一般可以采用这样几个技巧:

①设问:找到演讲的关键点,用提问的方式进行。譬如:“谁是我们的敌人?谁是我们的朋友?”这是毛泽东在《中国社会各阶级的分析》中打头提出来的问题。听众由于不能很明确、迅速地知道答案,所以乐意听下去。

②对比:用对比引起的强烈反差来引发听众的兴趣。譬如在《奋斗,做生活的强者》的演讲中,演讲者运用的两个事例:一个北大物理系的女大学生,为了祖国科学技术的昌盛,在做实验的过程中不幸去世;另一个学院的女大学生由于三角恋爱而卧轨自杀。同样是死,孰轻孰重,引起听众的思索。

③制造悬念:在演讲的过程中,设置这样的悬念,例如:事情已经定局了吗?希望已经没有了吗?让听众在期待盼望中倾听演说,会将所有听众的注意力都集中到你的演讲上,从而控制全场。

最后,在演讲中来点幽默,也是调节气氛、避免冷场的一种方法。

2. 怎样控制搅场

搅场就是搅乱、打搅交流活动的现场。像听众交头接耳、串座位、随意进出、喧哗、喝倒彩、吹口哨、瞎鼓掌。这种情况主要出现在语言交际的单向交流中,因此在演讲中有时也会出现。出现搅场的原因有三种:一是听者本就对发言者有成见,是反对派。之所以来听,就是想来钻空子、找岔子,不管你怎么说,他都要搅;二是发言者的思想、学术、业务等水平不高,听者觉得演讲者不配对自己“叽里呱啦”;三是发言者的内容完全不合听者之意。

作为发言人,搅场这种情况的出现只能自己去控制。那种依靠与听者有利害关系的他人出面干预、压制,或者自己愤而退场的举动,都不是最终解决问题的办法。因此,发言者必须正视搅场,实施有效控制。

对第一种原因的搅场,应该用坚定信心、置若罔闻的做法。例如:

1860年2月林肯第一次竞选美国总统,在纽约作演讲。他到纽约时,当地报纸已发表了许多攻击他的文章。在他登台时,还未开口,台下便掀起一片嘲笑起哄声浪。演讲开始不久,台下已十分混乱,一些共和党人高声叫嚷要他滚下台去。但林肯全然不为所动,十分镇静地按事先准备讲下去。渐渐地,会场安静下来,除了林肯的声音,只有煤气灯的燃烧声,听众都听得入迷了。第二天,报纸纷纷发表起赞扬林肯演讲异常成功的文章来。

对第二种原因的搅场,应该有谦虚谨慎、自剖自责的态度。例如:

1986年在菲律宾,竞选者科·阿基诺夫人曾被人指责为只是个家庭主妇。她上台发表竞选演说,不少人用这种眼光看待她。反对派则公开叫嚷说她只配围着锅台转,要她回去烧饭菜。她一开口便说:“我只是一个家庭主妇,对政治和经济都不甚了解,也没有经验。”这诚恳、真挚的大实话使听众一下静了下来。接着她又说:“对于政治,我虽然外行,但作为围着锅台转的家庭主妇,我精通日常经济!”听众旋即爆发出热烈的欢呼。

对第三种原因的搅场,采用点幽默风趣、生动活泼的方式。例如:

某厂宣传部部长按总厂的宣传工作计划,到一分厂宣传时事政策。分厂一些工人正为下岗问题忧虑,但在这节骨眼儿上又不敢不来听。当分厂厂长讲了部长要宣讲的时事政策内容后,底下一下炸开了锅,吵吵嚷嚷,不可开交。部长扯开喉咙大喊道:“报告大家一个好消息。”台下顿时安静了下来。部长故意停了一下才说:“我爱人下——岗——了!”台下先是一愣,随即响起一片热烈的掌声。接着部长就从自己爱人如何主动要求下岗讲起,将夫妻的对话、儿女反对的言辞惟妙惟肖地描述一番。待听众情绪完全调动起来后,才简要讲了讲为什么要下岗、当前下岗的形势等问题。事后,大家都说部长真会讲话。

从以上的几种方法可以看到,演讲者应该、也可以对演讲中出现的各种情况进行有效的控制,使自己的演讲取得成功。

五、引起听众共鸣的技巧

演讲者发表演讲的目的,就是要吸引、说服、鼓动、感召听众。因此,如何使自己的演讲唤起听众的共鸣,从思想深处征服听众,就成为演讲者最为关注的问题。那么,演讲者怎样才能唤起听众的共鸣呢?

(一)用趋同法唤起

演讲者与听众之间共同的地位、经历、愿望、志趣、信仰、理想等,都具有趋同性。演讲者可以从趋同的角度入手,去寻找与听众的共同语言,渲染与听众的共同体验,从而缩短彼此之间的心理距离,唤起听众的心理共鸣。

在第二次世界大战期间,英国首相丘吉尔在美国作的圣诞演讲:我今天虽然远离家庭和祖国,在这里过节,但我一点儿也没有异乡的感觉。我不知道,这是由于本人的母亲血统和你们相同,抑或是由于本人多年来在此所得的友谊,抑或是由于这两个文字相同、信仰相同、理想相同的国家,在共同奋斗中所产生出来的同志感情,抑或是由于上述三种关系的综合。总之,我在美国的政治中心——华盛顿过节,完全没有觉得自己是一个异乡之客。我和各位之间,本来就有手足之情,再加上各位欢迎的盛意,我觉得很应该和各位共坐炉边,同享这圣诞之乐。

在圣诞之夜的特定氛围中,演讲者娓娓述说着共同的血缘、文字、信仰、理想,以及共同的奋斗中结下的同志般的情谊。这些共同的体验把彼此的心连在了一起,实现了双向交流,唤起了听众温馨亲切的心理感受。

(二)用求异法唤起

追求新奇是听众的正常心理,演讲者可以通过巧妙构思,以求异为“突破口”,给听众以新鲜奇特的刺激,设置吊起听众胃口的悬念,调动听众的逆向思维。在设疑、质疑、解疑的过程中,使听众产生恍然大悟的心理愉悦。

(三)用对比法唤起

事物之间的对比能更清楚地显示各自的特征,引起人们的重视。在演讲中,用对比的方式来唤起听众的心理共鸣,可以突出演讲主旨的倾向性,引起听众对演讲信息的高度重视,从而与演讲者产生心理上的交融。

某大学邀请一位老教授作关于演讲技巧的报告,当时校园里同时正举行青年歌手大奖赛。老教授走上讲台时,发现台下虽有空位,但走廊上却站着不少学生,可见这是心中犹豫不决的听众,他决定要争取这部分人。于是,他以这样的话语代替了原来的开场白:

同学们,今天首先是你们鼓舞了我,你们放弃了青年歌手大奖赛,来这里听我演讲,这说明你们严肃地作了选择，在说与唱之间，一般人会选择唱的，而你们却选择了说的；在年轻小伙子、姑娘和老头子之间，一般人会选择小伙子和姑娘，而你们却选择了我这个老头子。这说明你们认定说的比唱的好听，老头子比年轻人更有魅力，这使我产生了一种返老还童之感。

他刚说完这段话，报告厅就响起了热烈的掌声，走廊里的人挤进了座位，后面的人又挤进了走廊。老教授先把说与唱、年轻人与老头子作对比，再把一般人与听众在两者之间的选择作对比，既褒扬了听众，又巧妙地展示了自己的睿智，引起了听众的重视，使双方心理相容，产生了共鸣。

（四）用想象法唤起

人的一切行为都离不开想象。在演讲中，合理地运用想象以激发听众的心理共鸣，变演讲者的有意想象为听众的无意想象，变演讲者的创造想象为听众的再造想象，都会使演讲取得意想不到的效果。通过演讲者绘声绘色的描述和生动形象的比喻，使听众在内心再现演讲者描述的艺术境界，从而心驰神往，深受感染。

杨鹏程在湘潭师院新生开学典礼上的演讲《门》，他抓住该校新建校门的造型——两个交叉的“S”，以此为“激发点”展开想象：

汉语教授认为它是校名第一个字“湘”的第一个字母“X”，代表新生一入大门，就成为一名光荣的师大生。数学教授认为它是数学王国里代表未知数的“X”。物理教授认为是一条抛物线，是声波振动示意图。英语教授认为是英文“科学”的第一个字母S，这是一座科学之门。哲学教授认为是一分为二与合二为一两种理论命题的探讨……

演讲者在想象的基础上满腔热情地进行总结。演讲者关于校门的奇异诱人的想象，唤起了莘莘学子强烈的进取意识，必将使之产生巨大的学习动力。

（五）用情感法唤起

情感是艺术的灵魂，也是演讲生命力的源泉。演讲只有用真情实感的流动、跳跃和燃烧才能感动听众；演讲者只有用血、用泪、用自己生命的激情去呼喊、去敲击才能叩开听众的心扉，震撼听众的灵魂，才能有效地唤起听众的心理共鸣。

一次余秋雨先生在四川大学作演讲，述及他的一位上海音乐学院的朋友之死的情景时，他深情地讲道：“他的两个学生正在国外，听说老师病危，立即中止合同，飞回上海，为老师作临终演出。那一天，有着许多毛病的上海人，正如我曾多次写过的一样，都激动起来、崇高起来，好多不懂音乐的人也买票去听。”小学生们的家长对记者说：“带他们来，是为了让他们明白什么叫音乐，什么叫老师……”几天后，这位教授死了，龙华附近花店的花一售而空。病房里堆满了鲜花，楼梯上一层一层地叠满了鲜花……

这发生在现实生活中感人的一幕，使听众能够真切地感受到，那曾经在上海发生的带着几分悲怆和崇高的气氛，此刻就弥漫在演讲会场。听众的灵魂在演讲者动情的讲述中得到了净化和升华，产生了强烈的心理共振。

总之，演讲者要善于根据不同的内容、形式、语境、对象等，选择恰当的手法，叩击听众的心扉，震撼听众的心灵，以唤起听众的共鸣。当然，也可以综合运用几种手法，对听众进行多角度、多层次、多渠道的心理激发，打动听众，征服听众，以取得最佳的演讲效果。

第五节 拟稿演讲训练

一、撰写讲稿

撰写讲稿是拟稿演讲的一个重要步骤，是决定演讲成败的重要因素。作拟稿演讲必须先写出讲稿，否则就无所谓拟稿演讲了，但是撰写讲稿并不意味着像写文章一样，把讲稿变成静止的演讲。为了演讲而准备的讲稿最好准备两份，一份是完整的讲稿，一份是可以适应不同情况而随时变化的"活页"，这样，当实际的演讲情况和我们预想的一样时，就按前者进行；当情况发生变化时，就用后者重新排列组合。

二、熟读记忆

讲稿是拟稿演讲的脚本，虽然实际的演讲不能照本宣科，但是演讲稿也应该烂熟于心，这样才能把讲稿的"语言"变成自己的"思想"。戴高乐将军的演讲征服了不少听众，他总是把讲稿牢记在心里，然后把稿子扔掉。丘吉尔演讲成功的原因之一就在于他对每一篇讲稿都背得滚瓜烂熟。只有对演讲稿烂熟于心，真正演讲时才能胸有成竹，侃侃而谈，才能在此基础上展开联想和发挥。

熟记演讲稿，并不意味着机械地死记硬背，应该掌握一定的方法，使记忆演讲稿不会成为背书，以有利于演讲的正常发挥。下面这些方法可供演讲者参考：

（一）朗读记忆，进入角色

这是一种常见的记忆方法，其优点首先是容易记忆，林肯就十分重视这种方法，他曾说："当我高声朗读时，有两种器官的功能在工作，第一，我看见了我读的是什么；第二，我的耳朵也听见了我所读的。因此我容易记住。"

这种记忆方法的另一个功能是，能体会到演讲的临场效果，帮助演讲者提前进入角色。当演讲者自己写作演讲稿时，并不一定知道自己所写的稿子是否适合演讲，或许仅仅是一篇优秀的文章，正如同优秀的小说不一定是适合拍电影的脚本一样，而通过大声朗读可以发现讲稿的句子结构、文体风格、语音语调、感情色彩、过渡照应等是否适合演讲的氛围和听众的特征。

（二）提纲记忆，随机应变

这种记忆方法主要是用于比较长的演讲稿，因为长篇演讲稿记忆起来比较困难，而且跨越时间长的演讲其中变故也比较多，不可能把自己准备好的讲稿全部讲出来。在列提纲时，首先要抓住"主题"，列出论点和分论点，并将支持这些论点的论据按顺序写出来。提纲可详可略，因人而异，但是所列提纲一定要有连贯性、条理性和逻辑性。通过列提纲来记忆，有助于摆脱依赖讲稿的惰性和演讲者创造性的发挥。

三、讲稿标记

背熟了讲稿，还应该根据表情达意的需要作出标记，作出说明。演讲时，何处用什么手势、动作、表情、眼神等无声语言，可在演讲稿中相应的位置直接用文字加以说明。至于语音、语调、语速等有声语言的具体运用，则可采取约定俗成的符号在演讲稿中相应的位置标示出来。常用的标记符号有以下几种：

重音	? 或△表示重读。
轻音	○表示轻读。
挫号	▲用于没有标点的地方，停顿时间很短。
停顿	/或^符号越多表示停顿时间越长。
连接	U 用于有标点的地方，表示缩短停顿时间，连起来读。
平调	→表示语调平直舒缓，始终保持同样的高低。
升调	↗表示语调由平升高。
降调	↘表示语调由高到低。
语速渐慢	>表示语速越来越慢。
语速渐快	<表示语速越来越快。

四、反复演练

这是演讲之前的最后一道工序，可以单独演练也可以公开演练。

（一）单独演练

演讲者可以对着镜子练习，从听众的角度观察自己的表情和动作，也可以对着虚拟听众（如桌椅、树桩等）练习，还可以用摄像机或录音机将自己的“演讲”录下来，然后以听众的身份听录音、看录像，认真分析，发现不足之处，及时纠正。

（二）公开演练

公开演练能强化记忆、锻炼胆量，有助于消除紧张情绪、克服怯场心理，便于改正缺点、完善演讲。

知识链接

七分钟与七十年

我知道，站在这个演讲台上，我只有七分钟的时间，要用七分钟去见证我们伟大祖国七十年的巨大变化，我真的有些惶恐，觉得自己浑身是劲不知应往哪里使，“满脸”是嘴不知该从何处说。那就到我们所热爱并熟悉的统计事业中去探寻七十载辉煌而难忘的足迹吧。

七十年，在历史的长河中也许只是沧海一粟。但对于我们来讲，却是值得自豪和骄傲的一段辉煌。

首先动用这奢侈的第一分钟，让它先去见证一下今天的统计。令我们欣慰的是，今天的统计基层基础工作日益巩固，制度建设日趋完善，数据质量不断提高，依法调查深入人心；令我们骄傲的是，今天的统计服务水平正在实现质的飞跃，分析调研屡获重视，信息化建设突飞猛进；更令我们自豪的是，早在党的十七大报告中，统计就被纳入国家宏观调控体系，真正成为经济发展的“晴雨表、信息窗和参谋部”。近年来，国家领导人的多次视察，更体现了对统计工作的重视和关心。我们不会忘记，在金融危机来临之际，温家宝总理对统计工作的批示令我们备受鼓舞。正如局长所说：时势造就英雄，平凡锤炼伟大。我们的事业伟大而艰巨，统计的前景光荣而美好。是啊，如果说一个年轮代表一个奋斗的足迹，那我们已用七十年的奋斗足迹在经济发展的道路上深深刻下，医生反复叮嘱不要动，多休息。而她为了不影响工作，天天让自己的丈夫背到单位,这一背,就整整背了三个月。工作期间,为了不上卫生间,她甚至坚持一整天不喝水。朋友们,这也许只是一件平凡小事,但正是这些千千万万的小事却撑起了我们事业的脊梁。

我的第五分钟带着希望和阳光出场了,当我们在感叹统计事业一步步走向宽广之际,又共同见证了一个最重要的历史时刻,那就是在统计大家庭中,增添了一支新的生力军——调查队。这支“轻骑兵”以他“快速、准确、灵活”的特点,为统计事业带来了新的活力和希望。让我们一起回顾和共享山东调查总队建队以来所取得的累累硕果:成立一年就成功跨入省直文明机关行列;确立的“调查质量立队、优质服务强队、团结实干兴队”的理念鼓舞和鞭策着全省调查系统不断开拓创新,勇夺佳绩;推出的三大服务品牌成绩斐然,调查信息采用量连年名列省直部门前三名;20××年,所提供的信息被中央领导批示的就达9条。够了够了,面对这样的成绩,什么样的激情能不澎湃,什么样的精神能不振奋,什么样的生命能不飞扬啊!我的第六分钟已经迫不及待地走来了,让我平静一下此刻激动的心情,放飞积蓄已久的思绪,把我最美好的祝愿和最真挚的祝福送给我们所热爱的统计调查事业。为了它,我郑重宣誓:在任何时候、任何情况下,都视统计数据质量为生命,决不参与弄虚作假,自觉同统计违法违纪行为作斗争,忠诚统计,服务社会,努力提高统计资料的真实性、准确性、完整性和及时性,在促进共和国经济社会发展中建功立业!

现在,只剩下宝贵的一分钟了,我有些贪心,我希望这一分钟能把它所见证的七十年间的统计事业、统计调查发展史让世人铭记,让历史铭记,我相信会的。那么就请允许我在这里预约十年后的相聚。十年后,假如我还能站在这里,还能拥有这样难得而幸运的七分钟,我坚信,它必将会为我们见证一个更加生机盎然、气度恢宏、天人合一、灿烂辉煌的统计调查事业。我心醉神驰……

谢谢大家!

综合技能训练

一、从自己的座位上站起走到讲台前,面带微笑向大家问好,并从容说出你的演讲题目。要求整个过程规范、不紧张。

二、一个同学进行演讲,其他同学为其制造不同环境(鼓掌、喝倒彩等),训练其心理承受能力。

三、根据自己的设计,进行一次模拟演讲。

四、请分别以如下的主题内容拟写演讲稿:

1. 用热情点燃生命之火
2. 让青春无悔
3. 雷锋精神永存
4. 我的老师
5. 为了孩子
6. “怀才不遇”与“遇不怀才”
7. 人生追求真善美
8. 为了母亲的微笑

9. 学会放弃

10. 生活告诉我

11. 请把你的微笑留下

五、做一做

分组收集学校演讲赛、电视演讲赛、某场主题演讲赛的信息。

第六章 即兴演讲

本章导读

随着人们交际范围的日益扩大和人们演讲水平的提高,即兴演讲已经更广泛地应用于答记者问、观后感、来宾介绍、欢迎致辞、婚事贺词、丧事悼念、宴会祝酒、赛场辩论及自由发言等场合。

开篇案例

上海市"钻石表杯"业余书评授奖大会上,一位同志的即兴演讲:今天,我参加"钻石杯"业余书评授奖会,我想说的一句话是:钻石代表坚韧,手表意味时间,时间显示效率。坚韧与效率的结合,这是一个人读书的成功所在,一个人的希望所在。

这位同志的即兴演讲贴近生活实际,短小精悍,简明扼要,亲切感人,具有思想性、趣味性、知识性。而且没有冗长杂散、啰唆重复、不着边际的官话空话。

第一节 即兴演讲概述

一、即兴演讲概述

即兴演讲是一种广义的演讲,是演讲者在无准备情况下临场构思起来"讲几句话",故被人称为"脱口而出的艺术"。在纷繁复杂的日常交际活动中,凡集会、讨论、访问、会谈、参观甚至祝贺、凭吊等,都要用到它。考察各种即兴演讲的发生,不外乎两种情况:一种是演讲者身临其境,有所见、有所感、有所想,产生强烈兴致而作的演讲,这是主动的即兴演讲;另一种是演讲者受邀请,遭"袭击"而被迫发表的演讲,这是被动的即兴演讲。

二、即兴演讲的特点

较之一般的演讲,即兴演讲有其特殊性,这主要表现在以下几个方面:

第一,话题明确,针对性强。由于即兴讲话一般是对近期或眼前情况的"有感而发",这就使话题的内容在一定的范围内,显示其鲜明的针对性,所以选题宜小,内容比较集中,议论求准、求精。

第二,态度明朗,直陈己见。即兴演讲是在有限时间内对现实话题所作的迅速反应,所以一般是直截了当地表明自己的看法,褒贬分明,毫不含糊,很少山高水远地绕弯子。

第三,有感染力,有说服力。即兴演讲注重临场发挥,但临场发挥并不是信口开河,要力求说在点子上,以内容的深刻精辟及其无懈可击的逻辑令听众信服,同时力求贴近生活实际,以饱满的热情感染听众。

第四,短小精悍,生动活泼。即兴演讲常以简明扼要显其力度,并以亲切生动的表述给听众留下深刻的印象。但短小并不是空洞无物，恰恰相反，它要言之有物，信息密度大，应当实现思想性、知识性和趣味性的统一，显示出一种"磁性"。

三、即兴演讲的要求

即兴演讲要取得成功关键在于运用语言思考能力，在头脑中进行快速构思。其基本要求体现在以下几个方面：

（一）要有明确的目的

由于场合、气氛、主题各不相同，当站起来说话时，要紧扣主题，并尽可能与场上的气氛和谐一致。在喜庆的场合，不要说丧气话；在庄严的场合，少讲玩笑话。最好围绕主题，有一说一，有二说二，切忌东拉西扯。

（二）要有敏捷的思维

自己要讲的内容应迅速筛选，挑选与之有关的内容来讲，其他的"忍痛割爱"。对在场听众的反应也不可等闲视之，即便在讲的过程中也要通过察言观色体察听众的反应和场上的气氛，并对要讲的内容、语气、节奏等作出相应的调整。

（三）要快速组合材料

在中心和材料确定以后，先讲什么，后讲什么，要做到心中有数。一边讲，一边也要用语言去充实，使之条理清楚、内容充实。一般来说，是先有思维，后有语言，二者之间有那么一点点间隙，反应迅速就能心到口到，讲话一气呵成。

（四）要讲出有见地的内容

即兴讲话要求讲话人反应迅速，不论是主动演讲，还是被动应付，都能就地随时产生出思想，找到话题、资料和语言，并有机地组合起来，在口头上顺利地表达出来。所以即兴发言者需注意力高度集中，其睿智常在此时迸发，深邃敏捷的思考能给听众以极大的启迪。即兴演讲虽然没有过多时间作充分准备，但不等于说可以草率处之。即使只有一两分钟的讲话，也应有新的见解，争取引人入胜。因此，在别人说话时要留心听，对别人的意见或观点要认真思考。到自己发言时，或补充发挥人家的观点，或另辟蹊径，提出新的观点。

要做到以上几点，演讲者凡参加集会或活动之前，一是要小有准备，问问自己该讲些什么，事先打个腹稿，到时就能沉着镇定、侃侃而谈了。有时为避免发言的人把你准备好的内容"抢走"，你最好准备几个话题。二是平时注意积累各方面的知识。即兴讲话是上什么山唱什么歌，入乡随俗。没有思想，缺少知识，要想作出很漂亮的即兴讲话，一鸣惊人，是不可能的。所以，平时要丰富自己的知识、博闻强识，这样无论什么场合都会有话可说。

四、即兴演讲的语言特色

即兴演讲独特的时境状态和交际氛围，决定了它必然具有区别于备稿演讲的语言特色。这种语言特色主要应该有以下四点：

（一）符合情境

激起兴致的情境，是产生即兴演讲的一个不可缺少的重要因素。这种客观情境，不仅能对演讲者的心理予以刺激，促使其表达欲望的发生和思维的进展，而且会对演讲者的语言产

生影响,致使其口头表达呈现出鲜明的情境特色。例如:

同学们,我们每天看到的都是白墙黑板灰泥地,我们应该去饱览一下那透着生命活力的绿色,去欣赏一下那蓝天下红花绿柳、赭石褐土、青山白水,去领略一下大自然的风采,去谛听一下泠泠作响的激石泉水和嘤嘤成韵的百鸟争鸣!不然,高考的硝烟快要把我们烤焦了,单调的“作息时间表”快要把我们驯化成“机器人”了。明天,就是清明,山明水秀、地清天明,让我们到水光潋滟的崂山去度过令人心醉的两天——出发!

这是一个教师在参加春游的学生整队待发时即兴演讲的一段话。演讲者置身校园这个让人感到枯燥单调的现实环境,面对充满期待的年轻人,心中禁不住涌出了一股激情。这激情开拓了广阔的精神世界,在想象的情境中,他生动地描述了春天的大自然那美丽迷人的风采。应当说,正是这一段极富情境色彩的形象化语言,一下子激发了同学们对大自然的热切向往和美好憧憬,产生了强烈的心灵感召力。

(二)口语表达

同备稿演讲相比,即兴演讲更具有鲜明的口语特色。实践经验表明,演讲者只有运用通俗明快、朴实自然的口语表情达意,才能在即兴演讲中创造一种观众喜闻乐见的现场气氛。例如:

对一个人,不同的人有不同的感觉。我的下属看见我就觉得可怕。他们想到的不是魅力,而可能是恐惧。有句话,叫空谈误国,实干兴邦。我每天工作到午夜,不是我勤快,是被事情逼到这份儿上了。我对干部说,我一天工作十几个小时,你们干8小时能干好?现在讲潇洒,讲休息,我就不信这话。我说不把干部们累死我不甘心,不过这两年先别累死,还得让他们干活呢。

这是一位市长听了记者称赞他给人“感觉非常好”“很有魅力”之后的一段即兴讲话。由此可见,这位政府官员讲话既不带官腔,也不事雕琢。他善于运用浅显的词语、灵活的句式和变化的语气坦诚直言,给人以朴实亲切的感觉。正是这通俗易懂、切实感人的口语,体现了一个勤政为民的领导干部平易近人的作风和求真务实的精神。

(三)简洁鲜明

即兴演讲是在特定的场景中进行的。一个明智的演讲者,不会毫无顾忌地喋喋不休。因为这种饶舌,不仅会给人以啰唆之感,令人讨厌,而且由于准备不充分,说多了也难免出现口误,倒不如讲得少而精,表达效果反倒会好些。例如:

你们好!此时,面对大家,我真的有些紧张。我在想,你们能接受我吗?我是一名医学硕士研究生。传统观念里,人们常常把研究生和书呆子联系在一起。在这里,我要用自己的实际行动告诉大家:研究生同样有美的理想、美的追求,同样热爱美的生活。

作为一名未来的医生,我从未后悔对救死扶伤这一崇高职业的选择;作为一名现代女性,我更珍视拥有充实多彩的人生。

在此,我要用敢于参与的实际行动来证明:春城的小姐都不是花瓶,而我们女硕士研究生也都不是书呆子。

这是一位女研究生在礼仪小姐决赛场上的即兴演讲。演讲者走上台来,并不奢谈本次竞赛活动的重要意义,也不畅叙本人求学成功的曲折经历。短短几句话,中心明确、层次清晰,不仅陈述了自己现场的真实心境、参赛的独特动机,而且表达了自己崇高的职业理想、远大的人生追求，给听众以强烈的感染和深刻的启发。如此精辟的即兴演讲，突出体现了语言简洁的鲜明特色。

（四）幽默风趣

幽默感，作为一种特定的审美态度，是演讲者人格魅力的生动体现。演讲心理学研究表明，在即兴演讲中，激发演讲者产生说欲的"兴"，不仅可以成为幽默语言的心理触媒，而且能够增强语言幽默的现场效应。因此，演讲者应当根据现场实际需要，善于运用多种艺术手段，表现出语言的幽默特色，使即兴演讲充满情趣性和感染力。例如：

唱爱情流行歌曲？这我倒是没有精神准备。不过，假如我唱上一段"这就是爱，糊里又糊涂……"岂不是对我一辈子严肃认真、执着专一爱情的亵渎么？老伴听了，岂不要抗议么？（掌声，笑声）假如我喊上一嗓子"你悄悄地蒙上我的眼睛，让我猜猜你是谁"，不得把在座的少男少女们吓趴下么？（掌声，笑声）假如我唱上一段"让我一次爱个够，给你我所有……"诸君岂不要将我送进疯人院么……（掌声，笑声）对于这些爱情流行歌曲，我既无相适应的年轻与潇洒，也缺少那软绵绵甜丝丝的嗓音儿，是不能也，亦是不为也。为此，美好的爱情歌曲，还是留给风华正茂的年轻朋友们唱吧。

这是一位老同志在某市新闻界举办的新春联欢会上即兴演讲的一段话。面对观众"欢迎老汉唱段现代'爱情'流行歌曲"的热情呼喊，他不是用生硬粗俗的语调严词拒绝，而是以幽默风趣的话语婉言谢绝，既含蓄地表达了对某些"爱情"流行歌曲的批评意向，又巧妙地避免了自己顺应要求而勉为其难的尴尬。如此富有幽默的讲话，显然强化了联欢会的喜悦气氛，突出了即兴演讲语言幽默的特色。

五、即兴演讲的类型

即兴演讲时演讲者可以由事而发、因景而发或因情而发。根据其选择的自由度不同，大致可分为主动选题式、被动选题式、赛场式三种类型。

（一）主动选题式

主动选题式即兴演讲，虽然没有演讲稿，但有一定的思想准备。会议上的开场白、发言、总结，教师在主题班会、迎新仪式、毕业典礼上的讲话等都属于这一类型。例如，联想集团高级副总裁陈绍鹏在出席"祥云火炬"新闻发布会时，发表了题为《中国制造》的即兴演讲。

各位朋友，1988 年的这个时候，我在甘肃读高中三年级，从广播里知道韩国在举办汉城奥运会。2008 年 8 月，全世界的奥运会观众将守在电视机旁，等待着这一支承载了中国人的骄傲和自豪的火炬跑进鸟巢。20 年来，我们从贫穷到小康，再到举办奥运会，一路走来可以说是风雨兼程。

今天，我们为什么不能歇一歇呢？因为还有许多优质的"Made in China"（中国制造）在北美的超市里卖着最低的价格。只要世界对我们"中国制造"还不能像他们对你手中的这支火炬这样赞叹，我们就将继续奋勇前行，大步奔跑。各位朋友，举起中国，我们人人都是火炬手！谢谢！

陈先生的这一演讲，演讲之前就已经选准了话题，形成了思路，酝酿了腹稿，因而具有相对的主动权。

（二）被动选题式

被动选题式即兴演讲，是指在欢迎、欢送、哀悼、竞选、就职、答谢、婚礼、寿庆等场合所作的致辞。例如，刘贤在同学新婚典礼上的致辞。

今天，阳光绚美，天上人间共同舞起了美丽的霓裳。今夜，星光璀璨，多情的夜晚又增添了两颗耀眼的新星。新郎夏天先生和新娘时间小姐，情牵一线，踏着鲜红的地毯幸福地走上了婚姻的殿堂，从此，他们将相互依偎牵手撑起一片爱的蓝天。我作为他们的同学，也是两人从小到大的朋友，此时也激动不已、幸福不已、欢喜不已。

十月一日，一个特别吉祥的日子。天上人间最幸福的一对儿将在今天喜结良缘。今天，西班牙王储费利佩正式迎娶他美丽的平民新娘。此时，夏天先生也与西班牙王子一样，幸福地拥有了人间最美丽的新娘，我说，其实最幸福的当属我们眼前的这两位了。

这一致辞，刘贤事先并不知道，而是在婚礼上，被主持人推举，与会者一致附和，自己无法推脱的情况下，临场所为。

（三）赛场式

赛场式即兴演讲大体可以分为两种：一种是在比赛之前，给演讲者一个较大的内容范围和一段准备时间，再在比赛或带有测试性质的场合，让选手抽题演讲；另一种则是没有给定内容范围，演讲开始后由演讲者临时抽签得题，然后按照规定的题目，作短暂准备后开始演讲。例如：

大家好！今天我抽到的题目是“关心”。说起关心，我们在座的同学可能首先想到的是自己的父母……

六、即兴演讲常用的模式和方法

即兴演讲临场发挥的方法千变万化、千姿百态，但大体熟悉几种常见的方法，或许有助于即兴演讲的成功。

（一）戴维·卡耐基的“魔术公式”

美国著名演讲理论家戴维·卡耐基，博采众家之长，寻找到了一种新的演讲方法，即“魔术公式”，其要点如下：

第一，尚未涉及演讲核心之前，先举一个具体的实例，把你想让听众知道的事透露出来。

第二，再用明确的语言，叙述主旨、要点，将要让听众去做的事，明白地说出来。

第三，说明理由，进行分析，采取集中攻破的方式来处理。

卡耐基认为，这是“讲求速度的现代最佳演讲法”。长期的实践证明，这的确是一种能适应各类演讲的最佳方法，或许更适应即兴演讲。例如，一位校长在欢迎新生的开学典礼上的即兴讲话：

据说清朝有个小孩——林则徐，赴试赶考途中，父亲怕他远行劳累，便让他骑在自己的肩上。进考场时，主考官视其年少，即景出一联索对，作为进考场的条件。其联曰：“以父作马。”这使得父亲羞得面红耳赤，很难为情。可是骑在父亲肩上的小孩子十分聪明，出语不凡，他眼珠一转，应道：“望子成龙。”

今天，我们不妨把“望子成龙”改动一字“望子成才”。望子成才乃是当今人们的共同心愿。

接下来，自然是围绕如何不辜负父母的期望，怎样成才的话题展开了。因为开头很具体，又有一定的情节，立即就可以引发听众的兴趣，起到静场的作用。场内的氛围反馈过来又增强了演讲者的自信,促使演讲者越讲越精彩。另外,因为是演讲者很熟悉的实例,不愁没话说,不愁讲不好,因此而有利于抑制演讲者的怯场心理。这种方式的演讲,关键是第三层次的说理要充分。

(二)理查德的"结构精选模式"

美国公共演讲专家理查德认为,即兴演讲应记住以下几句话,它是各个层次的提示信号:

(1)喂,请注意!(开头就激起听众兴趣)

(2)为什么要费口舌?(强调指出演讲的重要性)

(3)举例子。(用具体事例形象地将一个个论点印入听众的脑海里)

(4)怎么办?(具体讲清楚大家该做些什么)

这几句话,构成了整篇演讲框架。同时又是演讲者思路的提示。例如,南昌市委、市政府,为振兴江西,振兴南昌,举办过一场老同志座谈会,其中一位长者作了如下的即席演讲:

要振兴江西和南昌,首先要搞清楚江西省情、市情。南昌的特点是什么?优势在哪里?《滕王阁序》中有两句话已对南昌的特点和优势作了精妙的概括,那就是:"物华天宝,人杰地灵。"八个字说了三件事:物、人、地。

接着分别对江西的物产、地理、人才结合实例展开分析,最后得出结论:

今天的问题是,要振兴江西、振兴南昌,关键在于发挥上面的三大优势,变资源优势为经济优势。

这篇即兴演讲的方式并不一定是严格按"结构精选模式"构成的,但基本框架是符合这种模式的。这种模式的长处在于,开始的问题提得很直接或者很尖锐,足以引起听众的注意。中间条理清楚,而且有实例,便于接受,便于理解。

(三)逆向思维模式

一般地说,演讲都很讲究开头,即所谓"响开头,趣主体,蓄结尾"。然而即兴演讲有一定的特殊性,尤其是毫无准备的即兴演讲,当演讲者突然站起来的时候,气氛一般都比较热烈,听众的情绪正处于"热点"中,如果这时候演讲的开头也很响亮,以"热点"对"热点",反而热不起来,而且很难坚持下去。有经验的演讲者,常常利用听众的这个"热点",首先不去考虑开头,而去考虑一个响亮的结尾,形成逆向思维,对开头作冷处理,整个演讲呈现出一个"淡开头、趣主体、响结尾"的格局。听众的情绪由热转向冷,又渐渐升温,最后呈现出热烈的气氛,从而获得完美的结果。例如,某高校举办了歌颂党的"个人独唱独奏音乐会",其中一个班三名同学获奖。接着又要组织部分同学参加全市纪念"一二·九"运动歌咏比赛。为动员同学参赛,这个班的党支部书记作了如下即兴演讲:

昨天上午的这个时间,我们曾在这里预祝我们班参加歌颂党的个人独唱、独奏大赛的同学取得成功。昨晚,我们班参赛的同学,果然不负众望,把一、二、三等奖都给捧了回来……

同学们,有人问球王贝利:"你最漂亮的球是哪一个?"球王回答:"下一个。"又有人问导演谢晋:"你最好的影片是哪一部?"谢晋回答:"下一部。"那么我们班最漂亮的"球",最好的"影片"是不是也可以说是"下一个""下一部"?如果可以这样回答,那么我们的下一个"球",下一部"影片"是什么呢?是参与。参与学院参加的全市成人高校纪念"一二·九"运动歌咏比赛并取得更好的成绩。

这种演讲方式是越往后越精彩,最后点题,并形成高潮,关键是要设计好结尾。

(四)连缀法

先确定几个基本观点,按照各点之间的内在联系,或并列连缀,或纵横连缀,或对比连缀。这种演讲方式,逻辑严密,重点突出,而且还有一定的气势。例如,一位哲学老师以《假如马克思健在》为题作了如下几点连缀式的即兴演讲:

假如马克思健在,他绝不会把在座的各位看成是他的信徒,他将把我们看成是东方的同志和战友……

假如马克思健在,他就要对人们说:我是人而不是神,我也有喜怒哀乐,我也有自己的爱、自己的恨……

假如马克思健在,他会告诉我们:牢记我最爱的那句箴言——怀疑一切……

假如马克思健在,他就会提醒人们:那些仅用我的语录去进行战斗的人,不是完整的马克思主义者……

假如马克思健在,他就会强调:我不能保证我的主义句句是真理,但我却敢保证它永远不会过时……①

全场演讲以五个"假如马克思健在"做领头句,从不同的角度阐述马克思主义的实质,很贴切,很有针对性,结构十分严谨,内涵丰富,排比句中显示了凛然的气势。

以上几种,仅仅是常见的、有效的几种即兴演讲的方法。在实际演讲中,即兴演讲的形式多样,丰富多彩,值得我们去不断发现、不断总结。

第二节　即兴演讲的技巧

一、即兴演讲开场艺术

即兴演讲是一种最能反映人的思维敏捷程度和语言组织能力的口头表达方式。而在极短的时间里构思出一次成功的演讲,开场白就显得尤为重要了。下面介绍的即兴演讲开场艺术对演讲者的快速构思是大有裨益的。

(一)自我介绍

这种方法适合于演讲者与听众初次相交,后者对前者的身份、工作和生活经历不很熟悉的情况。演讲者介绍的情况应是听众想了解的或是与会议主题内容相关的。例如,某乡党委书记,一到任就深入某村搞调研,正值村召开青年大会,进行形势教育,于是乡党委书记就作了即兴讲话,他是这样开头的:

大家可能不很熟悉我,因为我到这里工作的时间不长。我姓余,当然我不希望我今天的讲话对大家是多余的。我参加工作五年,一直在农村度过,打交道的对象主要是像你们一样的农村青年。我的老家距这里只有几十里之远,在座的大多数同志可能到过那里,因为驰名中外的屈子祠就坐落在我家的门前。

接着,他便从屈子祠讲起,转入了爱国主义教育的正题。

①王舒.青少年必备演讲与口才全书[M].北京:企业管理出版社,2007:45.

（二）综合归纳

这是指演讲者对其他人已经发言的内容进行综合，分析其特点，进而表明自己的观点或态度的一种演讲方法。例如，一位领导者应邀去参加一个“领导干部与市场经济”的研讨会，在听取大多数同志的发言之后，他这样开始他的讲话：

以上很多同志作了发言，有的从宏观的角度谈了领导干部怎样去适应市场经济，有的结合工作实际从微观的角度论证了领导干部在市场经济中如何去搞好服务。前者具有较强的理论性，后者具有较强的针对性和操作性。我认为都讲得很好，至少可以说明，在“领导干部与市场经济”这个新的课题中，确实有很多新问题值得我们去思考、去探讨。今天我要讲的是……

（三）提出问题

演讲者根据活动的主题思想有针对性地提出一些问题，进而进行解答。使用这种方法关键在于所提出的问题是否与主题思想相关，是否带有倾向性或争议性，解答问题时要有明确的立场观点和充分的理由。例如，在一次对大学生进行就业观教育的会议上，一位演讲者是这样发言的：

为什么一些年轻人总想着进大城市、进大机关而不愿去企业工作？为什么一些年轻人不发挥自己的一技之长去创业而甘愿闲居家中眼睁睁地盯着父母那几个血汗钱？我认为，这主要是我们一些年轻人，包括一些年轻人的父母们还没有破除旧的就业观念。

（四）故事启发

演讲者首先讲一个故事，然后从中启发性地提出问题，进而亮出自己的观点。使用这种方法应注意两个问题：一是讲的故事要短小精悍，并且具有趣味性或新闻性。二是这个故事的内容与会议主题相吻合，提出的问题应与会议的目的相吻合。例如，在一次反腐倡廉的座谈会上，某与会者的发言是从一个古代故事讲起的：

春秋时代，孙子带着兵书去晋见吴王，吴王看后要孙子演习他的带兵方法。于是孙子挑选若干宫女分为两队，并挑选两名吴王的宠妃为队长。演习中尽管孙子三令五申，宫女们仍不听指挥，结果孙子置吴王命令于不顾，认为“臣既已受命为将，将在外，君命有所不受”，硬是将吴王的两名宠妃杀了。之后，宫女个个乖乖听话，无人抗命……

从这个故事，便引出了其发言的主题：要取得反腐的阶段性成果，关键在于不畏权势，敢于碰硬。

（五）借物寓意

借物寓意，即在事物寓于象征的意义上借“兴”而发。有的演讲者在开场白中采用以物证事的方法，借用某种具体事物，达到暗示事理的目的。

在上海市“钻石表杯”业余书评授奖会上，在众人的即兴演讲中，《书讯报》主编赍伟同志的演讲独具一格，他的开场白尤为精彩：

今天，我参加“钻石表杯”业余书评授奖会，我想说的是一句话：“钻石代表坚韧，手表意味着时间，时间显示效率。”坚韧与效率的结合，这是一个人读书的成功所在，一个人的希望所在。

赍伟同志的开场白超脱了恭维话的俗套，以“钻石”象征“坚韧”、“手表”象征“时间”的修辞手法，给人的是力量、启迪与深思。语义深刻，言简意赅地提示了读书求知、读书成才的道理,令人回味无穷。

(六)话题承转

话题转承,即在演讲主旨上借“兴”而发。演讲者巧借会议司仪的某个话题,转入演讲的主旨,提出自己的观点。

抗日战争时期,陈毅率领抗日游击队打日军。有一次,部队在浙江开化县华埠镇休整,有一抗日组织请陈毅讲话,司仪主持会议时说:“今天请一位将军给大家讲话。”陈毅同志这样开场:

我姓陈,耳东陈的陈;名毅,毅力的毅。称我将军,我不敢当,现在我还不是将军。但称我将军也可以,我是受全国老百姓的委托去将日本鬼子的军。这一将,一直到把他们将死为止。

话音刚落,爆发出雷鸣般的掌声。陈毅同志这段十分精彩的开场白,在演讲主旨上作了发挥,洋洋洒洒,气势磅礴,为深化演讲主旨作了铺垫,有力地鼓舞了抗日群众的斗志。

(七)借题发挥

群众性演讲有特定的地点、特定的内容以及各不相同的气氛。演讲者即兴演讲的开头可以当场捕捉这特殊的气氛,借题发挥,烘托气氛。

上海市新闻工作者协会主席,原《解放日报》总编辑王维同志,一次出席上海市企业报新闻工作者协会成立大会,这次会议是在上钢三厂新建的俱乐部会议厅召开的。他即兴演讲的开头说:

我来参加会议,没有想到有这么好的会场,这个会场不要说是市企业报记者协会成立大会,就是市记协成立大会也可以在这里召开。没想到有这么多的企业报的记者、编辑参加这个大会,它说明企业报的同人是热爱自己的组织,支持这个组织的。没有想到今天摆在主席台上的杜鹃花这么美丽。鲜花盛开,这标志着企业报记者协会也会像杜鹃花一样兴旺、发达……

他的演讲激起阵阵掌声。王维同志的开场白在会场、工作人员和鲜花上做文章,把三者巧妙地联系起来,显示了企业报齐心协力和雄厚的经济实力,表达了对企业报记者协会的美好祝愿。

二、话题选择技巧

“兴之所至,有感而发”是即兴演讲的基本特点。那么这兴致,从何而来?实践表明,即兴演讲的“兴”即话题,来源是丰富多彩的。临场选择与演讲主题一致,为听众所熟悉、易理解的人物、事件等,可以提高对客观事物的敏锐感应力,使即兴演讲取得旗开得胜的效果。

(一)感“时”起兴

特定的时间,是演讲活动的一个构成要素。如果这一时间具有某种特殊的意义,就可以成为演讲的话题。例如,教师节师生联欢会上的演讲:

走过了夏天,迎来了秋天。在这金风送爽的季节,我们终于盼来了教师节。在这个让人仰慕的日子里,请允许我向全体老师表达我心中最热诚的问候和祝愿。问候一声:“辛勤培育我的老师们,你们辛苦了!”祝愿一声:“无悔奉献人生的老师们,你们节日快乐!”

演讲者抓住“教师节”这个具有特定意义的时间,表达了自己对教师节的盼望之情,对教师的问候和祝愿之意。这朴实自然的演讲,消除了紧张情绪,吸引了听众的注意力,现场效果很好。

（二）感“地”起兴

特定的地点同构成的环境因素密切相关，如果处在现场环境中的人对这一地点有着难以忘怀的人生记忆，就有可能由此激起内心强烈的情感活动，从而产生一吐为快的表达欲望。例如，老同学聚会时的演讲：

当年一声再见，我们含泪离开母校。今天为了重温旧梦，我们又从四面八方汇集到母校——北京大学。北大是我的娘家，回到娘家，心中就有许多说不出来的感慨和欣喜……

学校是学生成长的摇篮，曾留下许多青春记忆。重返校园，讲述让人魂牵梦绕的校园故事，使听众感同身受。

（三）感“人”起兴

在演讲活动中，演讲者和听众的关系十分密切。在即兴演讲比赛时，最切实可行、最容易做到的就是用自己做例子或从听众的身份、职业、爱好、语言、籍贯等方面入手寻找演讲兴奋点。例如，有关“矮子问题”的演讲：

“矮子问题”由我当众提出，岂不惹火烧身？老实说，在我年轻的时候并不觉得“矮”有什么问题，直到80年代，在舆论压力之下，才感觉成了问题。其实，白鹤腿长，鸭子腿短，都是生来如此，何必自寻烦恼？现在要问，矮子能有风采吗？答曰：“高个儿不见得都有风采，矮个儿不见得都没风采。”那么，矮个儿怎样才能也具有风采呢？我有几点心得可供参考：第一，要有自信……第二，不要犯忌讳……第三，把胸脯挺起来……第四，最重要的还是本人的德学才识，有修养、有风度、对社会有贡献……趁着晚会的高兴劲儿，解开这个“矮子问题”，不知台下的某些同学心里是否踏实些？

演讲者从自己的身高开题，向听众发表对“矮子问题”的看法。类似的经历，深切的体验，自信的语调，展示了“矮子的风采”，引起了听众的强烈共鸣。

（四）感“事”起兴

在社会生活中，热门话题常常成为即兴演讲的兴致。其实，所谓的生活小事只要蕴含着重要的意义，也同样可以成为富有启发性和感召力的话题。例如，周末班会上一位教师的演讲：

今天我上街的时候，发现商店招牌上的错别字明显减少了。也许有人会认为这是件小事，但我认为这是一件令人高兴的大好事。因为它说明社会用字的规范化问题已经引起了政府有关部门的重视，并得到了人民群众的理解和支持。同学们，你们是未来的人民教师，不仅平时要写规范字，而且还要尽一切可能承担起规范用字的社会责任。

演讲者带着对教师职业的敏感，抓住用字规范这一现象，向学生表达了自己对规范汉字的见解和希望，使学生深受教育和启发。

（五）感“景”起兴

世间最奇妙的事，就是天才诗人与美妙山水的遇合。即兴演讲时，特定的景象同样也能给演讲者带来一吐为快的冲动。例如，一位班主任带领学生春游，在出发前所发表的演讲：

今天天气真好，春风特别和煦，阳光格外明媚。在这充满生机与活力的季节里，我们走进了美丽的大自然。面对春云舒卷、莺歌燕舞、姹紫嫣红的美妙世界，我们怎能不感奋、怎能不激动、怎能不欣喜？让我们放开喉咙，尽情歌唱这妩媚的春天吧！

大自然的美丽多姿，激起了演讲者的热爱之情，也使演讲情景交融，声情并茂，激发了学生的表演激情。

(六)感“言”起兴

当我们置身于演讲会、座谈会、迎送会等场合,看到别人滔滔不绝、侃侃而谈时,有时也会深受感染,产生说话的兴致。怎么说呢?最简单的办法就是从别人的表达中捕捉话题,加以引申、发挥。例如,笪老师在高职语文研讨会上的演讲:

张老师刚才的发言真是太好了。我十分赞同他的观点“高职语文教学必须将工具性、人文性、审美性融为一体”。是的,高职语文教学改革的前提是必须进行课程定位……

笪老师关于语文教学定位的看法和态度,显然是在研讨会上聆听了别人的演讲后被一种强烈的赞同感而激发出来的。

(七)感“行”起兴

在现实生活中,倘若人们的某种行为具有了普遍的社会意义,就能激起演讲的兴趣。例如,某教师在一次主题班会上的演讲:

今天我们班的同学,在炎炎烈日下为救灾做义演,为的是向四川受灾群众献上一份爱心,送去一片希望。你们的爱心让我感动,让我欣慰。你们这些“00”年代以后出生的,不是自私的一代,不是没有情感的一代,而是充满爱心、富有责任感的一代。

这一即兴演讲,有感于学生为支援灾区的义演而发,感情真挚,切合实际。

三、日常演讲,语出惊人

在现实生活中,有的人说话平平淡淡,不痛不痒,很难引起他人注意;而有的人则不同,他们讲话追求不同凡响,同样的道理,从他们口中说出,便能语惊四座,让人久久不忘,顿生“听君一席话,胜读十年书”之感。比较而言,后者更能显出讲话者的个性魅力。

这种出语新奇、撼动心灵的说法,是一种高超也高效的说话艺术,不论是开导说服、宣传鼓动,还是讨论对话、回答提问,都能派上用场,既能抓住听众,增强表达效果,又有助于塑造自身的良好形象。

(一)“有悖常理”之言

从接受心理来看,人们对于惯常之理、传统说法,往往会无动于衷。可是当你一反常规,说出“有悖常理”的话来,人们必定大吃一惊,顿生疑窦,再认真思索,又能深领其意,茅塞顿开,难以忘怀。

教育家孙维刚就是如此。比如,开学第一天,孙老师的第一句话就叫人吃惊不小:“我觉得读书的最高境界是,你们毕业离校时把老师教的知识全部忘光,剩下的才是真正的成果。”学生听了无不愕然。他接着说:“同学们记住,这句话不是我的专利,是大数学家劳厄说的。不过我理解这个成果就是知识以外的能力,是综合素质。”此话给学生留下了十分深刻的印象,自觉在提高能力上下功夫。

很显然,孙老师讲的那句有悖常理但让人终生难忘的话语,对于转变学生的学习观念产生了不可低估的作用。由此我们看到,有悖常理且又在情理之中的话,有很强的冲击力,每每让人感到耳目一新,引起观念的突变,实现思想认识的新飞跃。当然,这种话语也会深深地印在听众的脑海里。

(二)别出心裁之言

有时候,对一些问题的表述并不简单地从正面说明,而是精心思索,匠心独运,以别开生面的方式表达出来，常常可以产生意想不到的效果。

杂交水稻之父袁隆平在一次记者招待会上接受采访，有记者问：“您这一生希望有多少资产？”袁隆平说：“一个小棚子，下面一口小猪，足矣。”

他的回答叫人们惊讶。袁隆平笑着说：“这是个‘家’字嘛。这个棚子就是上面的宝盖头，下面这个豕，古代讲不就是猪嘛。”大家恍然大悟。他接着说：“有一首歌是这样唱的，我想有个家，一个不需要多大的地方……这是对的。家再大，你也只能睡一张床，资产再多，你每天也只能吃三顿饭，对不对？我对钱这个东西看得很淡，够用就行。”大家报以热烈的掌声。

他的回答可谓不同凡响，别具一格。他的回应，乍一听让人觉得他鼠目寸光、小富即安，经他展开解释，人们恍然大悟，方觉他的回答真诚别致，极富个性，且思想境界之高，令人钦佩，给人以深刻的人生启示。

(三)视角独特之言

在现实中有些不良现象，让人深恶痛绝，可是人们未必进行过深入剖析。当有人透过现象剥离出新的思想认识，得出高人一筹的精辟见解，点出问题要害时，定会出人意料，让人拍案叫绝，悟出新理，受益匪浅。

某大学一位教授对有些学生不肯下功夫学习钻研，又想取得好成绩，在作论文时偷懒、抄袭现成论文的现象，并不直接提出批评，而是分析差别，划清界限，巧妙引导。他说道：“大家要记住这样一句话：偷一个人的主意是剽窃，偷很多人的主意是研究。”此语独辟蹊径，耐人寻味，发人深省。

在这里，他提出一个深刻见解，那就是抄袭与创造的界限就在于作者是否动了脑子，是否加入了自己的智慧劳动。实际上，任何研究成果都是站在前人肩膀上得来的，所以“偷”多人的主意进行再加工，得出新创意，就有了新的价值。这种从独特角度表达出来的见解，自然对学生们的启示很大。

(四)画龙点睛之言

有些社会现象错综纷繁，似乎理不出头绪。如果我们善于抓住事物特点，由表及里，从中提炼和概括出人生哲理，同样能让人茅塞顿开，口服心服。

社会上有些人私心太重，心灵扭曲，他们对比自己高的人阿谀奉承，对比自己低的人不屑一顾，失去人格尊严，为人所不齿。有位演讲家，在一次演讲时说：“做事先做人，做官先做人。你在人之上，要视别人为人；你在人之下，要视自己为人。千万别把别人不当人，更不能把自己不当人。否则，你就难以为人。”

他的这种说法充满人生哲理，可谓画龙点睛，入木三分，有很强的警示鞭策作用，起到很好的导向作用。

(五)曲言妙解之语

有时人们可能面临应对难题，既不能回避，又无法否定。如果能选择一条迂回之路，把话题曲解并引申开来，讲出服人之理，同样能让人拍案称奇，肃然起敬。

四、调动储备，增强文采

演讲是十分讲究美感的艺术，除了立意高远、角度新颖、逻辑严密等因素，它还要求语言朗朗上口、铿锵悦耳、富有文采。文采是演讲者留给听众的“第一感觉”，听众能从“第一感觉”评价你演讲的好坏。那么,如何才能使你的演讲文采飞扬呢?这就要调动演讲者多方面的综合储备,才能达到这一目的。

(一)调动储备

1. 灵活组句法

演讲者的声音稍纵即逝,要在听众心中留下印迹,必须强化语言的听觉冲击力。有经验的演讲者很注意利用句型、句式的巧妙组合,从整齐中求变化,在常规中求个性,例如:

在座的各位可能还记得中学学过的课文,还清晰地记得《爱莲说》和《木兰辞》,记得《桃花源记》和《满江红》。许多人还能流畅地背诵“人生自古谁无死,留取丹心照汗青”的慷慨诗篇,也能吟诵“夕阳西下,断肠人在天涯”的优美句子。台湾学生学的也是这些诗篇,两岸语文教材中有百分之三四十的文章是完全相同的。也就是说,当大陆的孩子们在黄河源头、在泰山之巅高声朗诵那些诗文的时候,台湾的少年也在阿里山下、日月潭边吟诵那同样的诗句。这是怎样动人的情景啊!同样的肤色、同样的眼睛、同样的语言,朗诵同样的诗文,体验同样的感情,不是同胞兄弟,哪会如此亲近?不是同根亲人,哪会有相同的声音?

这是《同宗同源同胞情》中的一段演讲。它围绕主线“同样的”组织句子,自然而然地变化着句型,用事实表现两地之“同”,显得气势浩荡,文采飞扬。

2. 妙用比喻法

比喻是语言艺术之花。演讲要吸引、感染和说服听众,灵活运用比喻是一个有效的途径。高明的演讲者,常常运用比喻使复杂的问题变得浅显易懂,使深奥的道理变得富有情趣,使本来呆板的表述变得活泼灵气,听起来舒服。比如:

我们来到北大,就像一张张软盘,到北大这台计算机上拷走了知识和精神。我们的时间是有限的,我们面对的硬盘却是全国最大的。既然如此,我们就应该把研究、阐述北大精神的事交给像各位评委这样的专家,和除我之外的十六位选手这样未来的专家去做,而我们应该做的,就是把我们体会到的北大精神抓紧时间拷过来,然后再用一生去慢慢解读。但要注意,可千万要提防自由散漫、眼高手低的北大病毒。拷走知识的同时,你还要问问自己,你又留下了什么?

这是当年一位北大学子在《另一只眼睛》中的演讲。他以软盘、硬盘作比,阐明学生和学校的关系,这些用比喻表达的语句极富文采,它生动形象地表达了演讲者对北大和北大精神的理解,言辞耐人寻味,带给听众美的享受。

3. 适时闲话法

“闲话”实际对演讲起到“绿叶”配“红花”的作用。闲话听起来轻松舒缓,其文采价值往往是体现在它与“不闲”之语的结合上。当演讲者从“闲话”突然回到主题上,精彩得会让你情不自禁地击掌。如美国前总统里根的《最后一次演说》:

黄昏?那是不可能的,因为我坦白承认有时我觉得我还是个小伙子,在和弟弟比赛,看谁先从山上跑到罗克河铁路桥下可以游泳的小水湾。

要知道,哪一天也比不上新的一天更美好,因为在我们国家,它意味着你身上会发生某种奇迹。

这些语言从自己已进入暮年人生的“黄昏”说开去。离任演说,他肯定要“总结”自己,并且坚定地表明“决心”;他的闲话正是为下面的话作铺垫:

我们曾经在一起为我们热爱的事业而战斗，但是我们绝不能让火焰熄灭，或者退出战斗，因为战斗永远不会结束，我们必须一次又一次捍卫我们的自由，一次又一次！我愿留下我的电话号码和地址，一旦你们需要一名小卒，只需说一声，我招之即来，只要一息尚存，只要我们可爱的国家在这个最辉煌的时刻还在不断进取求新。

和前面的演讲实现完美的“扣合”，文采更加充盈，气势更加恢宏。

4. 特殊表演法

有声语和态势语的巧妙配合。性格比较活泼、长于表演的演讲者，往往用富有煽动力的态势语表达思想感情。

这个勇于挑战的年轻人究竟何许人也？（稍停，听众也露出疑惑的神情），其实（又稍停），远在天边，近在眼前，在下小生海燕便是！（抱拳行礼，观众大笑，热烈鼓掌）或许大家又要问：小陈（演讲者姓陈名海燕），你这不是自吹自擂吗？答曰：非也！（观众笑）我只是想通过枝城港一名普通得不能再普通的年轻人的经历向外界证明：枝城港的职工是勤劳的职工，是敢于发出挑战迎接挑战的职工，是永远的挑战者！（热烈鼓掌）

陈海燕在演讲《在挑战中走向辉煌》时，用抱拳等特殊的态势语，使演讲活泼有趣。特别是在故事讲完后指出故事的主人就是自己，显得很有戏剧性，文采在其“一言一行”中自然流露。

5. 推陈出新法

对事理的推陈立新，常能让人为之一振。对“陈意”进行新的解读，演讲者带着情感去论、去表达自己的认知体验。如《勇敢地表现自己》中：

由于传统观念的作怪，或许是某种不健全心理的驱使，自我表现历来被视为骄傲与狂妄的标志。凡是鼓励自我表现的言论统统被视为异端邪说，使你空有一身本领也不敢表露出来。（掌声）结果是对美好的事物不敢大胆追求，对社会赋予的责任不敢承担，一句话，就是自甘寂寞。人如果是毁于外力，还情有可原，但是如果是毁于自身，那不太可悲了吗？（掌声）现在，应该是我们对自我表现进行反思的时候了。

可以说，没有自我表现，就没有我们这个世界……

传统思想，提倡为人应该稳重，就算是千里马，也要等伯乐来识。这个说法，被演讲者用激情打破，推出了新的观点。

（二）引用名言警句

从古今中外优秀的演讲中可以发现，许多警策之语是从名言、警句、格言、谚语中脱胎而出，经过演讲者的推陈出新，而对听众起感染作用。因此，要想使演讲有文采，除了使用上述五种方法之外，如能在演讲中恰当穿插名言警句，必能使你的演讲言简意丰、充满文化意蕴。那么，如何引用名言或警句呢？

1. 引作题目，统领或收束全文

要想使听众一下子发现你与众不同的构思及丰厚的阅读积累，给人留下深刻的印象，莫如将自己读过的诗文名篇中与演讲主题相关的名言警句“拿来”引作标题。

奥斯特洛夫斯基有一篇广播演讲的题目是《作家的职责——以天下为己任》。这是一则引语式题目。它是从演讲的主题中浓缩出的闪光的警句。词以情发，情随景迁，使“我们每一个人不仅要用自己写出来的文字，而且要用自己的整个生活和作风来教育别人”的主旨光彩夺目，同时又使演讲意蕴非凡，令听众深受感染、启迪和鼓舞，真可谓“一箭双雕”。

2. 引作开头或结尾，揭示或深化主题

在演讲中，开头或结尾适当地引用名言警句，可以强化演讲的分量，给听众留下难忘的印象。

引作开头的，如演讲《信念永不倒》的开头：

著名黑人领袖马丁·路德·金有这样一句名言："这个世界上，没有人能够使你倒下，如果你自己的信念还站立的话。"是的，只要信念不倒，我们在任何不利的情况下，都不会趴下，都能闯出一条路来。

开头引用名言，紧扣题目，又增强了演讲的感召力。

引作结尾的例子也很多。如演讲《嫉妒是一种卑劣的心理》的结尾："走自己的路，让别人去说吧！"（但丁语），而演讲《当你遇到挫折的时候》的结尾："真的猛士将奋然而前行！"（鲁迅语）简洁明快，含义深蕴，让人难忘。

结合演讲的内容和实际，在演讲的开头或结尾巧妙引用名言警句，可发挥名人效应，使演讲的内容和情感得以升华，从而给听众深刻的启迪和印象。

3. 引作分论点或论据，增加演讲的说服力

演讲常常要议论说理，如能在演讲的关键处巧引名言警句，往往能使演讲熠熠生辉，增强演讲的说服力和感染力。

2003年9月，《光明日报》代表团赴美，为第一套全方位展现300万在美华人当代生活的大型纪实文学丛书举行首发式。《光明日报》记者、著名女作家韩小蕙作的《且听他们的慷慨悲歌》的演讲中有这么一段话：

500多年前，中国明朝有一位著名的清官、忠臣，名叫于谦，曾留下一首中国老百姓妇孺皆知的诗《石灰吟》："千锤万凿出深山，烈火焚烧若等闲。粉身碎骨浑不怕，要留清白在人间。"我觉得华人在美的创业路程，就是"千锤万凿"，就是"烈火焚烧"。同时，也有许多先驱者"粉身碎骨"，为后人铺下了越来越坚实的路。

演讲巧妙地运用了于谦的《石灰吟》，具体形象地表现了华人在美国创业道路上不畏艰难、勇于拼搏的精神，同时充分地向听众展示了自己的文化底蕴和文学素养。

4. 质疑或化用名言，充分展现个性风采

在演讲中，如能大胆科学地质疑名言，往往能使你的演讲在"深刻透彻"方面更上一个新的台阶。化用名言则能展示你驾驭语言的机智和灵活，使你的语言个性鲜明、与众不同。如《我的流言观》：

我希望别人对我评头品足，我喜欢周围有我的"风言风语"。我认为在"人言可畏"统治下缩头缩脑的角色都是懦夫！诬蔑，那是出于嫉妒，我会庆幸自己在事业上迈出了可喜的一步。讽刺？更欢迎！我相信这枚银针会刺痛我的神经，医治我自身克服不了的缺点，从而最终得到完善的还是我自己。

这段演讲词，紧紧扣住对"人言可畏"的质疑，提出"人言不可畏反可喜"的见解，观点新颖，独具个性，给人以深刻的印象。

再如，江苏省副省长在华东船院校庆大会上的演讲：

"可上九天揽月，可下五洋捉鳖。"随着载人飞船的发射和成功返回，我们书写了可上九天揽月的豪情壮志，那么可下五洋捉鳖到底如何呢？我认为我们可能还有很长的路要走，可能

还有更大的差距，我们现在还只能捉小鳖，还不能捉大鳖，我们船院地处长江边，我们不仅要镇江，还要镇海，还应当镇洋。

最后，我想借用列宁的一段话，结束我的演讲："坚冰已经打破，航程已经开通。"同学们，让我们携起手来扬帆远航吧！

引用的针对性强，因是船舶学院的庆典，所引毛泽东诗词和列宁的语录都同水有关，而把船舶学院所在地为镇江衍生为"不仅要镇江，还要镇海，还应当镇洋"，更是妙不可言。

仿用名言的，如"竞聘基础部副主任的演讲"对人们熟悉的一句歌词"有妈的孩子像块宝，没妈的孩子像根草"，用仿词的手法略加改动后改为"无家的孩子是根草，有家的孩子是个宝"，既切合了演讲者的心境，又切合当时学院搞全员竞聘，许多员工需要重新找"家"的情况，引起了听众的强烈共鸣。

仿用古诗词的，如郭沫若在日本作的《加强中日文化之交流》的演说。在他谈到"应当珍惜中日人民友谊"的时候，便把唐代诗人张九龄的《望月怀远》中"海上生明月，天涯共此时"的名句，仿拟为"海上生明月，天涯逢故人"，充分表达了对日本朋友的深情厚谊，进一步寄托了"加强中日文化之交流"的殷切期望。

总之，好的演讲往往紧扣主题，恰到好处地综合调动多种手段，并积极引用名言警句，取得以一当十的效果。这就要求演讲者在平时注意多收集精练明了的名言警句，并进行分类整理，这样在运用时才会得心应手。好的引用体现着演讲者深厚的文化素养和运用语言的机智，只要驾驭得法，就会使你的演讲大放光彩。

五、提炼哲思，挖掘深度

演讲是一种思辨活动，它要求演讲者在演讲中善于运用唯物辩证法的科学原理，认识和分析客观事物，从而使演讲的叙事、说理产生出巨大的逻辑说服力量和强烈的思想教育效应。这样的演讲，才能以其思想观点的深刻性和哲理内涵的丰富性，给听众以心智的启迪，也只有这样的演讲，才能历久弥新，永葆活力。那么，如何才能使演讲富有深度呢？

（一）思考演讲的社会背景

在演讲过程中，演讲者的视点不能只停留在某一客观对象上就事论事，因为任何事物或现象都有其产生和发展的历史和现实的大背景。只有通过背景的理性分析，才能启发人们在一个宏大的视野中去审视人生和社会，从而深化演讲的主题思想，使演讲更有深度。例如：

朋友们，当你嫌饭菜不好，而将它倒掉的时候；当你在努力编造理由不想去上课的时候；当你因某件小事，诸如暂时停电而抱怨学习条件太差的时候；当你因自己某种无聊的愿望没被满足，而以"我不上学了"来威胁父母的时候，你可曾知道我国每年有多少学龄儿童从未入学或中途辍学，而他们大多数是因家庭贫困，缴不起学杂费而失学啊！（韩东《托起明天的太阳》）

演讲者首先用一组排比句，列举了现实生活中许多人不珍惜学习机会的现象，然后指出因贫困而失学的儿童的艰难处境，这前后的强烈对比和巨大反差，促使听众在宏观的社会背景下对教育问题进行理性反思，从而自觉地行动起来，为"希望工程"贡献力量，以托起祖国明天的太阳。

（二）透过现象揭示本质

在演讲中描述或议论某一现象时，不能仅局限于感性认识的层面上，必须进行深层次的理性思考,这就是所说的透过现象揭示本质。只有这样,才能表达演讲者独特的见解,以引导听众更加深刻地认识社会、理解人生。例如:

真没想到,秋风送回的已不是当年那朵淳朴可爱的“小花”,而是一个傲气十足的“洋”小姐。谁都知道她是喝长江水长大的中国人,可谁能相信她和同胞交谈,竟“不会”说中国话了。一次,我们的一个战士到休息室喝水,她对这个战士指手画脚地说了一大串英语,直到翻译解释,才知道她说“这是供外国演员喝的水”。秋风扫着落叶,送走了这位“洋”小姐所乘的豪华轿车。目送远去的车队,一种不可言状的滋味涌上我的心头。我在思考:一个小有名气的演员,何以在自己的国土上像昔日的外国人一样趾高气扬呢?抚摸着伪皇宫的雕龙塑凤,我在深思:为了能在外国人面前理直气壮地挺起脊梁,中国人曾经付出多少血的代价。今天,侵略者的马队、刺刀再也不会占领祖国的一寸土地了,但是并不等于每一个中国人都已经树立起了自尊、自爱、自强之心!(侯国峰《一个青年军人的思考》)

一个小有名气的演员在同胞面前的傲慢表现,激起了演讲者关于中国人必须树立“自尊、自爱、自强之心”的理性思考,这样透过现象揭示本质,给听众的启示是十分深刻的。

(三)对事物的两面性进行辩证分析

事物总是存在着两面性。演讲者只有运用辩证的观点,对事物的两面性进行理性分析,才能正确认识客观世界,引导听众掌握事物发展的规律。例如:

什么能使我们超越这个怪圈?只有经验和理性。这里的经验,就是20世纪我们面对自然胜利与失败、获得与丧失的经验;这里的理性,也不是静止的理性,而是20世纪我们在痛苦的丧失中所获得的观念进步。没有20世纪人类面对自然环境对自身的反省,“胜利就是失败,获得就是丧失”的怪圈就完全可能在21世纪重演,而我们的地球已经没有多少可以供人重演这个怪圈的空间。20世纪,我们的物质进步、科技进步在环保上的补偿,加上人类环境观念的进步,或许可以“平衡”掉我们在环境中的损失。如果我们不珍惜这些,我们可能是“净亏”,并且将接受地球更加严厉的报复。(吴明《20世纪留给我们的债单》)

环境保护是21世纪人类面临的一个重大课题,演讲者由此引发的思考本身就体现出了一种强烈的社会责任感。应当说,演讲者对“胜利就是失败,获得就是丧失”这一环境问题两面性的分析是深刻的,正是这种具有深刻意义的辩证的分析,才为我们解决环境污染问题提供了发人深省的思路,因此也使得演讲更有深意了。

(四)升华普通事件的内涵

善于发掘出现实生活中某一件小事的深刻内涵,是使演讲富有深度的体现。演讲者如果能将事物的内涵升华为某种哲理,那么听众就会在深刻的感悟中获得思想的启迪。例如:

记得有一天上课,我因身体不适,带着几分倦意走上讲台,一个小同学忙搬来自己的凳子,轻轻地说了声:“老师,请您坐下来讲!”我激动地说:“谢谢,我不坐!”

今天在这里,让我再次郑重地说一声:“谢谢你,小同学,我不坐!”我不坐,因为我深深地懂得,从某种意义上讲,教师的职业就是站立着的事业。有人说,教师像蜡烛,毁灭了自己,照亮了别人。我要说,教师像人梯,为了共和国的高高站立,我愿让孩子们踏着我的肩膀攀登。(陈世明《为了我们祖国的繁荣昌盛》)

演讲者从一个小学生为老师搬凳子让座的小事中,升华出“教师的职业就是站立着的事业”的深刻内涵,他认为“教师像人梯”,让孩子们踏着教师的肩膀攀登,就是“为了共和国的高高站立”。如此精辟的哲理，让听众领悟了教师工作的意义和价值。

第三节 即兴演讲对演讲者的要求

即兴演讲其实就是浓缩的拟稿演讲，演讲开始之前演讲者依然要构思讲稿（腹稿）、分析听众、研究情境、确定语音语调等，但不能像拟稿演讲那样从容准备，演讲者必须在最短的时间里对自己的讲话进行谋篇布局。演讲实践也已经证明：流传到今天的脍炙人口的中外演讲名篇都是篇幅短小的演讲，而且越是简短的演讲越难以讲好。丘吉尔说过一句名言：“如果讲10分钟，我要准备3天；如果讲半个小时，我要准备3个小时；如果讲3个小时，那么现在就开始。”这是因为要把需要讲3个小时的思想或者信息，用10分钟的时间讲明白，对演讲者的知识储备、思维能力、临场发挥能力、组织语言的能力等要求更为严格。这就要求演讲者必须在最短的时间里解决好“讲什么”和“怎样讲”的问题。

一、迅速表明演讲目的

即兴演讲时间限制比较严格，演讲者必须马上进入正题，否则会给听众留下华而不实、油嘴滑舌的印象。即兴演讲对听众来说是一种“计划外”的任务，听众绝对不会希望这种“计划外”任务太大，所以听众能够集中精神的时间是很短的，这要求演讲者必须迅速地表明自己的演讲主题，并围绕主题，有一说一，有二说二，切忌东拉西扯。所以要求演讲者具有能够在最短时间内迅速表明演讲目的的能力。

二、一定的知识广度

只有学识丰富，才能在短暂的准备时间内从脑海中找到生动的例证和恰当的词汇，使即兴演讲增添魅力。这就要求演讲者具备一定的自己所从事行业的专业知识，并能了解日常生活知识，如风土人情、地理环境等。

三、一定的思想深度

即兴演讲要求演讲者对事物有纵向的分析认识能力。即兴演讲，要求演讲者对内容应能宏观地把握，通过表层迅速深入到事物本质上去认识，形成一条有深度的主线，围绕着它的丰富资料，连贯成文，以免事例繁杂、游离主题。

四、较强的综合材料的能力

即兴演讲要求演讲者在很短的时间里把符合主题的材料组合、凝练在一起，这就使演讲者应具备较强的综合能力，有效地表现出其知识的广度和思想的深度。

五、较高的现场表达技巧

即兴演讲没有事先精心写就的演讲词，临场发挥是特别重要的，要求演讲者有较高的现场表达技巧，所以要求演讲者在构思初具轮廓后，还要注意观察场所和听众，摄取那些与演讲主题有关的人物或景物，因地设喻，即景生情。

六、较强的应变能力

即兴演讲由于演讲前没有充分准备，在临场时就容易出现意外，如怯场、忘词等现象，遇到这种情况，只有沉着冷静、巧妙应变，才能扭转被动局面，反败为胜，所以要求演讲者具备较强的应变能力。

综合技能训练

一、著名心理学家诺曼·文森特·皮尔曾如此说道："人的性格当中，都有一个共性：需要得到他人的爱和尊重。每个人的心中都有一份价值意识，他们希望被看重，希望维护自己的尊严。如果你伤害了这些性质，你就永远失去了这个人。因此，假若你用自己的爱和尊重对待每一个人，不但能使他变得茁壮，他也会以爱和尊重回报你。"

就此话题即兴谈谈在即兴演讲中应如何对待听众，以及用什么心态看待表现不良的听众。

二、以"由某现象所想到的"为题进行即兴表达训练（要求能捕捉当前生活中的热点问题，深入分析原因）。例如，由作弊现象想到的。

现象简述：大学校园里，考试作弊现象屡禁不止，作弊的人数呈上升趋势，作弊的手段、心态等日益复杂化、严重化，考试作弊已渐渐成为一种社会性的问题。

纵深分析：一是大学生缺乏道德观念；二是投机取巧，坐享其成；三是产生盲从心理；四是试图蒙混过关；五是虚荣心作怪；六是是非不分，仅凭义气。

三、戴尔·卡耐基介绍了一种即兴演讲的训练方法。"这是一种具有刺激性的方法。当一个学员被要求尽量以幻想的形式来说话时，他发表了如下的演说：'前几天，当我驾驶直升机时，发现了一群飞碟向我靠近。我正想降落时，一架最靠近我的飞碟对我开炮射击，但是我说……'铃声响了，时间已到，下一位学员接着这个话题往下说，如此循环下去。这种在毫无心理准备的状态下来训练演说的方法非常有效。经过这样的训练之后，在社会上你一旦遇到需要即兴演讲的场合，你就能够将这种能力充分发挥，达到你所期望的甚至是意想不到的效果。"

按照这种方法：

(1)准备若干题目，由学生抽签，抽到什么题目，就按题目当即发表 1 ~ 2 分钟的即兴演讲，依次进行。

(2)由教师领头说一段话，学生依次接着说下去，不得改变话题，每人不得超过 2 分钟。

四、请以"我讲我"为中心话题，设计一组涉及个人各方面的快问快答题。以一人问一人答的形式进行，提问由浅入深、由近及远，问句可步步紧逼，由稍慢到逐步加快；答话要力求短促、中肯、简洁、清晰。

五、可以请一位朋友向你提问，你作直接快速的回答。提出问句的时间不计在内，看纯答问用了多少时间？

——你的优点是什么？

——你的缺点是什么？

——你的爱好是什么？

——这个爱好是怎么形成的？
——这个爱好给你带来什么好处？
——这个爱好为什么至今没有转移？
——你的烦恼是什么？
——你最珍惜的是什么？
——你最讨厌什么？
——你最崇尚什么？
——你最喜欢的格言是什么？
——你最大的乐趣是什么？
——你平时经常想的是什么？
——你做人的信条是什么？
——你最大的愿望是什么？
——你怎样评价自己？
——听到闲言碎语你如何对待？
——你是喜欢春天还是冬天？
——你是不是开始觉得金钱并非微不足道了？
——你现在是不是打消了出国留学的念头了？

答题要求如下：

(1)问语角度避免单调和程式化，要富有变化；答语要旗帜鲜明，诚恳从容，也可以含蓄风趣一点，有一些哲理色彩。

(2)答语简洁明了，多用短语，尽可能一两句话就把自己的意思说得明明白白。多用直言句式直截了当地应对，不要模棱两可，不痛不痒，也要力避用简单的肯定、否定（如“是”“不是”）方式答对。

(3)少说空话、套话，内涵力求丰富充实一些，要敢于亮出自己的想法，不要遮遮掩掩，要显示出自己鲜明的言语个性。

(4)要留意复杂问语。所谓“复杂问语”是指隐含某种假定前提的问语。如“你还想着去北戴河旅游吗？”这个问语的隐含前提是“你曾经或一直想着去北戴河旅游”，但是你可能从来就没有“想”过，所以要针对“想没想”作答，而不是“去不去”。对复杂问语要留心隐含前提，作出有针对性的回答。在上列训练题中最后三问是复杂问语。

六、接对“歇后语”。搜集歇后语作练习材料，一人讲出歇后语的前半部分，要求对方在几秒钟内说出歇后语的后半部分。如在规定的时间内说不出“歇后”部分，可以换下一句继续对接，看一看他在限定的时间内能够接对多少歇后语。

题例：外甥打灯笼——照舅（旧）

请快速完成下列歇后语的接对：

1. 水仙不开花——
2. 七窍通了六窍——
3. 干河道里的牡丹花——
4. 轮胎上的气门芯——
5. 猪八戒照镜子——

6. 两脚塞进一只皮靴——

7. 澡盆里扎猛子——

8. 麻袋里装菱角——

9. 套马杆子勾月亮——

10. 背着油桶救火——

11. 挑着棉花过刺林——

12. 小猴子偷黄连——

接歇后语的要求如下：

(1)根据前言接对的歇后语宜从宽掌握，大致正确即可放行。有的答案也不止一个，比如“马头上长角”的歇后部分，答“不伦不类”“标新立异”等均可以。

(2)接对一定要强调速度，最好是两人在一起练，每人拟一份难易适中的测试题，一人说前句，一人说后句并计时。

(3)自选歇后语，不宜过于艰深晦涩，也不要选用不健康的歇后语。

第七章 辩论演讲

本章导读

马克思说:“真理是由争论确立的。”虽然事实胜于雄辩,但事实又不等于雄辩。事实是客观存在,是人们的社会实践,真理就隐藏在这客观存在、社会实践之中,要想从事实中细绎出真理、驳斥谬误,就存在着对事实的挑选、阐发论证等问题,而这显然需要智慧和雄辩的力量,辩论的任务就是要通过论证辩驳把隐藏着的真理发掘出来。

开篇案例

在一次记者会上,朱总理答记者问。

记者:“请问总理先生,无论下一届总理是谁,你认为他哪些方面应该向你学习?”朱总理:“关于我本人,除了埋头苦干外,我没有什么优点。我不希望别人学习我。前不久香港某家报纸说我的本事就是拍桌子、捶板凳、瞪眼睛,那就更不要学习我了。但是,这家报纸说得不对,桌子是拍过,眼睛也瞪过,不瞪眼睛不就成植物人了吗?板凳是绝对没捶过,那捶起来是很疼的。至于说我这样做是为了吓唬老百姓,我想,很少有人会相信这种说法。拍桌子只吓唬那些贪官污吏。”①

记者的提问十分刁钻,企图让朱总理对自己的政绩及缺点作一番评价。朱总理回答十分巧妙,他举香港一家报纸对自己的评论,用幽默的语言,否定了捶板凳,赢得了众多记者的掌声。朱总理的这段答记者问,真是口舌生风,妙趣横生,被誉为辩论口才的“红色经典”。

第一节 辩论演讲概述

一、什么是辩论

对于辩论,在《孟子》里面有这样一种说法:“辩,争彼也,辩胜,当也。”意思说得很明显,辩论就是互相争论、讨论,而最后胜利的就是观点正确(当)的。而《墨子》说:“辩也者,或谓之是,或谓之非。当者,胜也。”如果没有对错(是非)的分别就没有辩论,之所以有辩论出现,就是因为对于事物的认知存在不同的看法,这些持不同看法的人进行辩论,最后观点正确的一方胜出。

而“论”的含义则更注重表述、论述,是阐述本方观点的重要表达方式。由“辩”和“论”共同组成的辩论,就是通过表述、讨论、批驳等方式用于说服别人的一种方式。

---

①曾湘宜. 演讲与口才[M]. 北京:北京工业大学出版社,2006:120.

知识链接

"辩"与"辨"的区别

"辩"的本身概念,和"辨"的概念有所接近也有所不同。"辨"就是分辨、辨别,是甄别事物真伪的重要方式。收藏家们对于藏品真伪的甄别、中医对于药材真伪的区分、教师在辅导学生时对于易混的汉字错别字的纠正,甚至在日常生活中家庭妇女对于蔬菜新鲜程度的判别,都可以用"辨"来进行描述。而"辩"与"辨"除了字形上的相似,我们更应注意字义上的差别。"辩"中间的表意部分是"言"字。言,或者是口头上的表达,或者是文字上的阐述,都很形象地表明了辩论的实质性行为。而为了甄别观点的正误,对于事物认知的讨论、对于本方观点的说明、对于其他各方观点的批驳,也就都成为辩论的基本要素。也就是说,辩论是一种陈述、论证、讨论、批驳的观点互相碰撞的过程。

有人说"明理即辩",表明辩论本身含有功利性的成分在内,但是辩论也是提升人们对于事物认知程度的一个重要的方式。俗话说,真理越辩越明。这一点,在人类的发展历史上不止一次地被很多事情证明了。

虽然说,有一些辩论对于事物的认知并没有巨大的社会意义,比如在国际大专辩论会、全国大专辩论会当中曾经辩论过的一些题目,像"艾滋病是社会问题还是医学问题""高薪能不能养廉""足球比赛引进电脑裁判利弊孰大""生之恩和养之恩孰重"等题目,讨论的内容远远达不到可以上升为真理的程度,但是对于社会的热点、焦点的讨论,却也为人们对这些事物的认知产生了一定的指导意义。而这也是辩论的真实意义所在。至于像讨论什么"鸡在蛋先还是蛋在鸡先""成都是不是最适合居住的城市"这些问题,我们就很难将之理解为可以上升到真理高度的题目了。这种辩题,不是用来讨论真理的,而是考验参与者的知识积累程度和思维能力、语言组织能力以及口头表达能力的。

事实上,辩论并不是政客们的口若悬河、滔滔不绝,也不仅仅是谈判桌上的伶牙俐齿,更不是很多人理解的对上司、长辈的无礼顶撞,辩论是为了产生一个让大家认同的观点,是在没有限制的前提下任何有看法的人都可以参与的讨论形式,是从生活中提炼出来而高于生活存在的一种说服别人的语言艺术。柏拉图在《问答录》中曾说,辩术是"用论据赢得人心的一种普遍性艺术,它不仅仅指在法庭和其他公共会议上的论辩,而且也包括发生在私人会谈中的论辩"。

从理论的高度来说,辩论是一个批驳谬误、不断加深各方对于事物的认知而逐渐统一观点的过程。这个观点会统一到什么方向呢?简单地说,辩论的结果往往都是趋向于正确的认知。这种认知,也许是辩论的各方当中的某一方所持有的观点,也许是在某方观点的基础上进行了修正或与另外某一方或几方观点进行综合而产生的更具说服力的观点,也许是各方在争论的过程当中因为发现了新的情况而出现的新观点,但是这种认知往往才是人们通过辩论想要得到的结论,是最接近或者本身就是完全正确的一种认知。

辩论,归根结底,从其功用和方式来说,其实更多的是对个人能力的考验和培养。没有足够的知识积累,就不可能拿出鲜活的实例来辅助证明自己的观点或者用来反驳其他各方的观点;没有相对较快的思维能力和较好的语言组织能力,则很难在短时间内拿出具有说服力的语言来,也就没有办法让自己在辩论时从容不迫;而没有良好的口头表达能力,也没有稳健的语言仪态,在辩论的时候往往会言语上出漏洞,或者,在辩论中被边缘化,失去证明本方观点、表现自己能力的机会。辩论对于个人能力的培养,的确是有很大用处的。

二、辩论演讲的要素

辩论是用语言辩明是非、探求真理的行为,由四个必不可少的要素构成。

(一)主体

即辩论行为的实施者。辩论是一种争辩行为,持对立观点的行为主体是复合的,由两个或两个以上辩方构成,因此依赖于内部语言进行的"考虑""思考"或"思想斗争"等自辩,不能称为辩论。

(二)客体

即辩论行为实施的对象。辩论总是针对辩题而展开,辩论双方共同指向的辩题,必须建立在同一辩题上,这样不同辩方的辩者才有可能产生对立的观点,才能进行辩论。

(三)媒体

即辩论行为实施的媒介。辩论是通过语言来实施的。语言分为内部语言和外部语言。辩论所凭借的是外部语言。运用口头语言进行的辩论,叫舌战;运用书面语言进行的辩论,叫笔战。

(四)受体

即辩论行为实施的接受者。辩论是一种开放性的行为,除辩论主体外,还会有一些并不参与辩论的听众。只有在极特殊的情况下,当辩论行为被严密地局限在主体范围之内,才会没有受体。

三、辩论的基本特征

根据辩论及其思想的历史,辩论是指在相互矛盾思想的论争中意在取胜的思想交流形式。

(一)辩论是矛盾思想的论争

所谓矛盾思想是指相对的两个观念,一个观念不能构成辩论。要构成矛盾的思想必须是对同一个对象的不同判断,不是对同一对象的判断不能构成辩论。如甲说:"张三是男人。"乙说:"李四是女人。"表面上看,他们的判断相反,但不是针对同一对象的,不能构成辩论。但有些针对同一对象而非相反的判断,也不能构成辩论,如甲说:"张三是学生。"乙说:"张三是教师。"只有像"张三是学生"和"张三不是学生"这样相互对立的观念,才能构成辩论。正如《墨子·经上》所说的,"辩,争彼也""辩也者,或谓之是,或谓之非"。把辩论界定为矛盾思想的论争,就把辩论与不同思想而非矛盾思想的交流区别开来了。

(二)辩论是意在取胜的思想交流形式

从辩论主体的意愿上讲,辩论具有意在取胜的性质,每一方都想说服对方,这就把辩论和一般的讨论、探讨区别开来了。例如,在有些学术研究中,双方或多方持相互矛盾命题进行比较和探讨,各方均无坚守自己命题、驳辩对方、意在取胜的倾向,这叫作讨论而不是辩论。在有些学术研究中,双方各持相互矛盾的命题,旁征博引,或唇枪舌剑,或心平气和交流,但都意在说服对方,这就叫辩论了。法庭上律师的辩护、谈判桌上的谈判、设定双方立场的辩论赛以及古今中外的诡辩等,都具有意在取胜的性质,都属于辩论。

(三)辩论是一种思想交流的形式

有的学者说,辩论是一种寻求真理的形式。诚然,有些辩论确能起到揭示真理的作用,譬如学术辩论等。但是许多辩论赛不具有这样的性质,它们只是一般的思想交流。只能说,在这种思想交流中,有的是寻求真理的辩论,有的则是一般的思想交流,它们之间的区别更多地依据于命题的性质,而不在于具体的辩论形式。

总之,辩论是在相互矛盾思想的论争中,意在取胜的一种思想交流的形式。如若缺少了其中任何确定的内涵,都不能构成真正意义上的辩论。只有真正的辩论,才能对社会、群体和个人某些方面的发展具有促进作用。

四、辩论的类型

(一)日常争辩

日常争辩是以生活中发生的问题为论点,或为了达到某种效果,或为了完成某项任务展开的论辩。它不受时间、地点、人数的限制,一般不用准备,是一种即兴的表达。这种论辩一般不是为了分出胜负而进行的,多是为了维护正义、集思广益、消除分歧、建立和谐的工作生活气氛。但这并不是说可以随心所欲地发表意见,也要遵守一定规则:要有积极意义;争辩的过程中要注意说话的尺度;要善解人意,不能恶语相向。

公共汽车上,姑娘上车后看到一个小伙子旁有座位,走过去,问道:“请问,这儿没人吧?”小伙子说:“没有。”姑娘听后准备坐下,小伙子把腿放到座位上,姑娘很奇怪,问:“既然没人,你为什么不让我坐?”小伙子说:“因为你不会说话。”姑娘纳闷地问:“那么,请问该怎么说?”小伙子眯起眼睛,装腔作势地看了看姑娘,说道:“看来你是没受过什么教育,让大哥教教你吧。你应该这样说:‘大哥,这儿有人吗?小妹妹我坐这儿可以吗?’哈哈……”姑娘说道:“你既然这么有教养,又有自己独特的方式,见了我,你就应该按你的‘礼貌’说话才对呀。”小伙子不明白了:“这怎么说呢?”姑娘不紧不慢地说:“看见我来了你应该起身肃立站好,鞠躬致意,说:‘大姐,这儿没人,小弟请你赏脸,坐在这儿可以吗?’你连自己的‘礼貌’都没做到,还想教别人。”小伙子在乘客们的嘲笑声中,脸上一阵红一阵白,尴尬万分。

不合时宜的刁难、挑衅的争辩,最后只会给自己带来尴尬和挫败。

(二)专题辩论

双方围绕某一论题,在指定的场地进行的辩论叫专题辩论。参与这种辩论要有备而来,语言要准确,论证得要有力度,不能随心所欲,漫天跑题。

专题辩论包括决策辩论、学术辩论、论文答辩、商业谈判、法庭辩论、外交辩论等。因专题辩论的场合、目的、内容不同,各有特点。

(三)赛场辩论

这种辩论是有组织地按照一定规则、程序开展的竞赛活动。它具有演练性、立场的不确定性(由抽签决定)、规则性、公平性等特点,可以说是前两种辩论的模拟活动,是一种正在发展的比赛项目。

例如,全国大专辩论会、国际大专辩论会等都是大家非常熟悉的,这些比赛就是赛场辩论的形式。

第二节　竞赛式辩论

一、辩论赛简介

近代以来,尤其是进入20世纪以后,由于传播媒介的发展,电脑、手机、电视机走进千家万户,人们听到、看到的辩论也日益增多,如联合国大会的一般性辩论和官方发言人答记者问等;许多国家的总统竞选辩论更是吸引了千百万人的眼球,牵动着他们利益的神经。

真正的辩论赛始于1922年,当时英、美两国首先组织了国际性的大学辩论赛,现在已有美国、英国、澳大利亚、菲律宾、新西兰、德国、土耳其、日本、波兰等40多个国家和地区参加比赛。时至今日,辩论赛已成为一种文化活动,对于推进不同国家和地区的思想文化交流起着重要的作用。

亚洲大专辩论会和国际大专辩论会,形成了以复旦大学为代表的“华辩”风格(1988年的第二届亚洲大专辩论会、1993年首届国际大专辩论会)和以西安交通大学为代表的“雄辩”风格(1999年第四届国际大专辩论会)。

二、辩论会的分类

根据参加人数的多少,辩论会基本上分为“个人赛”和“团体赛”两大类。不同的竞赛规则决定了不同的竞赛模式。“个人赛”主要代表是“林肯—道格拉斯”辩论赛;团体赛的模式较多,比较典型的是“新加坡模式”。近年来又产生了许多改进模式,如中央电视台模式、上海教育电视台模式等。

由于辩论赛是集思想性、知识性、对抗性、观赏性于一体的高级智力游戏,特别受到青年人尤其是知识层次较高的青年人的喜爱,因此,在学校、机关、工矿企业组织辩论赛,为年轻人提供一个智力角逐的机会,已成为青年工作的一项活动内容。为了更好地了解辩论赛模式和体会各种风格,我们应熟悉和掌握辩论赛的组织程序,即选题、组队、抽签。

(一)辩题的选定

1. 时代性

辩题的立意要高,内涵要丰富,应带有明显的时代特征。例如:发展旅游业利大于弊、温饱是谈道德的必要条件等。

2. 现实性

辩题要有深刻的社会意义与广泛的现实意义,往往是公众关心的焦点问题。如在高校开展“大学毕业生择业的首要标准在于发挥个人专长”辩论赛,可以极大地调动学生参赛、观战的积极性。

3. 可辩性

辩题的可辩性是指必须使双方都有内容可辩,对双方而言都是公正平等的,不存在明显的对某方有利的问题。所以辩题应是中性的、辩证的。

4. 辩题的确定

辩题的确定还应考虑到参赛人员和观众的知识水平、学历层次、辩论能力等因素,选出适合队员和观众的辩题。

(二)组队、抽签

辩论赛由举办单位发出通知,参赛单位组队参加。每队参赛队员3~4名(视组织单位采用三三制还是四四制,按比赛要求而定),以4名队员为例,分别为主辩、第一副辩、第二副辩、第三副辩。然后以抽签方式决定正反方。如果参赛队比较多,可采用循环制或分组淘汰制。抽签之后给出一段准备时间,然后开赛。

三、比赛模式

(一)新加坡模式

(1)正方一辩陈词,阐述正方的基本观点(3分钟)。

(2)反方一辩陈词,阐述反方的基本观点,其中包括反驳正方的观点(3分钟)。

(3)正方二辩陈词(3分钟),反方二辩陈词(3分钟)。

(4)正方三辩陈词(3分钟),反方三辩陈词(3分钟)。

(5)自由辩论(每方4分钟,共8分钟)。

(6)反方四辩总结陈词(3分钟)。

(7)正方四辩总结陈词(3分钟)。

总时间约32分钟。

(二)2005年国际大专辩论会新赛制模式

1. 立论(即阐述基本观点)

由双方各派出任意一名队员(一般是一辩),时间各有3分钟。

2. 论证

辩驳阶段:由双方各派一名队员论辩,主要针对对方的立论进行反驳和对己方论点的完善和保护,时间各有3分钟。

3. 盘问阶段

这个阶段分两个环节,第一个环节:正方开始发问(也可以是反方先发问),发问指明对方某一个或两个队友回答,此阶段发问和回答都各有1分30秒。每一次盘问共6分钟,问答方各有3分钟。第二个环节相同。

4. 论辩小结

一般是双方的一辩总结对方在辩论中暴露出的问题和自己的观点小结。时间为1分30秒。

5. 自由辩论

此阶段交叉计时,各有4分钟,各方用完为止。

6. 总结陈词

一般是双方的四辩,时间是3分钟。

各个阶段在时间仅剩30秒时有铃声提示,时间结束又有不同的铃声提示。

四、结果判定

辩论赛的评判工作一般由专家组成的评判组负责。评分一般从立论、辩词、风度、整体合作等几个部分进行，各位辩手的个人得分相加，再加上整体合作分数为该队整场辩论的最后得分。各项比分由组织者、评判组视辩论赛的具体情况事先确定。

辩论赛的最终结果判定主要有两种，即投票制和打分制。无论采用哪种判定方式都应做到比赛结果反映的是处于中间偏好观众的倾向，这就是公共选择理论中的“中间投票人定理”。

一般5位评委时采用投票制，即每位评委给双方打分后，分高的一方算该评委投该方一票，最后得票多的一方胜出。如果5位评委时采用打分制，容易出现某位评委给一方打分过高或过低，出现不公正；要是去掉一个最高分和最低分，那结果只反映3位评委的偏好，结果不够准确。

7位评委时可以采用打分制，即7位评委给双方打完分后，去掉一个最高分、一个最低分，然后加和总分，分高的一方胜出。

五、理论知识与事实材料的准备

一个辩题被确定后，就要对辩题所涉及的理论知识与事实材料进行准备。这项工作是辩论赛战术准备的基础。

需要准备的理论知识可以分为：核心理论知识、相关理论知识和外围理论知识。所谓核心理论知识是指那些辩题直接涉及的专业知识，一般由相应的学术论文和著作提供；所谓相关理论知识是指与辩题没有直接联系，而在辩论中可能涉及的理论知识；而外围理论知识涉及的范围更大，一般情况下只能是有备无患，主要还是靠平时的积累。尤其是像“人性本善”(1993年国际大专辩论会决赛辩题)、“知难行易”(1995年国际大专辩论会决赛辩题)、“真理会不会越辩越明”(1997年国际大专辩论会决赛辩题)、“美是主观感受”(1999年国际大专辩论会决赛辩题)、“金钱是万恶之源”(2001年国际大专辩论会决赛辩题)这类辩题，往往对上述知识储备要求更高。一般抽到这样的辩题，就应认真查阅相关文献资料，并且下大力气学习、理解、体会，直至融会贯通，运用自如。

辩论是知识密集的竞赛，要求辩手在最短的时间内，最大限度地调用知识积累，做到厚积薄发。在许多重大比赛的准备阶段，很多队伍都通过专业讲座(1993年国际大专辩论会准备阶段，复旦大学举办相关讲座达几十场之多)、大量阅读来对选手知识进行补充。

(一)理论知识准备要遵循的原则

在进行理论知识准备时，一般要遵循如下原则：

1. 全面、准确原则

当以某人的观点为依据作证明时，必须全面、准确把握此人的观点及观点的实质。许多哲人对同一个问题有不同的论述。而对这些问题，必须全面了解，掌握信息必须非常准确，绝对不能混淆，否则会造成大的失误。

在“人性本善”这场辩论中，反方正是利用了自己对知识的全面掌握，在一辩陈词阶段就赢得了主动。

正方一辩陈词："哲学家康德主张，人不分聪明愚钝、贫富美丑，都具有理性。孟子认为人性本善，"所以又进一步加了一句，"每个人都有恻隐之心。而佛家说，一心迷是真身，一心觉是佛。"

反方一辩陈词："我首先要指出的是，康德并不是性善论者。康德也说过：'恶折磨我们人类，时而是人的本性，时而是人的残忍的自私性。'对方不要断章取义。"

2. 有利本方原则

理论具有相对性，有利己理论，也有利他理论，即使是同一个人（学者）也会在不同时间、不同地点、向不同对象讲不同的话；有时对同样一句话，可以有不同的理解；同一事实，正方能用，反方也能用，关键在于如何对这一事实进行诠释。许多理论和国家规定是有适用范围的，如果分析得当就会形成对本方有利的局面。

十年前，某高校校内比赛，当时的辩题是："在校大学生经商影响学业"（反方辩题是"在校大学生经商不影响学业"）。当时，国内对于休学创业的规定尚未出台，而且整体环境对反方十分不利。于是，反方采取"就事论事"的策略，从当时该校（为商业高等专科学校）强调实战商业训练培养学生能力所取得的成绩出发，结合校内外专家对此的肯定的主线出击。而在准备比赛中，反方的学生提出曾经看到原国家教委的一项规定中有"大学生不准经商"的规定，反方教练立刻拿出了原文——"在校大学生不准经商，商业旅游类院校除外"，坚定了选手的信心，并使反方最终取得了比赛的胜利。

3. 服从真理原则

辩论赛辩题的对立立场都具有一定的合理性，在存在大量有利于本方的事实的同时，肯定也存在大量有利于对方的理论和知识。在对手引用这些理论和知识时，应该尊重，不能轻易否定。像在"人性本善"自由辩论中就有这样的例子：

正方：荀子说："无为则性不能自美。"说性像泥巴一样，塑成砖就是砖，塑成房子就是房子，这是无恶无善说啊，对方辩友。

反方：荀子也说过：后天的所谓善是在"注错习之所积耳"，什么叫作"注错习之所积耳"呀？

正方：荀子说错了！荀子说他看到什么是恶的，还是说没有看到善，你就说是恶。没有看到善是不善，不是恶，对方辩友。

反方：你说荀子错了就错了吗？要那么多儒学家干什么？

正方：儒学就是来研究荀子到底说了性善还是性恶嘛。

反方：荀子明明白白告诉我们："人性恶，其善者伪也。"

当正方说"荀子错了"时，否定的已不是反方，而是否定荀子，否定权威了。同时也显示出其知识结构的某些不足，有损自身形象。

"事实胜于雄辩。"事实材料是客观存在的，谁也不能否定。所以事实材料的运用在辩论中占有十分重要的地位。尤其在辩护和反驳时，列举事实是最好的办法。

在1988年第二届亚洲大专辩论会决赛——"儒家思想可以抵御西方歪风"的辩论中，反方复旦大学二辩顾刚在陈词中就成功地运用了事实材料攻击了对手台湾大学的观点。

在孔子的时代也有歪风，正所谓歪风代代都有，只是变化不同。孔子做鲁国司寇的时候，可谓是司法部部长，但是，齐国送来了一队舞女，鲁国的季桓子马上"三日不朝"，面对这股纵欲主义的歪风，孔子抵御了没有呢？没有，带着他的学生“人才外流”去啦（掌声）。这能叫抵御了西方的歪风吗？

（二）事实材料准备要遵循的原则

在进行事实材料准备时，一般要遵循如下原则：

1. 定位得当原则

不同类型的辩题对事实材料引用的需求是不一样的。一般理论型的辩题只要求适当引用事实材料，而判断型的辩题需要较多地引用事实材料。辩题多以“可能”“利弊”“等同”“关键”“主要是”等形式出现。对于这类辩题，辩论输赢的关键就在于，谁引用的事实材料多、质量高，能说明问题的要害，谁就能取得胜利。

2. 实事求是的原则

既为事实就应该是真实存在。在选择事实材料时，必须认真、反复核对材料的可靠性，切勿道听途说，人云亦云。尊重事实，不否定对方辩友使用的对本方不利的材料。但对威胁本方立场的重要资料事实，要认真研究，建立有效的辩护防线。

3. 关注材料的时空性原则

引用材料时有在什么时候用、在什么地方用的问题。譬如，适合于国内使用的材料，在国外不一定适用；有的历史资料不能用来说明今天的问题，年轻人中间发生的事情不能用来说明老年人的想法等。比如，在“真理会不会越辩越明”中有人用邓小平的“实践是检验真理的唯一标准”作论据就有很强的场合性。

（三）立论准备

明确无误地确认辩题后，参赛队员就可以根据辩题，共同商量，研究确立一个最有利于本方论证的具体的总论点。即该总论点不仅要观点正确、旗帜鲜明，而且可以用以攻破对方任何立论，抵挡对方任何攻击。能不能确立这样一个总论点是一次辩论赛成败的关键。

为了要确立这样一个总论点，首先要对辩题进行严格的审题，也就是要对辩题字面上的每个词或词组逐个进行概念分析，明确争论的问题，即通常所说的“破题”。其次要确定辩论的范围。最后要根据辩论题目进行立论和辩论。

1990 年第三届亚洲大专辩论会有一辩题为“儒家思想是‘亚洲四小龙’经济快速成长的主要推动因素”。南京大学持反方意见。为了说明儒家思想不是主要推动因素，南大对“儒家思想”“亚洲四小龙经济快速成长”“主要”“推动因素”四项词组进行了剖析，发现辩论双方争论的焦点肯定会在“主要因素有多个，儒家思想是其中之一”。于是，南大把“主要因素”界定为必须是具备总揽全局功能这一点上。这样一来，南大总论点的方向便明朗了：儒家思想只是“亚洲四小龙”经济快速成长的背景条件，而并非主要推动因素，推动“亚洲四小龙”经济快速发展的主要因素是其做得尤为突出的能总揽全局的正确而灵活的战略和政策。

在“多读课外书利大于弊”的辩题中，所要辩论的是多读课外书的问题，既不是多读课外书是否有利的问题，也不是其是否有弊的问题，而是多读课外书究竟是利大还是弊大的问题，这样一来，辩论的范围就明确了。

面对一个辩题，可以找到双方分歧的根本点，从而抓住要害，确定辩论的范围和中心，以防辩论不着边际或抓不住关键。立论准备不是一个孤立的静止准备阶段，而应在以后的辩词撰写和试辩过程中随时审视先前的审题总论点及战略战术设计有无不慎之处，以便及时修正。立论准备停当后，各辩手便可分头撰写自己分工的辩词。

（四）试辩准备

如同其他比赛一样，辩论队要想在正式比赛中获胜，一定要在正式比赛前开展一次尝试性的比赛，以检验自己的赛前准备是否经得起实际的考验。为了达到检验的效果，试辩条件和气氛要尽量逼真些，这就需要在正式参赛队员进入准备阶段的同时，应有一支与之实力相当的假设“对方”也进入准备阶段，并且双方都应处于“保密”状态。不过，为了增加正式队员的一些难度，正式队员应故意泄露些立论方面的要点，来吸引“假设对方”作有针对性的进攻准备，用之在试辩中检验参赛一方的立论和战略战术是否能奏效。

试辩的另一个意图，是让参赛队员尽快进入角色。前面已经提过，辩论赛的最大特点就是辩题观点不一定与论辩者本人最初的观点相一致，就像某些演员本身的性格与剧中人的性格不一致一样，需要深入生活、深入实践才能进入角色。辩论赛在比赛过程中不仅有理论上的正面交锋，还有辩论风度、情态等方面的表演，通过试辩往往能促使参赛队员不仅在理论上，而且在情感上也完全站在所持的辩题观念上，以便逼真地表现出理直气壮、慷慨激昂、义正词严而又通情达理地维护真理的样子。对于初赛者来说，试辩还可以先锻炼一下上场的胆量，培养一下临场的能力。

试辩一般宜在正式比赛前一两天举行，这类似于赛前的热身赛，以使参赛队员保持最佳的竞技状态。试辩的程序应严格按照正式比赛的程序进行，不过无论正式比赛是否设有赛后听众提问，试辩赛一定要有听众提问。原因在于，不管假设的对方准备得如何充分，总比不上众多听众的耳聪目明，参赛队员在试辩中完整地亮出主要观点和战略战术，“假设对方”可能短时间内无法找到“破题”的方法，听众赛后提问揭短则可弥补“假设对方”论战之不得力。

试辩结束后，参赛队员应与“假设对方”迅速共同进行总结，对原先准备的辩词和论辩技巧作相应的调整、修正和补充，这样赛前所有的准备便完备了。

（五）撰写辩词

孙子曰“上兵伐谋”，高水平的辩论赛首先是辩论双方在辩论立场、思维上的较量。对于一个已经确定下来的命题，辩手要加强交流，熟悉自己及其他辩手所持的论点、论据，按照所制定的逻辑框架，撰写既具“个性”，又能始终为“共性”服务的辩词。例如：一辩完成破题任务，规定辩题的内涵与外延，提出并正面阐述己方观点；二辩突出重点，进一步对己方观点进行论证；三辩旁征博引，通过大量事实更深、更广地论证己方观点；四辩总结陈词，升华己方观点，驳斥对方观点，将辩论推向高潮。辩词的语言，要简洁、生动、有幽默感，体现辩手的气度与风范。

第三节　辩论演讲技巧

一、审题的技巧

审题的目的是弄清辩题的含义，认识辩题对双方的利弊，把握双方争辩的焦点，以便确立对自己有利的论点和策略。为此，双方应对辩题进行全面、深入、透彻的审视、分析和研究。

具体来说,审题可运用以下方法和技巧:

(一)分析题型,把握基调

任何一个辩题都包含着特定的论争范围。审题首先要从宏观上分析了解辩题涵盖的领域及与之相关的诸多因素,认识辩题类型、色彩,明晰辩题的利弊难易之点,把握双方可能交火的战场等问题,做到知己知彼。

分析题型需要剖析的内容包括以下几个方面:

1. 辩题类型

辩题类型就是从不同侧面和角度分析辩题性质,弄清其特点。通常要从两个角度分析。从性质上看,辩题分为三类:一是价值性命题,即辩论某件事情是否较好;二是事实性命题,即辩论某件事是否真实;三是政策性命题,即辩论某事该不该做。从辩题内部的逻辑关系来看,又可分三种形式:一是从属型,即辩题提出的两种事物彼此是从属关系;二是条件型,即辩题提出一类事物是另一类事物出现的前提;三是比较型,即对同时出现的两种事物比较其优劣。不同性质、不同形式的辩题必然导致辩论方向、逻辑要求、立论角度、论证方式、引用论据有所不同。

因此,分析辩题首先要看它属于哪类性质的辩题,然后看它包含着哪一类逻辑关系。例如,剖析辩题“大学毕业生当村干部是大材小用”,可以看出这是一个价值性命题,是讨论这件事情好不好的问题,应从不同价值观念入手展开探讨和论争;从辩题的逻辑关系看,这个肯定判断句属于从属型命题,我们应着力探讨两者之间的从属关系是否成立,掌握了辩题的属性便可由此引申,进一步探讨立论的方向。

2. 辩题倾向

辩题倾向即分析辩题所包含的理性意义是否与社会的普遍看法、时代思想倾向合拍。一般来说,辩题含义与社会思想倾向相一致的一方,会占有客观优势,辩论起来顺理成章,易于造成有利态势。相反,当所持观点与现时情况不符,或与之所涉及的政策条文相悖,或明显的消极片面时,该方就会处于不利地位,维护这样的论点困难较大。例如,辩题“中学生异性交往利大于弊”,正方观点明显与社会观念和现实情况相背离,论证起来,其难度可想而知。

因此,持背时、背向观点的一方必须别出心裁,或在立论角度,或在背景材料上,精心谋划,找出“理”来,才有可能胜算。

3. 辩题色彩

辩题色彩就是分析辩题的感情色彩与语境人情、辩场情绪是否相容。有的辩题包含的某种感情倾向很可能与语境人情不协调,审题时就要细细体察,看它在哪些问题上可能触犯“众怒”,引起反感,从而及早进行策划,以绕开“雷区”;同时看在哪些感情上可以与观众产生共鸣,赢得同情,就要充分利用。例如,在某大学一次辩论中,辩题是“大学生谈恋爱弊大于利”,从理性角度看,辩题有利于正方,但是从现场气氛和大学生的普遍情绪来看,又有利于反方。这样,作为正方就必须考虑到这种感情色彩的影响,在立场和感情倾向上有通盘考虑,处理好维护本方观点与照顾观众感情色彩的关系,小心翼翼地开辟前进的道路。

(二)由宽到窄,探求焦点

在认清辩题性质、倾向、色彩之后,就要从微观角度把目光投到辩题本身,进行剖析研究,一层一层地探求双方的分歧,捕捉辩论的要害之点,触及辩论的实质性问题,全面把握辩题内涵。

辩题通常表达一定的判断,由一组概念组成。这些概念本身包含着一定的内涵和外延,同时概念之间还存在着某种相互制约和彼此影响的关系。分析辩题就要把这些概念及其彼此间的逻辑关系和相互影响搞清楚,以便有效地限制对方,为自己突破辩题的局限,建构优势,创造自由。

一般情况下,分解辩题可分为三步进行:

第一步,逐一明晰概念。即把辩题分解成最小的意义单位。对每一个小单位进行研究,确定其含义和作用。可以通过定义概念的方法,把每个概念的内涵及所指对象搞清楚。

第二步,分析辩题范围。就是搞清辩题所包含或所涉及的实际内容。通常是通过分析辩题中每一概念的范围来勾画辩题的范围。

第三步,由宽到窄逐步"聚焦"。在很多情况下,双方辩论的并不一定是整个辩题,而往往是在一些关键问题上成为必争之点。因此,在分解辩题的基础上,还要找出辩题中最关键、最要害的词、词组,确定辩题核心,明确辩论的焦点。

(三)拓展思路,优选角度

在分析辩题过程中,必须打开思路,把问题想得更宽、更远、更深、更透些。为此,就要多设疑,多提问,尽量把触角伸到更广泛的未知领域。从辩题的内外联系,从历史的和现实的状况中进行广思,还要从对方的立场进行思考并提出问题,才可能找到于己有利的最佳立论角度。

南京大学队在就辩题"愚公移山还是搬家"进行审题时,为了打开大家的视野,拓展思路,深入思考,教练周安华提出了一系列问题:(1)愚公面对的主要困难是什么?(2)愚公移山会产生什么样的问题?带来什么样的影响?(3)愚公为什么应该搬家?(4)移山精神是否就是中华民族精神的本体?(5)移山行动与文明发展规律是否一致?(6)愚公应该搬家的主、客观依据是什么?(7)愚公搬家的文化支持何在?(8)愚公应当搬家的价值体现在哪里?(9)应如何估价愚公搬家之"智"、搬家之"勇"?"勇"在何处?

这样提出问题,就把大家的思索范围大大地扩展开来,辐射到历史、文化、价值与文明发展等方面,从过去和现在、主观和客观、智与勇等多重比较中全面思索,寻求可以强化本方立场的理论和事实,大大加深了对辩题的理解和把握,有助于最大限度地获得场上的自由。

随着认识的拓展和深化,人们会发现一系列可比较因素,主要是:辩论双方的利弊,双方可能立论的角度、攻击点、防守线,主要理论和材料的利弊,与辩题相关的辩场观众情绪、思想倾向的利弊等。这时,我们应将上述诸因素综合起来思考,通盘比较,权衡利弊,从中选择出最佳的立论角度。下面是一则综合审题的实例。

在辩"儒家思想是'四小龙'经济快速成长的主要推动因素"时,反方南京大学队在审题中感到反方立场有相当难度。首先辩论所在地新加坡是尊孔和提倡儒家思想的国家,观众和评委中不少人都是儒家思想的崇尚者。再从实际情况看,"四小龙"经济在近期的确快速发展,令世界瞩目。在这种背景下,他们认真分析、审题,从历史与现实、经济与文化、辩地思想倾向和观众感情色彩等方面进行综合分析,先确定了不批儒家思想,相反要充分肯定儒家思想的总战略。而后又抓住"题眼"——"主要"两个字做文章,即承认儒家思想是经济快速成长的推动因素之一。但同其他推动因素相比,它不是主要的。这样就把争辩的焦点从"是不是”转移到“主要与否”上，有一定的出奇性。但是他们又意识到，这个角度并非十全十美，因为只要承认儒家思想是推动因素之一，也就会为本方阵地留下缺口，主要与次要之辩难以说清，因而缺少全胜的把握。于是，他们再行思索，终于选出新的角度，确定了“把儒家思想的功能拒之于经济领域之外”的战略，即在经济领域之外，充分肯定儒家思想的积极作用，但是决不承认它是经济发展的推动因素，充其量不过是经济发展的一个背景条件，而正确的战略选择和政策协调才是主要推动因素。

最后，他们总结成四句话：“辩题性质：经济、事实；时空范围：‘四小龙’，近30年；辩论内容：国民生产总值增长的原因而非其他；儒家思想：非常好但不具备经济功能。”至此，反复审题的结果，为本方找到了有利的辩论角度。后来的辩论实践证明，他们的审题和战略是成功的。

二、立论的技巧

在剖析辩题基础上，就要针对双方争论的焦点，根据论题难易利弊的情况，本着趋利避害的原则，确定本方应坚持的基本论点。一般来说，当辩题于本方有利时，立论自然占有优势，辩起来也较顺手。如果辩题于本方不利就应匠心独运采取多种技术手段，创造立论的优势，建构本方理论体系。

在立论中能够创造优势的方法有：

（一）巧妙“限题”

所谓限题，就是通过对命题中概念的界定，或设置某种条件，或对命题范围作限定或延展，使命题对己有利。在竞赛辩论中，有时辩论的成败并不是看辩题对哪一方更有利，而是看谁对命题的阐述更合情合理。因此，不管正方反方，当辩题对自己不利时，就要善于运用“限题”技巧，化不利为有利。

1. 加大内涵缩小外延

就是对辩题追加前提，在现有辩题范围内，进一步增加条件，缩小范围，限制和排除不利因素，形成对自己最有利的立论点。

例如，对辩题“中学生异性交往弊大于利”，正方维护这一观点有一定的局限性。正方采取增加内涵方式，把辩题限定为“中学生异性交往任其发展必定弊大于利”。增加了“任其发展”这样一个前提，这样做既没有改变辩题的质，又使本方立论更合理，达到了化劣为优的目的。

2. 扩大外延包容内涵

当固守原辩题范围于己不利时，可在不改变辩题本质的前提下把辩题范围扩大开去，使本方命题能包容原题内涵，超越原题领域，这样，本方便可在更大的范围内纵横驰骋，与对手作战。有时，甚至把对方的命题也部分包容进来，这样就会一箭双雕，既扩大了自己立论的自由度，又限制了对方的活动余地，捆住其手脚，使之有力不能施展。

（二）升高“起点”

在立论时，还可以通过寻求命题高起点的方式，另辟战场，超越对方命题范围，扬己优势。当既定辩题范围对己不利时，本方应预测对方可能的命题范围，设法超越之，或者不与对手在这一范围内纠缠，或者干脆坦言承认对方提出的显而易见的观点事实，而在更高层次上立论，迫使对手在这个新的战场上作战。这样一来,对手精心准备的材料、策略就难以施展,失去优势,只能被动应战,优势就转化到本方手中。

在辩“贸易保护主义可以抑制”时,辩题对正方不利。在世界范围内贸易保护主义愈演愈烈的现实情况下,提出并维护“可以抑制”的观点,很容易被事实击垮。预料到对方一定会在贸易保护主义普遍存在而且十分严重的事实方面进行诘难,如果在这里纠缠,正方将软弱无力。于是,把争论的起点升高,立论时首先承认事实,不与对方争论贸易保护主义“是否存在,或是否严重”,而是把焦点放在“贸易保护主义是否可以抑制”上。在这个更高的层面上论争,在“可以抑制”上立论,就巧妙地超越了对对方有利的事实材料范围,出乎意料。

三、就地取材技巧

辩论赛是一场智慧之战,机敏之争。就地取材体现了辩手的机敏、瞬间的智慧。要想论辩克敌制胜,增色添彩,除了赛前要充分准备之外,还需要随机应变,把握现场,切合时境,就地取材。

(一)就“己方”取材

以己方的某一情况为素材,或引出问题,或反驳对方,以证明己方观点的正确。例如,在“美是(不是)客观存在的”的辩论中:

正方二辩:请问对方辩友,我美吗?

反方三辩:我认为对方二辩很美,但是这只是我个人的意见。如果在场有人胆敢说对方二辩不美,那么我们是不是要踏上千万只脚,让他永世不得翻身呢?正因为美是一种主观感受,所以才会有人觉得对方二辩很美,有人觉得对方二辩不美。

正方二辩:刚才对方三辩认为我很美,我要谢谢他。但是,他说如果有人说我不美,我会骂人吗?那倒不会!因为,不管你认为我美不美,我还是我,我并没有因为你认为我不美,脸就变成了母夜叉!美是客观存在的,只不过是人们所欣赏的角度不同罢了!

正方二辩以自己的相貌为话题,巧妙地证明了己方的立场,美是客观存在的。取材机智,论证巧妙,收到了很好的现场效果。

(二)就“敌方”取材

把对方辩友的有关材料作为论据,或证明自己的立场,或批驳对方观点。例如,在“温饱是(不是)谈道德的必要条件”辩论中:

反方:第二次世界大战的时候,面对着法西斯的疯狂攻袭,英国民众也并没有丧失他们讲究道德的绅士传统。热爱祖国、伸张正义的信念,使得众多还在不温不饱状态下的英国民众顽强抗争着。面对着这些贫寒但是高贵的灵魂,来自英国的对方辩友难道还要告诉我们“温饱是谈道德的条件”吗?

因正方来自英国剑桥大学,反方论辩时,列举英国公民在“二战”中艰苦抗击法西斯的例子作为己方的论据,使对方不能否认,也无法否认这一令英国人引以为自豪的事实,显示了就地取材的力量。

(三)就“现场人员”取材

把辩论现场人员“扯入”自己的辩驳中,为证明己方的观点服务。例如,在“艾滋病是医学问题,不是(也是)社会问题”的辩论中:

反方：一个人得了病也许不是社会问题，千百万人得了艾滋病难道还不成为社会问题吗？

正方：那千百万人还曾经得过感冒，千百万人还曾经得过心脏病，难道这都是社会问题吗？

反方：一个人打喷嚏不是社会问题，但如果我们全场的人同时打个喷嚏——还不是社会问题吗？

正方提出的问题，可谓咄咄逼人，比较棘手，反方如果直接辩驳，恐怕很难奏效。从现场就地取材，把全场人员作为话题并推向极端。虽然不能直接证明己方“艾滋病也是社会问题”的立场，但却巧妙地避开了对方的进攻，没有让对方占到上风。

（四）就“评委”取材

把现场的评委作为话题，将其有关情况巧妙地穿插在自己的辩论中，一方面用以证明己方的观点，另一方面可以借此赢得评委的好感。例如，在“夜晚对人类利大于弊（弊大于利）”的辩论中：

反方：请问，为什么人们都选择白天工作，夜间休息呢？如果说夜晚对人类利大于弊，那人们为什么不都改在晚上工作呢？

正方：我告诉你，金庸先生的作品有70%都是夜深人静的时候写成的。夜晚往往是作家灵感频发、文思泉涌的黄金时段，不信你问问在座的金庸先生啊！

反方：金庸先生已经七十高龄了，你是想让金庸先生夜以继日、不停地写，永远不见天日了吗？

辩论双方，你来我往，都以坐在台下的评委金庸先生为论据，幽默中夹着“狡猾”，让评委饶有兴趣，观众反应强烈。

（五）就“举办地”取材

以辩论赛举办地的材料为题材，将它作为证明己方立场或反驳对方观点的论据。例如在“人性本善（恶）”的辩论中：

正方：对方辩友，请不要回避问题，中国台湾的正严法师救济安徽的大水，照你们的说法，都是泯灭人性，人性本恶，还会发生这样的事情吗？

反方：但是，8月28日的新加坡《联合早报》也告诉我们，这两天新加坡游客要当心，因为中国台湾出现了“千面迷魂”这种大盗，瞧人性多么险恶啊！

正方用关于中国台湾和尚救济安徽水灾的新闻，证明人性本善，生动真切；反方随手拈来新加坡《联合早报》的有关迷魂大盗的报道，证明人性本恶，让在场的新加坡观众笑得开心又会心。

四、攻守谋略技巧

（一）进攻技巧

1. 先发制人

在论辩中掌握主动权，既可先发制人，又可在被动时反客为主。

例如，复旦大学队对剑桥大学队辩论“温饱是谈道德的必要条件”时，有如下一段较量：

剑桥大学的孙学军：“据最近的资料表明，在‘二战’中，英国人民的温饱程度是有史以来没有过的，营养价值，在当时食物平均分配制度下是最好的。因此，你不能通过这个例子来否认它是在温饱程度上讲道德的。"

复旦大学的严嘉:"《丘吉尔传》告诉我们,那时候好多穷人是怎么去填饱肚子的呢?是去排队买鸟食——还买不到呵。"

一针见血,对方论点的荒谬便暴露无遗。

2. 摆脱枝节,攻其要害

在论辩中切忌纠缠细枝末节;否则,看上去热热闹闹,实际上已离题万里。作为进攻的一方,一个重要的技巧就是在对方一辩、二辩陈词后,迅速地判明对方立论中的要害问题,牢牢抓住这一问题一攻到底,以便彻底击败对方。此所谓打蛇要打在"七寸"上。例如"温饱是谈道德的必要条件"这一辩题的要害是:在不温饱的情况下,是否能谈道德?在论辩中只有始终抓住这个要害问题,才能给对方以致命的打击。当然,在论辩中有时也要用到"避实就虚"的技巧,比如对方提到一个我们没准备无法回答的问题,勉强去答可能适得其反,此时可以轻轻避开,另外找对方的弱点攻过去。但在更多的情况下,论辩需要的是"避虚就实""避轻就重",敏于抓住对方要害,穷追不舍,猛攻下去,务求必胜。

例如 1993 年国际大专辩论会决赛"人性本善"的一段论辩:

正方:我倒想请问对方同学,如果人性本恶,是谁第一个教导人性要本善的?这第一个人到底为什么会自我觉醒?

反方:我方三辩早就解释过了,我想第四次请问对方辩友,善花是如何结出恶果的?

正方:我再说一次,善花为什么结出恶果,有善端,但是因为后天的环境跟教育的影响,使他做出恶行。对方辩友应该听清楚了吧?我想再请问对方辩友,今天泰丽莎修女的行为,世界上盛行好的行为,为什么她会做出善行呢?告诉大家。

反方:如果恶都是由外部环境造成的,那外部环境中的恶又是从何而来的呢?

正方:对方辩友,请你们不要回避问题,台湾的正严法师救济安徽的大水,按你们的推论不就是泯灭人性吗?

反方:但是对方要注意到,8 月 28 日《联合早报》也告诉我们:这两天新加坡游客要当心,因为台湾出现了"千面迷魂"这种大盗。

正方:我们就很担心人性本恶如果成立的话,那样不过是顺性而为,有什么需要惩罚呢?

反方:对方终于模糊了。我倒想请问,你们开来开去,善花如何开出恶果?第五次了呵!

这段辩词,双方你来我往,都紧扣要旨,又步步进逼,可谓精彩纷呈。特别是反方,五次发问,穷追不舍,有理有据,显现出较高的论辩技巧。

3. 捕捉漏洞

参加论辩的双方宛如两军对垒,唇枪舌剑,充分表现出辩论者的勇气和智慧。但是"智者千虑,必有一失",在论辩中,论辩的双方或一方往往会出现一些失误。因此,机敏地捕捉战机,利用对方的失误,出其不意地进攻,是取得成功的关键。有利的战机可以从认识上、逻辑上、表达上来捕捉。

例如 1993 年 8 月 25 日英国剑桥大学对中国上海复旦大学的一场题为"温饱是谈道德的必要条件"的辩论:

在阐述当中,剑桥队的三辩表述法律不是道德,而二辩却认为法律是最基本的道德,我方乘机扩大对方两位辩手之间的裂痕,迫使对方陷入窘境。同是这场辩论,剑桥队的一辩起先把“温饱”看作人类生存的基本状态，后在我方的凌厉攻势下又大谈“饥饿”状态，使得自己与先前的见解又发生矛盾，我方“以子之矛，攻子之盾”，使对方在急切之中，理屈词穷，无言以对。

4. 出其不意

辩论者面对对方刁钻古怪的提问或发难时，不应急于直接给予辩驳，而应有意“岔开”话题，扰乱对方的注意力或思绪，然后趁其不备，话锋突然逆转，使对方始料不及，无言以对。例如：

1988 年，在新加坡举办的亚洲大专辩论会上，复旦大学队与澳门东亚大学对垒，辩论“联合国是否有存在下去的必要”的问题。复旦大学队在论辩之中突然发问：“请问对方辩友，联合国是哪一年成立的？”这在一般人看来是十分简单的问题，对方因准备不足而未答，复旦队马上反击：连联合国的生辰八字都没有搞清楚，怎么能断定联合国是否有存在的必要？

5. 釜底抽薪

釜底抽薪法是驳其论据的方法，即找出支撑论点的论据的破绽驳倒论据，达到驳倒对方论点的目的。俗语云：“根基不正，其影必斜。”错误的观点往往是由虚假的论据支撑的，若能揭露其论据不真实，其论点自然不攻而破。

论点是建立在论据基础上的，论据虚假，则论点谬误。所以在论辩中，只要揭露对方论据的虚假，就如同釜底抽薪，根蚀树倒，对方所持论点就会被驳倒。釜底抽薪首先要识“薪”，才能“抽”倒对方。要做到这一点，就要善于从对方的论点中分析其要害论据之所在。

6. 欲擒故纵

首先假定对方的论点是正确的，以这个所谓正确的大前提去推理，推出一个明显的错误的结论，使它的荒唐性突显出来，从而驳倒对方的论点。这种方法尤其适用于对固执己见、蛮不讲理者的反驳。例如：

母亲：你唱的什么歌，嗲声嗲气的，那么低俗？

儿子：你不懂，这可是流行歌曲。

母亲：流行的歌曲就好吗？

儿子：那当然！流行的就是好的，你想啊，不好它能流行吗？

母亲：那么，流行感冒、流行传染病也是好的喽？

儿子：……

（二）防守技巧

1. 李代桃僵

论辩中有时会出现这样一种现象，辩题本身过于绝对，如果紧紧扣题去论，往往既难以说服听众，又常常经受不住对方的反驳，此时便可以有意识地引入与己方论点相似的概念与对方周旋，诱使对方花大力气去分析新概念，从而保证己方立论中的某些关键的易被对方反驳的概念不被发现，自己的阵地不被突破。

例如，中世纪的神学家对“上帝是存在的”进行的论证：

当我们思考着上帝时，我们是把它作为一切完美性的总和来思考的，但是归入一切完美性总和的，首先是存在，因为没有存在的东西是不完美的。因此我们必须把存在算在上帝的完美性之内。因此上帝一定存在。

2. 以守为攻

防守是进攻的特殊形式,只有巩固了己方阵地,才可能有效地攻击对方。以守为攻是论辩中常用的技巧。

例如,复旦大学队与台湾大学队在1993年国际大专辩论会决赛的自由辩论中,有这样一个回合的较量:

台大队:我倒想请问对方同学,如果人性本恶,是谁第一个教导人性本善的?这第一个人到底为什么会自我觉醒?

复旦队:我方三辩早就解释过了,我想第四次请问对方辩友,善花是如何结出恶果的?

在此之前,正方和反方各提了两次相同的问题,双方都没有清楚地解释,面对台大队的再一次轰炸,复旦队的战术是抛出台大队同样不能解决的问题来质问对方,通过毫不退却的进攻,扭转弱势局面,从而维护己方的观点。

3. 机变应错

有时在论辩中可能失言,也可能遇到对方提出的一些自己事先没有考虑到的问题,此时就要遇错沉稳,机变应对。对自己的失言要及时补救,否则马上就会被对方抓住,作为攻击的把柄,使自己陷入被动。

五、语言技巧

论辩是双向言语活动中最能体现语言技巧的形式。它在某种意义上就是一种语言竞技活动。与其他语言形式相比,论辩语言具有险而不凶、快而有当、尖而不散、准而无隙、美而不浮的特点。

论辩应当追求优美的语言形式,但不能为了优美而浮华虚夸。论辩是理性的活动,需要的是充实、严密与朴素,任何虚言假饰、矫揉造作都与论辩无缘。因此,在追求优美时,要明确目的、掌握分寸,注重实际效果。

(一)诱其说"是"

诱使对方说"是",在论辩的开头切勿涉及有争议的观点,而应顺应对方的思路,强调彼此有共同语言的一面,从对方的角度提出问题,诱使对方承认你的立场,让对方连连说"是",与此同时,一定要避免让他说"不",慢慢就能将其引入"陷阱"。如:

有一次,邻人偷了华盛顿家的一匹马。华盛顿同一位警官到邻人的农场里去索讨,但那人拒绝归还,并声称那是他自己的马。华盛顿用双手蒙住马的两眼,对邻人说:"如果这马是你的,那么,请你告诉我们,马的哪只眼睛是瞎的?""右眼。"

华盛顿放开蒙右眼的手,马的右眼并不瞎。

"我说错了,马的左眼才是瞎的。"邻人急着争辩说。华盛顿放开蒙左眼的手,马的左眼也不瞎。

"我又说错了……"邻人还想狡辩。

"是的,你错了。"警官说,"证明马不是你的,必须把马交还给华盛顿先生。"

在这里,华盛顿之所以能够轻而易举地把马要了回来,其奥秘就在于他巧妙地用复杂的问语,使邻人陷入圈套,既没有理由说自己"不知道",并相信了华盛顿问话中包含的"此马有一只眼睛是瞎的”的假定,在华盛顿的诱导下乖乖就范。

(二)借题发挥

在论辩中,当我方受到攻击时,可以不直接从正面答辩,而借助论敌提供的话题进行还击,从而改变论辩的局势。这种借题发挥的对策,关键在于一个“借”字,能否借为己用,取决于论辩者的论战经验和思辨能力。如:

1959年美国副总统尼克松访苏,在此之前,美国国会通过了一项关于被奴役国家的决议,对苏联和东欧的社会主义国家进行了攻击。在尼克松与赫鲁晓夫会晤时,赫鲁晓夫对尼克松说:“这个决议臭极了,臭得像刚拉下的马粪,没有比马粪更臭的东西了!”赫鲁晓夫出言粗俗,欲使尼克松难堪。谁知尼克松回敬道:“我想主席先生大概搞错了,比马粪还要臭的东西是有的,那就是猪粪。”

因为尼克松知道赫鲁晓夫年轻时曾当过猪倌,所以就借题发挥,歪打正着,使赫鲁晓夫脸上泛起了羞涩的红晕。

(三)埋伏引诱

这种论辩技法以迂为直,先不直接辩驳,而是先设下一个埋伏,引对方上钩,等对方发现“上当中计”时,已经无计可施了,只得认输。如20世纪30年代,香港有一起诉讼案子:

英国商人威尔斯向中方茂隆皮箱行订购了3000只皮箱,到取货时,威尔斯却说,皮箱内层有木材,不能算是皮箱,因此向法院起诉,要求赔偿15%的损失。在威尔斯强词夺理、法官偏袒威尔斯的情况下,律师罗文锦出庭为被告辩护。

罗文锦站在律师席上,取出一只金怀表问法官:“法官先生,这是什么表?”

法官说:“这是伦敦名牌金表。可是,这与本案没有关系。”

罗文锦坚持说与本案有关,他继续问:“这是金表,事实上没有人怀疑。但是,请问内部机件都是(黄)金制的么?”

法官已经感觉到中了“埋伏”。律师又说:“既然没有人否定金表内部机件可以不是黄金做的,那么茂隆皮箱行案,显然是无理取闹、存心敲诈罢了。”

这样的辩驳,既出其不意,攻其不备,又简洁明了,令人痛快。起初对方被你转移了话题,失去了警觉,等你一旦回到正题,进行类推时,想否认就比较难了。这就是埋伏引诱技巧的有力之处。

(四)逼其亮底

在论辩中,可想办法让对方把你想了解的东西尽快地说出来,以便早点对付之。其办法是把话说到一半就故意停下来,然后让对方接下去说,如“这么说,你的意思是……”“如此说来,这个论点是……”“照你的话说,它的意思是……”。当你用这些半截子的话去诱发对方时,对方十有八九会不假思索地把这句话按意思说完。这时,你就轻而易举地又多了一张“底牌”。法庭辩护时,这种情况经常可见。有经验的辩护律师常常向公诉人或原告的证人、被告或被告的证人采取这种方式提问,以便为自己的事实或法律依据找到支撑点。

(五)刚言震慑

论辩中,有的对手因理屈而心虚,说话吞吞吐吐、含含糊糊,这时,论辩者可以用锐不可当的气势直逼对方,使其只有招架之功,无还手之力。如:

江竹筠(《红岩》中的江姐)被捕以后,经受了严刑拷打,宁死不屈。有一天,特务头子徐鹏飞久审不下，恼羞成怒，准备用他审讯女犯人的绝招——把她的衣服当众剥光，使她害羞之极而不得不招供。只听徐鹏飞大吼一声："给我把她的衣裤全部剥下来！"话音刚落，一直缄默不语的江姐突然大喊一声："不许你们乱来！"徐一听乐了，以为这下可把江姐吓唬住了，便阴阳怪气地说："你害怕了，那就赶快说！"江姐怒目圆睁，指着徐鹏飞厉声喝道："我是连死也不怕的人，还怕你们用剥衣服的卑劣手段来侮辱我吗？不过，我要告诉你，你不要忘记，你是女人养的，你妈妈也是女人，你老婆、女儿、姐妹都是女人，你用这种手段侮辱我，遭受侮辱的不是我一个人，而是世界上所有的女人，连你妈妈在内，也被侮辱了！你不害怕对不起你妈妈、姐妹和所有的女人，那你就来脱吧！"

这一席话大义凛然，势不可当，以浩然正气压倒了敌人的卑劣和嚣张。

(六)善用逻辑，雄辩有力

1. 针锋相对

论辩要看对象，有时遇到刁难、讥讽、侮辱的言辞，那就需要以牙还牙，直言相抗。这时不必拐弯，不必"谦逊"，也不必长篇大论，只是逐条地批驳即可。

2. 釜底抽薪

在论辩时，论辩双方所持的论题，都是由一定论据支持的，如果将论题的根据——论据抽掉，那么，论题这座大厦就会像釜底抽薪，其论点必然不攻自破。

3. 顺水推舟

即顺着对方的思维逻辑推下去，最后得出一个荒谬的结论，以证明对方的观点站不住脚。

4. 以退为进

在论辩中，有时不急于以牙还牙、针锋相对地直言对抗，而是先承认对方的分析和指责是对的，自己似乎也同意了对方论据的合理性，然后出其不意，或指出对方的矛盾，或说出事实的真相，或作出另外的分析，最终达到证明自己论点正确性的目的。

5. 声东击西

为了达到某种目的，不直接从这个目的的正面去说，而从相反的方面入手，实则说的是正面要达到的目的。

六、辩论中巧设陷阱的技巧

在辩论赛上如果能够巧妙地设计出一些让对方无法回避而又容易上当的问题，往往能够收到意想不到的良好效果。

(一)暗设逻辑陷阱

比如有这么一场辩论，正方立场是"市场经济条件下，道德第一位，竞争第二位"，反方的立场是"市场经济条件下，竞争第一位，道德第二位"。应该说，要坚守正方立场还是有一定难度的，因为市场经济体制本身就是一种竞争机制，市场经济的本质属性之一就是竞争性。在质询环节，正方第一个提问至关重要，是先发制人还是为人所制，关系全局的胜败。请看这一轮质询：

正方：请问对方辩友，经济活动的主体是什么？

反方：市场。

正方：对方辩友错了！市场是经济活动的载体，经济活动的主体应该是人。再请教对方辩友，竞争的主体是什么？

反方：人！（对方受第一问影响，陷入了思维误区，回答了正方所期待的答案。）

正方：我的第三个问题是，人应不应该有道德？

反方：（发现落入对方陷阱，但只好硬着头皮回答）人……人当然应该……应该有道德。

正方：（顺理成章地）对方既然承认作为经济活动和竞争主体的人首先应该有道德，为什么还要回避道德是第一位的呢？对方已经承认了我方观点正确，就不要"犹抱琵琶半遮面"了吧！（观众鼓掌、喝彩）

正方设计了两个问题，一步一步把对方引入逻辑陷阱，待对方发现时已不能自拔，只能按逻辑推理去回答，不得不承认对方的观点。正方胜得巧妙！

再举一个例子。正方立场"克隆人类，弊大于利"，反方立场"克隆人类，利大于弊"。正方设计了巧妙的提问，并取得了质询的胜利：

正方：请问对方辩友介意克隆人类吗？

反方：不介意！最新的科研成果，应当应用到人类生产、生活中去。

正方：请问对方辩友介意克隆一个你吗？

反方：当然不介意！我是人类的一分子嘛。

正方：请问对方辩友介意克隆的这个你，热烈亲吻你的女朋友吗？（观众喝彩）

反方：（尴尬）对不起，我、我还没有女朋友……（观众笑）

正方：对方辩友"王顾左右而言他"，不敢作正面回答。不过你的潜台词是十分明显的：如果你有女朋友，你会介意的，你会吃醋的！克隆人类将会带来一系列伦理道德问题，"春江水暖鸭先知"，对方辩友还是十分敏感的嘛！（观众鼓掌）

第一、二个问题，对方基于自己的立场，只有毫无选择地回答"不介意"。第三个问题让对方左右为难，再说不介意是违反人之常情的、不合逻辑的；说介意的话，既然克隆人带来了让你"介意"的后果，利大还是弊大，不言而喻。对方最后居然回答说："对不起，我还没有女朋友。"一时传为笑谈，这也是一个设计逻辑陷阱诱敌成功的例子。

（二）善作归谬推理

在辩论中，假设对方的观点正确，用这个观点作为逻辑推理的前提，推出十分荒唐的结论，谁是谁非便一清二楚了。通俗地说，就是先"顺着竿子往上爬"，然后再"倒打一耙"。仍以"市场经济条件下，道德第一位还是竞争第一位"的辩论为例：

正方：众所周知，经济活动具有功利性。假如在市场经济条件下，把竞争放在道德之前，我们将看到人们穿着黑心棉，喝着甲醛酒，吃着陈馅月饼，看着盗版书，开着翻新车，住着新建成的危房，这样的竞争，对方想要吗？

反方：对方列举了衣食住行这么多问题的存在，可这是竞争带来的吗？

正方：对，这不是竞争带来的。这是不正当竞争带来的，是竞争者的道德水平低下带来的，所以我们才要把道德放在第一位。

反方：不正当竞争带来了问题，才用法律、用道德去规范。竞争在前，道德在后，所以还是竞争第一位呀！

正方：对方的意思是，不正当竞争的罪恶之果，催开了文明道德之花，于是，我们岂不是要呼唤更多的罪恶之果了吗？按照对方辩友的逻辑，为了法律规范，大家首先要男盗女娼、以身

试法；为了道德完善，大家首先要坑蒙拐骗、丧尽天良。人世间还有比这更荒唐的逻辑吗？（热烈的掌声）

在这一轮的交锋中，反方说到"不正当竞争带来了问题，才用法律、用道德去规范，竞争在前，道德在后，所以还是竞争第一位"的时候，显然已经犯了一个错误，谁居第一位，说的是重要性的问题，而不是先后的问题。正方"顺着竿子往上爬"，用这个错误的逻辑去推理，得出了极其荒唐的结论。

（三）巧提两难问题

在辩论中，可以设计一些使对手左右为难的问题，让自己掌握场上的绝对优势，对方则怎么回答都要陷入非常尴尬和被动的境地。这就是逻辑学上的"二难推理"。比如有这么一场辩论赛，正方的立场是"学高为师"，反方的立场是"德高为师"。双方辩手就此展开了一场有趣的攻辩：

正方：有这么一个人，他酗酒，吸食麻醉剂，与妓女厮混。请问对方辩友，他可不可以为师？

反方：不可以，因为"德高为师"。

正方：可是我们提到的这个人，一般都称他为大师，因为这个人是凡·高。（笑声和掌声）还有这么一个人，他四体不勤，五谷不分，鄙视体力劳动者，鄙视妇女。请问对方辩友，他可不可以为师？

反方：我们强调德高为师，为师者言传身教，榜样的力量是不容忽视的。

正方：请正面回答，可以，还是不可以？

反方：不可以。

正方：可是对方辩友知道这个人是谁吗？他是被我们尊为"万世师表"的孔子。（热烈的掌声）

应该说，正方设计的这两个问题都是比较刁钻的。反方回答"不可以"，正好掉进正方设置的圈套。回答"可以"，正方就可以接着反驳：那么就是说德不高者也可以为师，承认了我方"学高为师"的观点。即使反方发现正方的意图，从另一个角度回答，说德不高者可以作为反面教员，前车之覆，后车之戒。正方还是可以说，反面教员也是教员，只要我们学到东西，他一样为师了，德不高者也可以为师，与反方的观点还是相悖的。"二难推理"的妙用就在于让对方左也不是，右也不是，进也不是，退也不是，不论怎么回答都要犯错误。

以上是在辩论实践中，如何学习运用提问招法的几个简单例子，希望辩手们互相学习，在辩论中妙招频出，妙语连珠。

第四节　辩论演讲的原则及语言使用要求

一、辩论的原则

辩论的原则是辩论双方在辩论各阶段都必须遵循的总的根本性的要求和规律。围绕辩论原则会派生出许多辩论的技巧，而技巧只是方法和战术，它们在辩论过程中是多变的。但无论采取何种方法和战术，都只能为原则服务。辩论原则有以下几点：

（一）非你即我性

这是由辩论的对立性决定的。辩论双方的观点是矛与盾的关系，是对立的、冲突的，彼此往往以对方论点的彻底失败作为己方论点的生存余地。非你即我，你死我活，旗帜要始终鲜明，立场要始终坚定，不能给对方一点可乘之机。己方观点正确与否，能不能站得住脚是辩论成败的基础，也是对方进攻的焦点；反之也一样。这就决定了辩论中攻多守少的风格。

（二）知己知彼性

这是由辩论的针对性决定的。在一般交谈中，对对方的观点掌握不准确，或是对对方观点的缺乏科学性、推理过程不够严密等方面没有察觉，可能对交谈目的不会产生决定性影响，而这些在辩论中却都是致命的，是绝对不允许的。辩论要求双方做好充分的准备工作，不但己方要准备充分，还要在对方的观点上下功夫，要了解对方观点的准确含义，要尽量掌握该观点产生的背景和支持该观点的诸多因素等，绝不能对对方的观点“知其然，不知其所以然”。“知己知彼，百战不殆”的古训在辩论中尤为适用。

（三）严防死守性

这是由辩论的对抗性决定的。在辩论过程中，绝不允许辩论的一方对对方立论的根本观点表示任何赞同。辩论与其他的交谈方式不同，后者允许对对方的观点表示理解甚至接受，而在辩论中，若对对方的观点表示赞同就等于否认了己方的根本观点，站到了对方的立场上去。这种自相矛盾的做法会导致己方不战自败。要严守阵地，不可有丝毫的退让或动摇。当然，辩论过程中允许对对方的非根本观点表示局部的同意，这一般是出于战术性的需要，与严防死守的原则并不矛盾。

二、论辩语言的使用要求

论辩语言的使用，要特别注意以下几点：

（一）在掌握语言方面，首先应当注意的是语言的语速问题

辩论的语速一般来说较演讲和朗诵要快，要尽可能在有限的时间内表达出较多的信息，但要注意的是，语速要快得适宜、得当。如果快到像“打机关枪”，让人听不清说些什么，那么将“欲速则不达”。在吐字清晰的前提下，语速可快一点；沉稳、理性的语言，语速可慢一点；关键字眼可一字一顿加以突出；反击进攻的语速可快一点，以示锋芒。此外，在一次辩论中语速也应有变化，再配上语调，达到抑扬顿挫的效果。

（二）对语调的把握要注意语音、语调、语速三者的协调统一

陈词说理要慷慨激昂，以示立论基础之扎实；反击进攻要坚决有力，以示信心和力量；调侃幽默时语速、语调可以有大的起落变化，以渲染气氛，调动观众情绪。在把握不大、暂避对手锋芒或不得不应对时，语速可快一点，语调要干脆利落，吐字吐词要果断，不能显露出犹豫或无把握。

（三）辩论的语言要严谨、准确

辩论语言所要求的准确严谨有两方面的含义：一是语言逻辑本身要严谨准确，不能词不达意或自相矛盾；另一个是要从具体的场合和对象出发，有针对性地选择辩论的措辞和表达方式，使人容易理解，乐于接受。此外，在强调语言准确严谨的同时，还不能忘记释义的灵活，

说话要留有余地,该精确的地方精确,该模糊的地方模糊,要恰当地掌握语言表达的具体性和针对性。

辩论语言还要措辞得体,且有许多忌讳要注意。如:得理时要讲理,不能使用挑衅性语言,更不允许人身攻击等。

(四)辩论语言的幽默诙谐也很重要

辩论是激烈的语言交锋,气氛紧张热烈,适当地插入一些幽默诙谐的话,不仅可以舒缓气氛,而且也显现出辩手的智慧。但需指出的是,幽默不等同于逗笑,更不是哗众取宠。幽默是机智的自然流露,要紧扣辩题,富有哲理,耐人寻味。

综合技能训练

一、指出下列命题的错误并进行反驳。

1. 我得出结论的根据取自著名哲学著作,难道你会比它更正确?

2. 群众是真正的英雄,我是群众所以我是英雄。

3. 你是相信猴子为人类祖先的,那么请问,按你们声称的,究竟是通过你的祖父,还是通过你的祖母,你们才从猴子变成了人?

4. 人们的经济地位决定人们的意识,也就是说,吃饭决定思想体系。

5. 我的矛锋利无比,我的盾坚固无比。

6. 贼的儿子一定是贼。

二、根据材料回答问题。

北京王府井大街是一条著名的商业街,为了保持市容整洁,经常有清洁工上街打扫。有一位穿着时尚的妇女随手丢了一些果皮纸屑在地上,清洁工对她说:“请不要乱扔果皮纸屑。”这位妇女振振有词地说:“我们不扔,还要你们这些清洁工干什么?你们就该失业了!”

如果你是那位清洁工,你会如何反驳?

三、分析下面这段故事的错误之处。

历史上有名的大瘟疫和伦敦大火在英国发生之后,下议院组成了一个委员会调查灾祸的起因,发现那原来出于上帝的旨意,因为上帝被激怒了。委员会最后判定:主要是无神论者霍布士的著作惹怒了上帝,于是宣布禁止他的书在英国出版。这个补救办法看来非常有效,因为自此以后英国再没有发生过大瘟疫或大火了。

四、读下面这段文字,分析亚里士多德的错误之处。

古希腊著名学者亚里士多德在给学生德奥夫拉斯特和欧德漠斯上课。他在黑板上写了以下文字:黑板上有三个句子错了,请你指出是哪三句。

1. 苏格拉底是埃及人。

2. 芝诺是智者。

3. 逻辑不研究推理问题。

4.《理想国》是柏拉图的作品。

5. 苏格拉底与柏拉图是师生关系。

五、就下列论题，自由组成小组进行辩论训练。

1. 阿Q精神不应全面否定。

2. 大学生相处的原则应以合作为主，竞争为辅。

3. 轿车进入普通家庭的喜与忧。

4. 鸡头凤尾你选择谁？

5. 中国的传统节日会逐渐被淡忘吗？

6. 当今社会男人累还是女人累？

7. 大学生结婚对身心健康成长利弊谈。

8. 再论干得好不如嫁得好。

六、一天，一学生折了校园里的花。教师见了，说："你为什么要折花？"学生说："因为我爱花。"

教师说："古人说，爱花人不折花。可见你不是真正爱花。"

学生说："老师，周敦颐在《爱莲说》中说：'晋陶渊明独爱菊。'看来陶渊明是爱菊的吧？""当然。""可是，陶渊明有'采菊东篱下，悠然见南山'的诗句。他自己说折了菊花，能说他不爱菊吗？"

教师……

现在，假如你是教师，请批评教育这位学生。

提示：陶渊明采的要么是野花，要么是自己种的花，而校园里的花是公共财物，这是不能等同的。

还可用归谬法去设想一下：大家都爱花，大家都去采花，将会怎样？

七、运用立论技巧，处理下面的辩题，使之对己方有利。

1. 宽松式教育有利于青少年成才
   压迫式教育有利于青少年成才

2. 青年人更应有自我意识
   青年人更应有群体意识

3. 一山能藏二虎
   一山不能藏二虎

4. 高薪不能养廉
   高薪可以养廉

5. 都市化对于人类发展利大于弊
   都市化对于人类发展弊大于利

提示：首先要判断辩题类型，明确辩题性质，初步确定论辩方向等问题，接着要把握辩题中每个词义，找出关键性的概念，并对它进行有利于己方立论的"定义"，最后巧妙立论、设计逻辑框架。

八、请看"提倡购买国货有利还是无利于经济发展"辩论赛中正反双方的辩论，分析他们各用了哪些论辩技巧？你认为哪一方占了优势？

正方：请问对方朋友这样一个问题：世界上哪一种名牌，它不需要对自己进行宣传，不需要消费者对它的支持呢？

反方：哦，对方同学的意思，宣传了就是提倡，那么不久前我们北京电视台还做了几个外国商品的广告,那么请问,北京电视台就是在提倡购买洋货?

正方:对方恰恰搞错了,那是外国人利用我们的电视台在宣传他们的产品。正是在这种情况下,我们要提倡国货啊!

反方:原来北京电视台成了外国殖民者的宣传工具啦!我请问对方辩友,今天,在你们上场之前,用的化妆品是进口货,难道你们为了提倡国货要我们现在去洗把脸再来辩论吗?

九、就下列辩题,组织学生进行辩论。

1. 逆境出人才还是顺境出人才。

2. 大学生就业难,是由于就业机会少,还是由于自身素质不高。

3. 大学生谈恋爱,是利大于弊,还是弊大于利。

十、组织一场辩论赛:

正方:大学生就业难,是因为就业的机会太少。

反方:大学生就业难,是因为自身的素质不高。

第八章　求职口才

本章导读

求职是大学生获得工作岗位的重要途径，而面试是求职过程中的一个重要环节。大学生向用人单位递交简历和求职信，经初审合格后，下一环节就是面试。面试时，求职者要当面回答面试官提出的各种问题，面试官根据求职者回答问题的情况，对其进行考核。面试口才是指求职者在面试过程中，回答问题时所表现出来的语言才能。

开篇案例

一位英语专业毕业的学生应聘某公司公关文秘一职，用人单位要求他作自我介绍。他用流利的英语说："我在一家涉外旅行社做过一年翻译，曾接待过某国访问团，能承受一天十几个小时的工作强度，会使用计算机，能熟练运用办公软件，如 Office 2019，会开车。"招聘单位当场与该生签订了聘用合同。

有一位中文系毕业的大学生应聘某杂志社编辑职位。该毕业生自认表达能力很强，所以当招聘单位请他介绍一下自己时，这位急于表现的学生觉得表现的时机到了，于是充满激情地说道："20 多年前，啼哭声震撼了整个城市的我来到了这个世界上，我的童年在懵懵懂懂中度过，少年在迷迷糊糊中度过，青年在热热闹闹中度过。我的人生中，有快乐，有痛苦，丰富的经历增长了我的见识。现在的我热情、真诚、青春……"

面试官听着这番话直皱眉头，最后说道："你更适合做一名诗人。"

第一节　求职口才概述

一、求职口才的特点

求职口才是指求职者在应聘过程中（即面试中）进行语言表达所表现出来的一种才能。求职口才有如下的特点：

（一）目的性

在面试考场上，求职者所说的每一句话都是为应聘服务的。求职者所进行的自我介绍、对面试官所提出的问题的回答，或作一些必要的询问，都可让面试官了解自己，显示自己的实力和自我价值，达到被录（聘）用的目的。

求职带有很强的目的性，但应摒弃急功近利。有些求职者因求胜心切，在面试时一味讨好面试官，反而招人讨厌，导致面试的失败。

（二）自荐性

自荐性强，是求职口才有别于其他口才的一大特点。

在求职场上，面对众多的对手，如何才能使自己脱颖而出，让用人单位注意自己呢？除了本身必须具备的专业技术素质外，能在面试场上正确地评估自己，恰如其分地推荐自己，将是获得成功的关键。

自我推荐，就是把自己与求职有关的情况恰如其分地介绍给招聘单位。自荐时要正确地评估自己，但亦要避免过分的“谦虚”。面试时，谦虚些可以给人好感，但谦虚过度则会使人产生怀疑，认为求职者无能、缺乏自信心，所以，面试时，既要勇于自荐，又要避免过度谦虚。

(三)艺术性

求职口才是一种技巧，是一种艺术。

作为求职者，在面试场上，面对千方百计想在个人的语言中收集信息的用人单位，求职者该怎么说，怎么答呢？如何才能使自己表现得更为出色，让对方满意呢？这些都要求求职者在说话时既要准确得体，又要灵活巧妙。

1. 准确得体

所谓准确得体，就是如实地反映自己的情况，对能表现自己的重要方面不能顾此失彼，说话要适时、适势、适情、适机，一切以适度、恰当为准则，既要树立自己的形象，传递信息，为面试考官了解自己创造有利条件，又要表现得不卑不亢、有分有寸。不要因为自己的资历高而傲气，也不因为自己存在的缺点而灰心。话说得准确、得体，是一个人社交能力和修养的体现。

2. 灵活巧妙

灵活巧妙，是说话高超的艺术表现。面对一些较为挑剔的面试官，面对难以回答的问题，如何化难为易、化弊为利？这就要求求职者要灵活巧妙地应对。在面试中，灵活的表现，巧妙的语言，不仅显示了求职者的说话技巧、交际能力，而且能引起招聘单位的注意和欣赏，收到令人满意的效果。

所以说，求职口才作为一种技巧、一种艺术，它可让求职者发挥自己的水平，表现自己的才能，得到招聘单位的青睐。

二、求职口才交际的重要性

重庆大学就业信息网曾就求职成败与求职口才交际能力的关系专门展开过一次随机抽样调查，调查对象为来深圳市人才市场求职的具备较高学历和较丰富的工作经验的求职者，有效回答率为88%，其中大学生为75.3%，曾有主要与人打交道工作经验的求职者（如营销、文员、管理等），累计为64.9%。统计数据显示：认为求职成败与求职口才交际能力“有关系”的共占97.8%。显然，这说明，与学历和工作经历相比，求职口才交际能力因素在求职过程中也许还发挥着更为重要的作用。求职者如果不能成功地实现与招聘者良好的口才交际，在各路人才如潮涌的今天，欲得到一份自己想要的工作，并非易事。

同时，该项统计分析发现，认为自己“口才交际能力一般化”的占53.4%，而这部分人还认为自己平时与人进行口才交际就存在这样那样的障碍。另外，29.8%的被调查者认为自己最大的口才交际障碍是心理上的，31.9%的回答者认为是“缺乏实际的口才交际技巧”，38.3%的人觉得自己“心理和技巧两方面都存在障碍”。由此可见，求职者中的大部分人对自己的口才交际能力是不满意的，甚至缺乏信心。

第二节　求职口才的技巧

良好的口才交际心理素质与表达技巧不是与生俱来的，只有在社会化过程中不断地接受系统训练才能获得。但调查发现，只有12.5%的人“经常看”口才交际方面的书籍，接受过口才交际系统、专门训练的人凤毛麟角。值得思考的是，93%以上的被调查者表示愿意参加口才交际方面的训练，认为没有必要的人仅占6.8%。求职口才交际能力的针对性和应用性很强，更需要技巧的训练和历练。求职面试双方往往是初次相识，求职口才就成为求职者能力的外在标志，面试官也主要是通过口才交际能力判断求职者的能力。求职口才交际上也是求职者在人际沟通中综合素质的具体体现。求职者在面试过程中通过求职口才交际展示自己，唤起、激荡面试官的情绪，促使面试官作出对自己有利的决定。

一、问候与介绍

(一)开场问候

开场问候是留给面试官的第一印象，自信、微笑、大方是必不可少的。进门时应该面带微笑，行45°鞠躬礼，并根据对方职务称呼，如果把握不准的时候，称呼一声“老师好”就足够了。问候时声音要洪亮，底气要足，语速自然，要做到彬彬有礼、大方得体，不要过分殷勤，也不要拘谨或过分谦让。

(二)面试自我介绍

俗话说“万事开头难”，自我介绍是面试非常关键的一步。应聘者在这5分钟内的表现，很大程度上决定了其在面试官心里的印象，为接下来的面试定下了基调。面试官一般都会先提出“谈谈你自己好吗”“你认为自己最成功的经历是什么”之类的问题，实际就是让应聘者进行自我介绍。

通过自我介绍，面试官可以考察求职者的自我认知，以及能否抓住重点、突出特长地介绍自己，进而了解求职者的语言表达和逻辑思维能力及个性等。另外，还可以考察求职者能否把个人背景与所要应聘的岗位结合起来。

求职面试中进行的自我介绍要把握以下几个重点：

1. 要展示个性，使个人形象鲜明

求职自我介绍不要记流水账般谈生平简历，更不要复述递交的简历，要谈一些自己做过又能突出自己能力的独特事例。例如，被选举为班长、写了一篇综合性的校报文章、在辩论赛中获胜等。

2. 要根据应聘岗位要求突出个人的优点和特长

介绍个人优点和特长时不要简单罗列，最好能具体介绍一下自己负责的成功案例。例如，岗位要求具有实际管理经验时，自我介绍就要突出自己在管理方面的优势，如成功地创建了一个全校性的学生社团，并且取得了较好声誉等。为了增加可信度，还可以适当地引用别人的言论，如老师、朋友等的评论来支持自己的描述。

3. 回答问题要切中要害

回答问题时语言表达要口语化，切中要害，条理清楚，层次分明，重点突出，可适当运用态势语。例如,有个人参加北大求职面试,面试官提问:你们都希望到北大来工作,可是北大今年只有三个名额,能否谈谈北大为什么要选择你。此人在回答时,就把介绍的核心集中在证明自己值得被学校录用,而不是急切地表明获得入职机会的渴望。

4. 自我介绍要反复模拟练习,并找不同的听众提出修改意见

面试官都有很强的鉴别能力,如果求职者在面试中的表现有不严密的地方,很容易被他们抓住,进而不断追问,这样一来就会乱了阵脚。为了避免这样的情况出现,最好的办法就是把准备工作做得尽可能充分,并反复模拟练习,然后根据听众提出的修改意见修正之前的思路。

二、求职口才交际展示亮点的技巧

(一)求职口才交际展示亮点的特性

求职口才交际展示亮点的特性包括以下几个方面:

1. 适用性

一个人的亮点就是他的优势,每个人都有自己的优势,只不过不同的优势适用的领域和用途各不相同而已,求职口才交际中表达的亮点应该是对对方(即招聘者)有用的,最好还是对方迫切急需的实际效用。

2. 突出性

一般来讲,一个人的优势有大小的差别,无论大小,一定是要最突出的才好,或者是求职者身上最突出的,或者是同时应聘者中最突出的(如他人所没有的就是突出),或者是招聘者眼前最需要的等,符合的项数越多越好。求职者要培养自己随时能够判断自己突出之处的能力。

3. 潜在性

有些优势暂时没有表现出来(如研究能力),但只要求职者具备充分的良好素质(如专业钻研精神和习惯等)和潜在潜力,从培养发展的角度看,有见地的招聘者常常也会慧眼独具,视其为优势的。求职时要善于挖掘自己的潜力。

4. 转化性

相关的优势之间常常可以相互转化,对于某些急需行业或技术而言,在一时找不到更理想的应聘者的前提下,聪明的招聘者往往也会将这些可能转化的相关优势直接作为急需优势来加以吸纳、利用。

(二)求职口才交际展示亮点的技巧

1. 工作式

在阐释实际工作时表达自己的优势,用生动、精当的话语突显出来。

2. 技术式

在阐释应用技术时表达自己的优势,并用生动、精确的话语周密地陈述、表露出来。

3. 生活式

在阐释日常生活时表达独特的某一项本领,形成自己的优势。

4. 特殊式

求职者如果具备某一项较为独特的本领,应寻找到急需的相关行业表露出来。

5. 发展式

表达出自己可以进一步发展好自己已经存在的优势,特别是假如求职者已经具备了某一稀缺的优势萌芽,就要表示自己下决心加紧培植,让其迅速成长壮大;如果求职者已经具备某一明显的独特优势,可表示仍然应该不断发展、完善,以不被他人所取代。

(三)展示亮点的基本要求

(1)亮点越多越好,亮点越突出越好,亮点与所应聘的岗位关系越紧密越好,亮点表述得越生动风趣越好。

(2)展示亮点要从招聘单位或岗位职责中最薄弱的环节上去寻找并展示亮点,重点展示职业亮点,而不是性格亮点。要与自我介绍形成一致,有鲜明的现实效益性和操作性。

(3)展示亮点不能无中生有或者随意夸大,经不起招聘方的检验;亮点与自我介绍不能前后矛盾,让人怀疑其真实性;不能把职业亮点与性格亮点混为一体,使亮点的分量太轻,引不起招聘方的兴趣。

李女士面试将要结束,人力资源主管问她:“你认为自己最适合干什么?”李女士回答:“只要公司需要,我什么都能干。”最终没被录用。

既然什么都能干,那肯定什么都干不精。应该且必须显示出自己的亮点,让人觉得你既有抱负,又脚踏实地。在求职口才交际中,俯就常常不如展示,表达出关键亮点最重要。

赵先生是某名牌高校的硕士研究生,凭着响当当的学历和一表人才,在人才市场被一家外资企业一眼看中。面试时,人力资源主管问他有什么特长,赵先生回答:“我的文学功底好,写作能力很强。”主管又问他:“能用毛笔字写大幅标语吗?”赵先生回答:“我可以边干边学。”主管只好放弃了他。

赵先生两句话都未能显示求职口才交际中展示亮点的技巧。“写作能力强”在企业并不能算是优势,因为企业是从事生产经营的,企业所用的写作只局限于商业策划以及常规事务性的办公应酬,即不需要太高深的写作知识,这方面所用的人数比例也占得很少;“边干边学”也不行,不能一味把“学习”挂在口头上。“学习”固然是好习惯,但企业更为感兴趣的是你能不能现在就可以上岗干活。

三、求职口才交际应对尴尬的技巧

根据梅雨霖先生的管理学理念,管理中最不能忽视的就是危机管理。团队不重视危机管理,难免消亡;个人不注重危机管理,难免失败。而在危机突然到来时,内部员工(尤其是关键岗位的员工)的素质底线常常也就是挽救或者加剧危机的关键所在。一个人应对尴尬的口才交际能力可以看出其应变能力、观察反应与处事能力、心理素质和素质底线。

(一)求职口才交际应对尴尬的技巧

1. 极端式

让求职者经受极端的情景,从极端中寻求解脱,重觅新路,创造出“柳暗花明又一村”的新境界。

2. 急智式

使求职者在紧急状况下快速反应，能在最短的第一时间内作出合理的选择，说出较科学正确的解决办法。

3. 模拟式

模拟出情境相似的实践环境，借以检测求职者的实际口才交际表现和反应能力等。

(二) 应对尴尬的基本要求

(1) 镇定不慌乱，因为一乱就容易出错，或者不知所措；争取时间，尽可能在最短的第一时间内快速拿出解决办法；奉行无伤害原则，既解决问题，却不会影响招聘方的要求，又不至于伤害其他方的利益。

(2) 不要无理转移问题，不要完全被既定的圈子套住，一般不要直接拒绝回答。

(3) 禁忌：临阵慌乱，茫然不知所措；强词夺理，引发争执；完全被眼前的问题圈住，不懂得另辟蹊径。

需要注意的是，不要无理转移问题，这会显示求职者在刻意回避什么，或者性格中有无赖元素；也不要完全被既定的圈子套住，有时合理地打破既定的圈子，恰恰也正是招聘者所期望的；一般不要直接拒绝回答，如果必须拒绝，那就说出更充分的理由。

如果临阵慌乱，茫然不知所答，招聘者会觉得你难担大任；如果强词夺理，引发争执，会显得求职者太过蛮横；如果完全被眼前的问题圈住，不懂得另辟蹊径，又表现得不够灵活。

钱小姐是某职业技术学院的高才生，主学数控，选修文秘，应聘某知名集团公司的文秘岗位。面试中双方谈得非常愉快，快接近尾声时，人力资源主管问她："对你来说，现在找一份工作是不是不太容易，或者说你很需要这份工作？"钱小姐说："那倒不见得。"主管最后没录用她。

钱小姐这句话客观上可能是想表现出自己的不卑不亢，主观上却流露出了一种不够灵活的傲气。如果这样回答："我希望得到这份工作，也自信有能力做好这份工作；但如果你们还有更合适的人选，我尊重你们的决定。"结果可能就不一样了。面对尴尬问题可以表达骨气，但不能流露傲气。

小周曾在家乡的建筑企业干了多年，不仅懂技术，而且深谙行业内部的相关业务程序。来到北京后，他去某建筑公司应聘。面试结束时，老板问他有什么要求。小周就提出"月工资不能少于3000元"。老板说："我们需要的是岁数大、阅历广、经验多的人，你这么年轻，要这么高的工资，有些不现实。"小周脱口说道："我奶奶岁数大，80多了，来您这儿待着，您看着给个二三百元就行。"老板开心地笑了笑，聘用了他。

小周在这次求职口才交际中犯了两忌：一般而言，年轻人直接开价说出具体的工资数是犯忌的；面试中反问招聘方在礼貌上也是不允许的。但小周被聘用，一是因为他在面试的其他环节中表现出了实力，所以他敢开高价，招聘方一般也愿出这个高价；二是小周面对尴尬反问既幽默风趣，又显得直爽诚朴，反而证明了小周的业务实力与随和风趣的性格。

小吴是个急性子，说话也不例外。一次面试时，她进门刚坐下，张口就问招聘方："你们这次要招几个人？"交谈的中间，她又自行插话："我同学×××也在你们公司，你们认识吗？"当招聘方问她的预期工资时，她又快人快语："你们打算给多少？"结果她找工作总是受挫。

小吴的毛病并不在性子急上，而是急中总说错话。"你们要几个"，显示的是自信心不足，有随大流挤进去之嫌;"我同学也在你们公司",容易让人误解为向参与招聘的某人传递某种暗示;"你们打算给多少",则显得既幼稚,又无理,并且底气不足。天真是小孩的专利,求职口才交际中反问太多则显得失礼。

四、面试常问经典问题的回答思路

以下是首席大学生就业顾问、著名职业生涯规划专家李震东老师向大家介绍的面试问题及回答思路供参考。

问题一:"请你自我介绍一下。"

思路:

1. 这是面试的必考题目。
2. 介绍内容要与个人简历相一致。
3. 表述方式上尽量口语化。
4. 要切中要害,不谈无关、无用的内容。
5. 条理要清晰,层次要分明。
6. 事先最好以文字的形式写好背熟。

问题二:"谈谈你的家庭情况。"

思路:

1. 家庭情况对于了解应聘者的性格、观念、心态等有一定的作用,这是招聘单位问该问题的主要原因。
2. 简单地罗列家庭人口。
3. 宜强调温馨和睦的家庭氛围。
4. 宜强调父母对自己教育的重视。
5. 宜强调各位家庭成员的良好状况。
6. 宜强调家庭成员对自己工作的支持。
7. 宜强调自己对家庭的责任感。

问题三:"最能概括你自己的三个词是什么?"

思路:

我经常用的三个词是:适应能力强,有责任心和做事有始有终,结合具体例子向主考官解释,使他们觉得你具有发展潜力。

问题四:"你有什么业余爱好?"

思路:

1. 业余爱好能在一定程度上反映应聘者的性格、观念、心态,这是招聘单位问该问题的主要原因。
2. 最好不要说自己没有业余爱好。
3. 不要说自己有那些庸俗的、令人感觉不好的爱好。
4. 最好不要说自己仅限于读书、听音乐、上网,否则可能令面试官怀疑应聘者性格孤僻。
5. 最好能有一些户外的业余爱好来"点缀"你的形象。
6. 找一些富于团体合作精神的爱好。这里有一个真实的故事:有人被否决掉,因为他的爱好是深海潜水。主考官说：因为这是一项单人活动，我不敢确定他能否适应团体工作。

问题五："你最崇拜谁？"

思路：

1. 最崇拜的人能在一定程度上反映应聘者的性格、观念、心态，这是面试官问该问题的主要原因。

2. 不宜说自己谁都不崇拜。

3. 不宜说崇拜自己。

4. 不宜说崇拜一个虚幻的、或是不知名的人。

5. 不宜说崇拜一个明显具有负面形象的人。

6. 所崇拜的人最好与自己所应聘的工作能"搭"上关系。

7. 最好说出自己所崇拜的人的哪些品质、哪些思想感染着自己、鼓舞着自己。

问题六："你的座右铭是什么？"

思路：

1. 座右铭能在一定程度上反映应聘者的性格、观念、心态，这是面试官问这个问题的主要原因。

2. 不宜说那些易引起不好联想的座右铭。

3. 不宜说那些太抽象的座右铭。

4. 不宜说太长的座右铭。

5. 座右铭最好能反映出自己某种优秀品质。

6. 参考答案——"只为成功找方法，不为失败找借口"。

问题七："谈谈你的缺点。"

思路：

1. 不宜说自己没缺点。

2. 不宜把那些明显的优点说成缺点。

3. 不宜说出严重影响所应聘工作的缺点。

4. 不宜说出令人不放心、不舒服的缺点。

5. 可以说出一些对于所应聘工作"无关紧要"的缺点，甚至是一些表面上看是缺点，从工作的角度看却是优点的缺点。绝对不要自作聪明地回答"我最大的缺点是过于追求完美"，有的人以为这样回答会显得自己比较出色，但事实上，他已经岌岌可危了。

问题八："谈一谈你的一次失败经历。"

思路：

1. 不宜说自己没有失败的经历。

2. 不宜把那些明显的成功说成是失败。

3. 不宜说出严重影响所应聘工作的失败经历。

4. 所谈经历的结果应是失败的。

5. 宜说明失败之前自己曾信心百倍、尽心尽力。

6. 说明仅仅是由于外在客观原因导致失败。

7. 失败后自己很快振作起来，以更加饱满的热情面对以后的工作。

问题九:"有想过创业吗?"

思路:

这个问题可以显示你的冲劲,但如果你的回答是"有"的话,要千万小心,下一个问题可能就是"那么为什么你不这样做呢?"

问题十:"你参加过义务活动吗?"

思路:

现在就着手做一些义务活动,不仅仅是那些对社会有贡献的,还要是你的雇主会在意的,如果他们还没有一个这样的员工,那么你会成为很好的公关资源。

问题十一:"你为什么选择我们公司?"

思路:

1. 面试官试图从中了解你求职的动机、愿望以及对此项工作的态度。

2. 建议从行业、企业和岗位这三个角度来回答。

3. 参考答案——"我十分看好贵公司所在的行业,我认为贵公司十分重视人才,而且这项工作很适合我,相信自己一定能做好。""我来应聘是因为我相信自己能为公司作出贡献,而且我的适应能力使我确信我能很好地承担起我的工作职责。"

问题十二:"对这项工作,你有哪些可预见的困难?"

思路:

1. 不宜直接说出具体的困难,否则可能令对方怀疑应聘者不行。

2. 可以尝试迂回战术,说出应聘者对困难所持有的态度——"工作中出现一些困难是正常的,也是难免的,但是只要有坚韧不拔的毅力、良好的合作精神以及事前周密而充分的准备,任何困难都是可以克服的。"

问题十三:"如果我录用你,你将怎样开展工作?"

思路:

1. 如果应聘者对于应聘的职位缺乏足够的了解,最好不要直接说出自己开展工作的具体办法。

2. 可以尝试采用迂回战术来回答,如"首先听取领导的指示和要求,然后就有关情况进行了解和熟悉,接下来制订一份近期的工作计划并报领导批准,最后根据计划开展工作。"

问题十四:"与上级意见不一致,你将怎么办?"

思路:

1. 一般可以这样回答:"我会给上级以必要的解释和提醒,在这种情况下,我会服从上级的意见。"

2. 如果面试你的是总经理,而你所应聘的职位另有一位经理,且这位经理当时不在场,可以这样回答:"对于非原则性问题,我会服从上级的意见,对于涉及公司利益的重大问题,我希望能向更高层领导反映。"

问题十五:"我们为什么要录用你?"

思路:

1. 应聘者最好站在招聘单位的角度来回答。

2. 招聘单位一般会录用这样的应聘者:基本符合条件、对这份工作感兴趣、有足够的信心。

3. 如“我符合贵公司的招聘条件,凭我目前掌握的技能、高度的责任感和良好的适应能力及学习能力,完全能胜任这份工作。我十分希望能为贵公司服务,如果贵公司给我这个机会,我一定能成为贵公司的栋梁!”

问题十六:“你能为我们做什么?”

思路:

1. 基本原则是“投其所好”。

2. 回答这个问题前应聘者最好能“先发制人”,了解招聘单位期待这个职位所能发挥的作用。

3. 应聘者可以根据自己的了解,结合自己在专业领域的优势来回答这个问题。

问题十七:“你是应届毕业生,缺乏经验,如何能胜任这项工作?”

思路:

1. 如果招聘单位对应届毕业的应聘者提出这个问题,说明招聘单位并不真正在乎“经验”,关键看应聘者怎样回答。

2. 对这个问题的回答最好要体现出应聘者的诚恳、机智、果敢及敬业。

3. 如“作为应届毕业生,在工作经验方面的确会有所欠缺,因此在读书期间我一直利用各种机会在这个行业里做兼职。我也发现,实际工作远比书本知识丰富、复杂。但我有较强的责任心、适应能力和学习能力,而且比较勤奋,所以在兼职中均能圆满地完成各项工作,从中获取的经验也令我受益匪浅。请贵公司放心,学校所学及兼职的工作经验使我一定能胜任这个职位。”

问题十八:“你希望与什么样的上级共事?”

思路:

1. 通过应聘者对上级的“希望”可以判断出应聘者对自我要求的意识,这既是一个陷阱,又是一次机会。

2. 最好回避对上级具体的希望,多谈对自己的要求。

3. 如“作为刚步入社会的新人,我应该多要求自己尽快熟悉环境、适应环境,而不应该对环境提出什么要求,只要能发挥我的专长就可以了。”

问题十九:“告诉我三件关于本公司的事情。”

思路:

你应该知道十件和公司有关的事情,他问你三件你回答四件,他问你四件你回答五件。说几件你知道的事,其中至少有一样是“销售额为多少多少”之类。

问题二十:“你为什么还没找到合适的职位呢?”

思路:

别怕告诉他们你可能会有的聘请,千万不要说“我上一次面试弄得一塌糊涂……”,指出这是你第一次面试。

知识链接

下面再举出21个你应该准备好答案的问题。

(1)你的动机是什么?

(2)你的长远目标是什么?

(3)你会喜欢这份工作吗?

(4)你会如何成为一位具有创造力的解决问题的专家?

(5)你能激励别人吗?

(6)你将如何使自己成为称职的领导者?

(7)你在学校中,最喜欢的科目是什么?

(8)你在学校的表现好不好?

(9)小时候,你最喜欢的工作是什么?

(10)你刚刚说的都是最近、最重要的成就吗?

(11)你喜欢与什么样的人共事?

(12)你是否有脾气?

(13)你认为你能为这家公司提供何种贡献?

(14)你这个年纪为何想改行换业?

(15)你有几分把握能时时敦促自己立刻采取行动?

(16)如果有朝一日你拥有自己的事业,你是否喜欢使事业与生活融合在一起?

(17)在你开始想升迁问题之前,你认为自己能在这份工作上快乐地干多久?

(18)你的健康情形如何?

(19)你是否真的喜欢工作?

(20)如果你很富有,是否还想工作?

(21)你与子女之间的情感如何?

综合技能训练

一、下面摘录的是一则真实的报道,请说说,从中应吸取哪些教训。

"哎!问一下,你们要计算机专业的吗?"昨天上午,一名男学生手捧简历,挤到一家银行招聘单位的展位前,向正在面试的招聘人员大声询问。没等招聘人员抬头回话,这名学生就将简历放到展位桌上。招聘人员抬起头,看了他一眼,笑着说:"计算机专业的,我们要很多,可是不敢要你,对不起。""为什么?你还没看过我的简历啊?"这名学生面露疑惑。"自己想想吧。"招聘人员拿起他的简历,退还给他。该学生满脸通红,离开了展位。

该银行的招聘人员事后告诉记者:"银行是服务行业,不懂礼仪的学生,条件再好我们也不会要。这名求职者连起码的问候语都不会,你说我们会考虑他吗?"

二、写一段自我介绍材料,字数在200字左右,然后在全班同学面前反复练习,请同学们做你的镜子,为你指出语音、语调、表情、动作等方面的不足,然后改正。

三、把全班同学当作面试官，站在讲台前，介绍一下自己。

（提示：应先确定公司的性质、工作岗位，然后主要从自己的专业特长适合此项工作的要求等方面去介绍，适当地推销自己。）

第九章　社交口才

本章导读

社交是人们在社会生活中为满足某种需要而进行的信息交流或联系。社交是人的生存需要和心理需要。随着现代社会的发展,人们的社交活动日益增多,在许多社交场合,都需要使用得体的语言进行沟通,从而实现交际目的。

社交口才有其自身的特点,在口语交流中,体现为即兴性、灵活性、互动性。了解社交口才的特点有利于交流信息、表情达意,成功地开拓人脉。

开篇案例

理发店里陆续来了四位客人,师父让徒弟招待客人。徒弟给第一位客人理完发,客人照着镜子说:“头发还是很长嘛。”徒弟不知如何回答,师父过来笑着说:“头发长含蓄,藏而不露,符合您的身份。”顾客听后高兴地走了。徒弟给第二位客人理完发,客人照着镜子说:“头发剪得太短了。”徒弟又不知如何回答,师父过来笑着说:“头发短精神,给人亲切的感觉。”顾客听了笑呵呵地走了。徒弟给第三位客人理完发,客人付钱时嘟囔道:“剪个头这么长时间。”徒弟又不知如何回答,师父马上笑着说:“为‘首脑’多花点时间很有必要。进门苍头秀士,出门白面书生嘛!”顾客听后大笑着离开。徒弟给第四位客人理完发,顾客看了看,埋怨道:“太快了,20分钟就完事了。”师父又笑着说道:“时间就是金钱,‘顶上功夫’速战速决,为您赢得了时间,何乐而不为呢?”顾客听了微笑着告辞。

故事中的师父真是能说会道。他机智灵活,每次都能巧妙地应对,使徒弟摆脱尴尬,让顾客转怨为喜,高兴而去。在社会交往中,高超的语言艺术,能够调解纠纷、化解矛盾、避免尴尬、缓和气氛、打破僵局、调剂关系。

第一节　社交口才概述

良好的人际关系和处世能力最重要的就反映在口才之中。它是社交场合中立足制胜的最有力的法宝。

一、社交与社交口才

(一)社交

社交,就是社会交际,是指社会上人与人之间的交往、联系和相互作用,也就是人们在社会生活中为了满足某种需要而进行的信息交流活动。

社会交往,是人类生存的基本需要。一个人只有与他人构成良好的人际关系,才能充分地满足个人的心理需要,提高个人的认知能力,发展自己的个性,实现自我的价值。

(二)社交口才

所谓社交口才,就是指人与人之间在社会交往活动中所表现的语言艺术或才能,即善于用准确、贴切、生动的口语表达自己思想、意愿的一种能力。

二、社交口才的作用

随着现代社会经济与技术的迅猛发展,社交艺术在我国的政治、经济、文化交流活动中,在人们的工作、学习和生活中,日益发挥出重要作用。而语言,是建立人际关系的重要纽带。任何人际关系的建立、发展、改善或调整都要依赖一定的社交口才艺术。由此可见,能够娴熟地运用社交口才艺术,是社交取得成功的重要因素。

可以说,凡是有口才的人,讲话时闪烁出真知灼见,给人以精明、睿智、风趣之感,他们必然成为社交场合中的佼佼者。以至于口才在当今已成为一个人生活及事业成功的极其重要的因素。

我国是世界上有五千年悠久历史的文明古国。一些先哲圣人、文人学士给后代子孙留下了许多处世之道,其中包括有关社交和雄辩口才方面的精神财富。在历史上,我国的演讲家、雄辩家群星灿烂。盘庚可算是我国历史上有文字记载的第一个演讲家,他就是用巧舌之辞,说服臣民们拥护其迁都,挽救了政治危机。在近现代也曾涌现了像闻一多、鲁迅、周恩来、郭沫若、邓小平等一批能言善辩的巨擘。无数事实说明,善于言辞的人,在社交场合中能游刃有余、事半功倍,并能极大地提升自身的个性魅力。

现代社会,信息交流更为频繁,更为广泛,语言、文字、图表成为传递信息的重要方式。但口头语言是最常用、最方便的传递方式。因此,没有口才的人是难以适应现代发展需要的。西方资本主义国家早已把口语表达能力作为衡量人才的重要标准。在我国对人口的重视也表现得越来越明显。例如,政府机关的公务员录用,许多公司的人员招聘都将口试作为重要的考核标准之一,并且有许多人认为良好的口语表达是创造型和开拓型人才必备的能力之一。

三、口才的特征

复旦大学的俞吾金教授说:“我觉得一个人具有口才,从外在形式看是一口流利而又符合逻辑且生动形象的话,但从深层次看应该具有广博的知识和驾驭这些知识的能力。”因此,口才好比是一片海洋,表达是浪花,内涵是海水。

对于一切谈吐,人们最喜欢的是那些出自真诚而又经过选择的言语。言语是严肃的,有口才的人绝不会滥用它。在交流时,恰到好处的是说得少又说得好,言简意赅,一语中的,那才能被称为说话的艺术。

所以,口才的特征应是情真、切境、得体。

(一)情真

进行语言交流时,要真心实意。唯有真诚的心灵才能发出磁石般的影响力。信息、观点等要为对方所接受,从而促使对方产生创造性思维并积极行动。其语言所表现出来的情感兴趣能激动或激励对方,促使双方产生情感共鸣,从而建立起融洽和谐的人际关系。李燕杰说:“在演讲和一切艺术活动中,唯真情才能使听众信服。”

若要使人动心,必先使自己动情。“二战”期间,年近50岁的英国首相丘吉尔在对秘书口授反击法西斯战争动员的讲稿时,“像小孩一样,哭得涕泪横流”。他的这次演讲动人心魄,极大地鼓舞了英国人民的斗志。高明的口才家,应该用真诚的情感、竭诚的态度感化、振奋、激励人们,对真善美热情讴歌,对假恶丑无情鞭挞,使黑白褒贬泾渭分明,用自己的心去弹拨他人的心灵,用自己的灵魂去感染他人的灵魂,达到感情上的融合。

真诚的态度是交际者成功的秘诀。成功的讲话者必须和听众融为一体,在情感上达到高度的一致。口才艺术的发挥,也在于实现这些基本的人际关系。

(二)切境

只有在和环境相适应时语言才能获得好的效果,否则,即使话语的意愿再好,也难以达到预想的目标。口才艺术的发挥,更重要的是在特定的言语交际环境中可以产生精妙绝伦、令人拍案称奇的表达效果。

20世纪60年代,我国外交部部长陈毅同志访问亚洲某国。在当地的公众集会上,一位宗教界的长老,代表万名僧众向陈毅外长赠献佛像。这事立刻引起了万众瞩目。只见陈毅同志虔诚且高兴地双手捧过佛像,并大声说:“靠老佛爷保佑,从此我再也不怕帝国主义了。”话音刚落,全场大笑,气氛十分活跃。共产党人是唯物主义者,不信佛,但这是一个外交场合,又身处一个佛教国家,这一场合的特殊性决定了陈毅同志运用了上述语言表达形式,把对于该国人民信仰的尊重和共产党人不忘自己信仰宗旨这两层意思融为一体,并以诙谐、幽默的形式表达出来,收到了极佳的效果。①

成功的口才显现与语言环境之间具有两种关系形式:对合适的语境的利用和对不合适的语境的改变。而不论哪种适应方式,都要求最大限度地利用语境的潜在作用,使得口才的效果更臻完美。针对特定的对象、场合和事件,选用显露才华智慧的唯一正确且不可替代的言语策略去体现交际意图,实现交际目的。

当然,口才的发挥往往具有临场性、机智性。在完全没有预先准备的情况下所表现出来的口才艺术,是良好的道德情操、深厚的文化素养、渊博的知识和卓越的才能瞬间撞击出的灵感思维的火花,这些宝贵的语言也因此成为口才艺术宝库中的珍品。

(三)得体

语言运用的得体,就是把对语言表达手段、语言材料的选择放置在一种既保持话语内各组成部分与风格色彩的统一,又和题旨情境相切合的双重适应关系中去考虑,衡量得失利弊,寻求最佳表达方式。如同样是面对员工的迟到:

一位经理沉着脸对一个迟到了一分钟的员工厉声说:“迟到啦!——扣奖金!”另一位经理对一个因理发迟到的青年职工笑嘻嘻地说:“小伙子,这次改发型了,挺大方的。但是今天迟到了,快去办公室,多加把劲把材料赶出来。”再一位经理对一个跑得气喘吁吁、满头大汗的员工慢声细语地安慰说:“别着急!看你跑得上气不接下气的,准是家里有什么事耽误时间了吧?”

三位经理抓出勤、抓纪律,目的一致,但效果不同。第一位经理并没有使对方认识到自己的不对,只让人感到委屈;第二位经理使对方不仅接受了批评,还立即落实在行动上“将功补

①钱奇佳,演讲与口才[M]. 合肥:安徽大学出版社,2006:170.

过”;第三位经理言辞情真意切,这位员工必会尽心尽力地去工作以报答经理的知遇之情。同样的意思,不同的说法,效果就大不一样,所以要做到言语表达上的恰如其分,关键是做到以下两个方面:一是叙说实事求是,既不夸大,也不过分客气谦虚,忠实反映事物的本来面目;二是要留有余地,不把话说绝。

四、社交语言的基本要求

我们的社会是一个多元化的社会,人们相互之间的关系越来越复杂。社会的复杂性导致个性的多样性,这必然引起个体之间冲突的加剧。要与周围的人保持良好的人际关系,就必须学会与他人和谐相处,求同存异,宽宏豁达,这样才能创建良好的交际氛围。

(一)尊重、平等

在人际交往中,每个人都有自己的人格尊严,并期望在各种场合中被尊重,这是交际过程中人的基本心理需求。而尊重也是进行交际的重要前提,一个人无论地位多高、名气多大,只有遵循这一原则,才能赢得对方的好感,才能使彼此在和谐的气氛中推进交际。

中国作家协会原党组书记、副主席金炳华去看望德高望重的老作家许行先生。一见面,金炳华先生连忙上前搀扶许老坐下,恭恭敬敬地请许老题字;临行时向许老频频地致意,表现出对许行先生的极大尊重,丝毫没有领导的官架子,显得谦和低调、平易近人。所以他们的初次会见虽然短暂,却给许老先生留下了深刻的印象。

要得到他人的尊重,自己先要善于主动接近对方,缩短人际距离,沟通相互情感。

(二)换位思考

人与人之间的交际就像一把手电筒,以自己为出发点,只记着自己的利益去交际,就像迎着手电筒的光亮看一样,刺目、眩晕,什么也看不到,弄不好还会被强光刺伤眼睛。如果换一种角度,调转方向,以对方为出发点,从“手电筒”的背面顺着光线看,你将会发现,一切璀璨的风光都会尽收眼底,或许还会有新的发现。

有一个普林斯顿大学的男孩爱上了一个女孩,但他害怕被拒绝而不敢表白。男孩想出了一个办法,鼓足了勇气找到女孩,对她说:“你好,我在纸条上写了一句话,如果你觉得我写的是事实,那就请送我一张你的照片,好吗?”女孩知道这是一个找借口追自己的男孩,她多次遇到这样的情况,但总能顺利摆脱,不管纸上写什么只要自己都说不是事实就可以了。于是,女孩欣然应允。“如果我说的不是事实,你千万不要把照片送给我!”男孩忙说。“当然!”女孩俏皮地回答。男孩高兴地说:“一言为定,不许反悔!”男孩把纸条递给了女孩,女孩胸有成竹地打开看了很久,皱着眉头没有说话,最后女孩把自己的照片送给了男孩。因为纸条上写着:“你不会吻我,也不想把你的照片送给我。”她绞尽脑汁也想不出拒绝的方法。这个男孩的名字叫罗纳德·斯穆里安,后来他成了美国著名的逻辑学家,他正是用换位思考的方法追到了他的妻子。

(三)恰到好处

恰到好处是对社交语言的适量、时机和分寸感这三方面的要求。

1. 适量

适量主要指说话的多少。说话太多会导致我们的话没有分量;适量也不是少说或不说,更不是指音量没有变化的念经式的说。适量与否应以是否达到说话目的为准,根据社交对象、环境、时间的不同,该多说时不少说,该少说时不多说为衡量标准。为了达到说话的目的可以进行必要的重复,但不是啰啰唆唆、没完没了,应当以既不影响到说话效果,又不影响自己的社交形象为宜。

2. 时机

时机是指把话说在该说时,止在该止处。一个观点、一个意思表达明白就行,不要过多重复,没完没了。把握时机还表现在需要表明立场、观点的时候,不能畏缩、不能胆怯,话语一定要点到。

3. 分寸感

分寸感是指根据不同社交对象把握言谈的深浅度,根据不同场合把握言谈的得体度,根据自己的身份把握言谈的分寸。试想,如果到某公司面试,面试官请面试者谈谈对该公司的认识。面试者开口说道:“你们公司还不错,管理挺严格的,员工也很努力。就是办公环境差了些,连空调都没有,现在工作环境很重要的,我建议咱们公司也多投入些;另外在午餐的补助上应该再提高些,现在物价都很高的。”该面试者没有把握好自己的身份,公司需要的是为公司创造价值而不是挑三拣四的员工,即使要提建议也应该是委婉地、含蓄地提出,没成为正式员工前就开始对公司指指点点,这样的人怎会受到用人单位的青睐?

(四)绿色交谈

在交谈过程中我们要传达有效信息,给别人带来快乐,进而赢得别人的好感,应注意保持“绿色”交谈,不要让一些“噪声”成为“绿色”交谈的拦路虎,即避免表述不清、音量不适以及不当的态势语。

(1)交谈的前提是让对方听清楚自己在说什么,这就要求发音标准,吐字清晰;少用方言、土语,话语含义表述明确,不要模棱两可产生不必要的误会。另外,为了表示尊重,我们常说“您好”“请教您一个问题”,等等。一个“您”字,使口气谦恭得体,起到了尊敬对方的作用。

(2)在不同的交谈场合,说话音量的大小也会影响交谈的质量。大庭广众、聚会时噪声较大,为了让听者听清楚,说话音量应适当大一些;私人拜访、多人聊天时,谈话可采用一般音量,给人舒服感;密友、情人之间交谈,适当降低音量则显得亲切,能够拉近距离;某些特殊的场合如会场、教室或办公室等,大多也应该音量放小,避免对他人造成骚扰。

(3)适当使用体态语辅助社交语言的表达。有时对方说话会“言不由衷”,我们在听其言时可以察其色,根据对方表情解读、了解话语的真实含义,了解对方真实的思想感情。态势语大多数处于辅助性地位,但有时它也可以直接替代有声语言,并且能更充分地表达语义,收到良好的表达效果。

(五)使用礼貌语言

中国有句俗话:“礼多人不怪。”礼貌用语能够展现一个人良好的修养、和蔼的交际态度,为社交活动展开良好的开端。礼貌用语往往能给对方留下美好的第一印象,为进一步交往奠定基础。当我们迷路要问路时,若直直地走过去问:“往××地方怎么走?”别人可能会一言不发地走开。如果加一个“请”、一个“您”字变成“请问,您知道往××地方怎么走吗?”,效果会大不相同,对方可能会热心地给你指路,即使不知道如何走,可能也会找人帮忙或客气地说抱歉。一个“请”、一个“您”字流露出对被问者的尊敬,也让自己获得了尊重与帮助。

对不愿、不敢,或不方便说出来,却又不能回避的问题,可以用委婉含蓄的语言表达。例如，一位作家到青年监狱为犯人们作一场关于人性道德的报告。如何称呼听报告的人让作家犯难了，既不能伤了听者的自尊心，又要缩小双方沟通的心理距离。作家选择了“触犯共和国法律的青年朋友们”的称呼，这一委婉的称呼既符合听者的实际身份，又表达了愿意与他们交朋友、共同探讨人生的真诚心愿，作家得到犯人的热烈欢迎，报告的初步目标实现了。

第二节　社交口才的技巧

一、见面之初的称呼技巧

称呼是口才的“先锋官”，在日常生活中，称呼应当亲切、准确、合乎规范。正确、恰当的称呼，不仅能体现对对方的尊敬和自身的文化素质，更能促使交际的成功。

（一）尊称语

古时常用“尊、令、贵、大、老”等词构成尊称语，有的至今还在沿用。例如：尊师，令堂、令兄、令弟、令郎，贵体、贵姓、贵公司，大驾、大人、大姐、大名，老先生、老人家、老伯、老总、老板、钱老、赵老、吴老。这些称谓，对对方表示尊重，使对方心里产生一种自豪感和满足感，反过来也会乐于与你接触，主动和你沟通，这就使交往有了良好的开端。

（二）谦称

使用谦称的目的也是对他人的尊重，是赢得交际的第一步，谦称自己有：家、舍、小、愚、孤、寡、敝（卑）。例如：家父、家母，舍弟、舍妹，小辈、小人，愚下、愚兄、愚方，孤人，寡人，敝人，不才等。

（三）泛称

泛称，指对人的一般称呼，分正式场合和非正式场合。正式场合的称呼：姓＋职称/职务/职业（张教授、陈书记、李医生等），职务＋泛尊称（营业员同志、大使夫人等）。非正式场合常用称呼，老/小＋姓（老张、小陈等），姓＋辈分称呼（张阿姨、李叔叔、王伯伯、张姐、赵哥等）。

（四）时下流行称谓

对总经理、工程师、局长、科长，时下流行称呼某总、某工、某局、某科（张总、王工、李局、杨科），这样称呼既时尚庄重又亲切。当然，这样称呼只是在当面称呼中使用，在向他人介绍时还是称某总工程师、某局长为好。

二、见面之后的寒暄技巧

寒暄是指人们碰面时相互之间表示友好态度的简短聊天，即嘘寒问暖。它是熟人表达热情的方式，也是不熟悉的人拉近距离的初步行为，常常通过问候、搭讪的方式导出口才交际的话题。因为寒暄的目的在于联络感情，在于对友情的肯定、维系和加强，只在于有没有说，不在于说了什么，对方也不必拘泥于是否如实作答。例如，有人问你：“吃了吗?”你不必对答：“吃了一碗饭、两个菜”，或是“不舒服，还没有吃”。而寒暄的话题，往往不涉及私密问题，也不涉及严肃话题，对话内容多为一些无关痛痒的话题。据社会学家研究，陌生人见面的4分钟内，只宜作一般性的寒暄，应避免提出易于引起争议的话题。熟人刚见面，交谈相知且互相关心的话题，莫如谈谈："近来身体还好吗？""最近工作忙吗？""你的孩子学习还好吗？""还住在原来地方吗？"。寒暄不要问些大而无当的话，或谈及令对方感到尴尬、触及对方隐痛、引起对方不愉快回忆的话题。

寒暄的技巧包括以下几种：

(一)环境寒暄法

根据碰面时周围的环境，随机加以谈论。例如，"今儿天气不错！""早啊，你看那些花儿开得真漂亮！""你的小孩儿长得真漂亮！"等。

(二)情境寒暄法

谈论与对方当下情形有关的浅近话题。例如，"吃了没？""往哪儿去啊？""哎，出门逛街啊？""去散步了？"等。

(三)年龄身份寒暄法

根据对方的年龄，选择不同的话题寒暄。如果遇见老人，一般可寒暄身体状况；如果遇见青少年，一般可寒暄外貌或学业；如果遇见中青年，一般可寒暄工作；遇见做母亲的，则可寒暄其小孩的成长或健康状况。例如，"最近身体好吗？""你今天打扮得好漂亮！""你的宝宝真可爱！""哟，听说您最近又升职了，恭喜恭喜！"等。

(四)兴趣寒暄法

简短谈论对方感兴趣的话题。例如，"最近你的股票又涨多少啊？""几天没见，是不是又去哪儿旅游去了？""最近都在忙什么呢？什么时候咱们下盘棋？"。

三、交往之时的介绍技巧

(一)自我介绍

1. 要说好一个"我"字

以平和的口气说出，目光亲切、神态自然，才能使人感受到一个自信、自立又自谦的美好形象。

2. 独辟蹊径

从独特的角度，选择使对方感到有意义又感觉自然的内容，采用活泼的语言把自己推销给别人。

3. 巧报家门

即自己的姓名。

(二)第三者介绍

1. 选择双方感兴趣的内容介绍他人

选择双方都感兴趣的内容相互介绍。比如，她叫××，是位教学经验非常丰富的教师。××是位教师，她丈夫是××贸易公司的总经理。

千万不要忘了介绍别人的特长。也可以给介绍的人作一个中肯简单的评价。例如："××同志乐于助人的美德尽人皆知，他会给予你热情帮助的。""你俩都是搞工厂的。据我所知，王先生是个行家，外号工厂通。你们的谈话一定会很有收获的。"

2. 采用语言形式介绍他人

首先要了解对方是否有想要结识的愿望,得到肯定后,可采用直接陈述的方式。比如:“这是我的朋友老刘,搞建筑设计的。这是××同志,很会讲笑话,同他交谈你会感到很快乐的。”也可采用询问式。比如:“刘××同志,我可以介绍××同你认识吗? ××同志,你想了解××产品的销售情况吗? 这是××公司业务员小赵,他会给你满意的答案的。”

3. 作介绍时应遵循的一般原则

一般要先介绍客人再介绍主人,先年长的身份高的,再介绍年轻的身份低的,先女后男;年龄差别不大的同性之间,向已婚的引见未婚的;向一对夫妇引见时先向女性引见男性;在人员较多的场合,作为被介绍的双方,也可主动地作自我介绍,以缓解介绍人的忙乱;如有后来者,可先介绍后来的,然后逐一介绍在场的人,也可有选择地介绍,不必带着客人在室内团团转。你不妨说:“我希望大家同刚从纽约回来的王××先生见见面。李××小姐,赵××女士,张××先生,××先生和××先生。”如果是将你介绍给别人,你应站在另一被介绍人的对面。介绍完后各握一下对方的手,说“您好,认识您很高兴,久仰久仰”,也可递上自己的名片,说声“请多多关照,请多指教”。

(三)使用名片

第一,要把自己的名片放在易于拿出的地方。

第二,出示名片时目光要正视对方,并双手递上,口中说“请多关照”。

第三,出示时要适时。谈话比较融洽,对方愿意与你建立联系时,双方握手告别时均可。

第四,接到对方名片时要先认真看一下,再郑重地放进口袋。

四、拜访与接待技巧

生活中我们经常要拜访一些人,或接待一些人,如拜访长辈、老师,接待同学、朋友。拜访有拜访的要求,接待有接待的技巧。掌握这些要求和技巧,可以使人们在社会交往中轻松自如。

(一)拜访的语言技巧

1. 进门语

敲开房门同主人见面后,应立即打招呼。如:“您好! 打扰了。”“早就想来看望您,一直拖到今天才来,真是抱歉!”“给您添麻烦了!”“对不起,让您久等了!”“好久没有来看您了。”恰当的进门语会为进一步交谈打下良好的基础。

2. 善于寻找话题

成功学大师卡耐基说过:“如果你要使人喜欢你,如果你想让他人对你产生兴趣,你必须注意的一点是谈论别人感兴趣的话题。”拜访,或是礼节性的拜访,或是有求于人的拜访,无论是哪种目的的拜访,拜访者都要善于寻找话题。如天气冷暖、小孩的学习情况、老人的健康状况、最近的新闻趣事等,话题要自然引出,内容要符合情景。有求于人的拜访,不可直奔主题,张嘴就求人,先不谈实质问题,先谈其他问题,创造良好的交谈氛围,然后再引入正题,说明来意。

3. 交谈时间不可太长

拜访时，主客寒暄后，客人应以言简意赅的话语说明来意。交谈以半个小时为宜，以免耽误主人过多的时间，千万不要东扯西拉，没完没了；也不要谈主人不感兴趣的话题；更不要高谈阔论，大声喧哗，应适当控制讲话音量。

4. 注意体态语的使用

作为客人应举止文明，不可指手画脚，频繁走动。更不可高兴时手舞足蹈，痛苦时捶胸顿足，或不经主人允许翻东西，随意参观居室。文明、得体的体态语是拜访成功的前提。

5. 告别语

告别时，应恰当使用告别语。或向主人表示感谢，如："十分感谢您的盛情，再见！""别送了，请回吧！""这件事就拜托您了，谢谢！"或邀请对方来自己家做客，如："告辞了，您什么时间到我家坐坐！"

（二）接待的语言技巧

1. 热情迎客

当客人来访时，应热情迎客，亲切问候。如："欢迎，欢迎，请进！""真是稀客啊，哪阵风把您给吹来了？欢迎，快请进！"

对于尊贵的客人，如长辈、老师，主人应到大院门口或楼下迎接，见面时可以说："可把您盼来了！"或"等候多时了！"表示对来访者的期待和尊敬。对待未及远迎的客人，可说诸如"失迎、失迎"或"有失远迎"等，以示歉意。

如果来的是陌生的客人，可以用提示性的语言"请问您是……"表示询问，让客人自我介绍，然后表示欢迎。

请客人落座后，不要急于询问客人来访的目的，而应等客人主动开口。客人陈述时要耐心听，对客人提出的问题要认真回答。

2. 知人善谈

首先，语速、音量要根据来访者的年龄和表情达意的需要而定。例如：与老年人交谈，宜用较慢的语速，较大的音量，使对方能听清，能领会交谈的内容；与儿童交谈，则宜轻言慢语，使小朋友产生亲切感、信任感；与同龄人交谈，语速快慢适当，音量可大可小，使客人不疲劳、不紧张为宜。

其次，遣词用句要因来访者的文化水平、理解程度而异。

人口普查员问一位乡村老太太："有配偶吗？"老人愣了半天，然后反问："什么是配偶？"普查人员只得换一种问法："您有老伴吗？"老太太这才懂得配偶的含义。

这件事告诉我们，说话要因人而异。对文化水平高的、理解力强的人不要讲肤浅的话，否则，他不爱听；对文化水平低的、理解力差的人，讲话应通俗易懂。

最后，说话语气要因来访者的不同目的而变化。

前来拜访的客人，往往带着各自不同的目的，应针对不同目的的来访者采用不同的语气与他们交谈。对于前来求助的客人，主人应体谅对方的心情，语气要平和。对于前来研究问题、商量工作的客人，则宜采用征询、商量的语气，如："你看这样行不行？""你对这个问题是怎么看的？"对于前来提供某种信息的客人，则应采用感叹语气，表达自己的感激之情，如："非常感谢！你提供的信息太有价值了！”“你可真帮了大忙！谢谢！”

3. 多加赞赏

如果客人是带着礼品来的，当客人向主人馈赠时，主人要表现出喜爱之情，以示对客人的尊重，同时表达谢意。如：“这个礼物我太喜欢了，谢谢！”“不好意思，让您破费了。”“非常感谢。”

4. 礼貌送客

当客人要离开时，应先要诚恳地挽留；如客人执意要走，主人应等客人站起后再站起来，并且主动为客人拿取衣帽。若是老年客人，应送至楼下或庭院外；若是同辈，可送到电梯口或楼道口；若客人是晚辈，主人可站在门口相送。送客人时，使用一些告别的语言，如：“您走好！”“欢迎再来”“经常来玩”等。

五、拒绝与说服的语言技巧

（一）怎样成功拒绝他人

在社会交往中，有求必应是每个人追求的理想目标，但是由于主客观条件的限制，不可能任何时候都能做到有求必应。拒绝别人最简单的办法就是说“不”，但这样做通常会显得生硬。

拒绝时必须采取得体的方式，把对方的不满和不快控制在尽可能小的限度内。如果不该拒绝的拒绝了，有时会影响友谊；如果该拒绝的不拒绝，轻易承诺了结果事情没办成，最终只能自食恶果。可见该拒绝的就得拒绝，只是应该讲究拒绝的策略。但是无论采用什么方式拒绝，都必须以减少对方的不悦和失望、寻求其谅解和认同为基本原则。

因此，当对方有求于你，你既不伤害对方的自尊心，想取得对方的谅解，又要使对方高高兴兴地接受你的拒绝，就需要讲求拒绝的方法和技巧。

1. 直截了当

对一些实在不合理或者无法接受的要求，应该直截了当地予以拒绝，不能含糊其词、模棱两可，这样容易使对方产生误解，抱有不切实际的期待。不过在拒绝时语气要诚恳，要向对方耐心地解释你拒绝的理由，表示抱歉，请求对方谅解。

2. 委婉含蓄

对于一般性的拒绝，最好不要轻易说“不”，这样会伤害他人的自尊心，而采用间接的、委婉的方式比较合适。委婉含蓄的方式比较普遍地适用于有人为某事向我们求情，而我们在原则上又不能答应的情况。

清代的郑板桥在做潍县县令时，查处了一个叫李卿的恶霸。李卿的父亲李君是刑部的官员，得知此事后急忙赶回潍县为儿子求情。李君以访友的名义拜访郑板桥，郑板桥知道李君的来意，故意不动声色地看李君如何扯到正题。李君看到郑板桥房中有文房四宝，于是向郑板桥要来笔墨纸砚，提笔在纸上写道：“燮乃才子”。郑板桥一看，人家是在夸自己，自己也应该礼貌礼貌，于是也提笔写道：“卿本佳人”。李君一看心里一亮：

“郑兄，此话当真？”

“君子一言，驷马难追！”

“我这个‘夔’字可是郑兄大名,这个卿字……”“当然是贵公子的宝号啦!”李君心里高兴极了:“承蒙郑兄关照,既然我子是佳人,那就请郑兄手下留情。”“李大人,你怎么‘糊涂’了?唐代李延寿不是说过‘卿本佳人,奈何做贼’吗?”

李君一听,只好拱手作别了。

郑板桥巧妙地利用李卿的“卿”与“卿本佳人,奈何做贼”的“卿”字同音关系,委婉含蓄地拒绝了李卿父亲的求情,既坚持了原则,又没有让对方太难堪。

3. 模糊多解

模糊多解的拒绝指利用某些语言材料或表达的模糊性、多义性巧妙地遮掩拒绝的锋芒。例如,一个旅行团正按预定的日程观光游览,有几个客人途中要求增加几个观光点,但时间不够,要求不能满足。导游员就说:“这个建议非常好,也非常重要。如果有时间,我们将尽量予以安排。”这种说法比较模糊,怎么理解都可以,并且也巧妙地暗示了拒绝之意。

4. 点出后果

要是对方一味坚持他的意见时,我们可以让他知道,如果坚持做下去可能会产生什么样的严重后果,尽管有些后果现在可能还无法看到,但还是可以使对方自动收回自己的要求。在说这种话时,我们可以开始说“不是不愿意,而是我做不到”之类的话。如有人请我们看电影,我们可以说:“太好了,很久没有看电影,早就想放松放松了,但现在不行呀,如果我去了那毕业论文就不能按时交差了。”这样拒绝可先满足对方的自尊,表明我们的主观态度,然后再把后果述说出来,使对方理解并接纳我们的理由。

5. 先扬后抑

先扬后抑是在拒绝之前先表示同情、理解甚至同意,而后再巧妙拒绝,使拒绝之辞委婉而含蓄。例如,有一次马克・吐温向邻居借阅一本书,邻居说:“可以,可以。但我定了一条规则,就是从我的图书室借的书必须当场阅读。”一个星期后,这位邻居向马克・吐温借割草机用,马克・吐温笑着说:“当然可以,毫无问题。不过我定了一条规则,就是从我家借的割草机只能在我的草地上使用。”

6. 转移话题

对于一些碍于情面不适合当面拒绝的要求,不必马上说“不”,可以采取转移话题、答非所问、寻找借口等方式暂时把对方的焦点转移开,从而达到间接拒绝的目的。如遇到难办的公事,你可以说“经理不在,等他回来我一定向他汇报”等。

总之,拒绝的方式方法很多。我们不管采用哪种方式,既要使对方能够在和谐、理解的气氛中接受拒绝,又要让自己从两难的困境中解脱出来。

(二)怎样成功说服他人

在社会生活中,由于社会阅历、知识水平、职业身份的差异,人们对问题的认识和理解往往不一样,甚至会产生各种各样的矛盾,劝说是解决这些矛盾的重要方法。但劝说他人并不容易,需要讲究一定的技巧,否则会劝而不听,说而不服。

1. 说服的方法

(1)晓之以理

晓之以理,即通过讲道理来说服对方。要想把道理讲得透彻明白,讲到对方心里去,让对方心服口服,有一个重要因素即说服者语言必须具有严密的逻辑性。被劝者因为矛盾冲突可能对劝说者存在一种反抗的心理,因此劝说时语言一定要委婉,切忌以势压人。而且讲道理时,道理有深浅之分,也有大小之别,但被劝者一般不喜欢别人讲大道理,所以说服者还应选择特定的角度和层次,深入浅出,从抽象到具体来慢慢说服对方。

(2)动之以情

"动人心者,莫先乎情",通情才能达理,以事比事,将心比心。运用饱含感情的语言,讲述熟人的故事及其经验教训,让人感到亲切可信,以此引发被劝者情感上的共鸣,从而达到说服的目的。

(3)衡之以利

所谓"衡之以利"就是权衡利弊得失,讲清利害关系,使对方改变态度。趋利避害是人的本性,有些人,用道理很难说服他,用感情也很难打动他,有时"衡之以利"是切实有效的办法。

2. 说服的技巧

(1)善用比喻

把要劝说的道理通过生动、浅显的比喻表达出来。生动形象的比喻,不仅能使深奥的道理变得浅显明了,还比较容易让对方接受。如《谏太宗十思疏》一文,进谏者用"臣闻求木之长者,必固其根本;欲流之远者,必浚其泉源(即固本思源)""水能载舟,亦能覆舟"等比喻句提醒唐太宗要想使国家长治久安,君王必须努力积聚德义。

(2)巧借名言

名言警句准确精辟、言简意赅,用之于劝说,可以起到以少胜多的效果。名言警句文字虽少,却蕴含着丰富的哲理,如"良药苦口利于病,忠言逆耳利于行""己所不欲,勿施于人"等,教人如何正确对待生活中的挫折、如何认识事物的本质、如何处理生活中各种复杂的关系等,有很强的启发性,因此借用名言警句具有很强的说服力。

(3)激将说服

激将说服法,就是通过一定的语言手段刺激对方,激发对方的某种情感,使对方的心态产生变化,并使这种心态变化朝着自己所预期的方向发展,从而达到说服的目的。在现实生活中,的确有些人"敬酒不吃吃罚酒",此时,如果用激将法给他一个强烈的反向刺激,反而能取得意想不到的效果。

六、赞美与批评的语言艺术

(一)赞美的语言艺术

美国管理学家玛丽·凯说:"赞美是一种有效而且不可思议的力量。"的确如此,在社会交往中,绝大多数人都期望别人欣赏、赞美自己,希望自身的价值得到社会的肯定。恰当地运用赞美的方式,会激发人们的积极性,产生巨大的精神力量。

一般来说,赞美是一种能引起对方好感的交往方式。赞同我们的人与不赞同我们的人相比,我们更喜爱前者,这符合人际交往的酬赏理论。

美国心理学家阿伦森曾举例说:假设工程师南希出色地设计了一套图纸。上司说:"南希,干得好!"毋庸置疑,听了这话,南希一定会增加对上司的好感。但如果南希草率地设计了一套图纸(她自己也知道图纸没设计好),这时,上司走过来用同样的声调说出同一句话,这句话还能使她产生好感吗？南希可能得出上司挖苦人、戏弄人、不诚实、不懂得好坏、勾引异性等结论，其中任何一项都使南希对上司的喜爱有所减少。

因此，赞美的效果要受各种条件制约。能引起好感的赞美要借助以下条件：

1. 热情真诚的赞美

每个人都珍视真心诚意，它能引起好感的赞美。所以首先必须是发自内心、热情洋溢的，否则那就是恭维。赞美和恭维到底有什么区别呢？很简单，“一个是真诚的，另一个是不真诚的；一个出自内心，另一个出自牙缝；一个为天下人所欣赏，另一个为天下人所不齿。”（卡耐基语）

大音乐家勃拉姆斯是个农民的儿子，生于汉堡的贫民窟，得不到受教育的机会，更无从系统学习音乐，所以，对自己未来能否在音乐事业上取得成功缺乏信心。然而，在他第一次敲开舒曼家大门的时候，根本没有想到他一生的命运在这一刻决定了。当他取出他最早创作的一首C大调钢琴奏鸣曲草稿，手指无比灵巧地在琴键上滑动，弹完一曲站起来时，舒曼热情地张开双臂拥抱了他，兴奋地喊着：“天才啊！年轻人，天才……”正是这出自内心的由衷赞美，使勃拉姆斯的自卑消失得无影无踪，也赋予了他从事音乐艺术生涯的坚定信心。在那以后，他便如同换了一个人，不断地把心底里的才智和激情流泻到五线谱上，成为音乐史上的一位卓越的艺术家。正是这一句真诚的赞美，创造了一位音乐大师。

2. 令人愉悦的赞美

赞美的言语应该是对方喜欢听的言语，能达到使人愉悦的目的，我们称它为愉悦性原则。在交际活动中，遵守愉悦性原则，就是要多说对方喜欢听的话语，不说对方讨厌的言辞。这样，往往能收到较好的表达效果。民间有一个关于朱元璋的笑话：

朱元璋有两个过去一块儿长大的穷朋友。朱元璋后来做了皇帝，这两位朋友仍过着苦日子。一天，一位朋友从乡下赶到南京，拜见了朱元璋。他对朱元璋说：“我主万岁！当年微臣随驾扫荡庐州府，打破罐州城，汤元帅在逃，拿住豆将军，红孩儿当关，多亏菜将军。”朱元璋听到他讲得很动听，十分高兴，也隐约记起他所说的一些事情，立刻封他做了御林军总管。事情一传出，另外一个朋友也去了南京，拜见朱元璋，也说了那件事：“我主万岁！从前，你我都替人家看牛，一天我们在芦苇荡里，把偷来的豆子放在瓦罐里煮着，还没煮熟，大家就抢着吃，把罐子打破了，撒了一地豆子，汤都泼在泥地里。你只顾从地下满把地抓豆子吃，却不小心连红草叶也送进嘴去。叶子哽在喉咙口，苦得你哭笑不得。还是我出的主意，叫你用青菜叶子带下肚子里去了……”朱元璋见他不顾体面，没等他说完，就命令：“推出去斩了！”

从上例可见，第一位朋友将放牛娃偷吃豆子的趣事，赞美为叱咤疆场的赫赫战绩，巧妙比喻，高雅别致，说得动听，使人愉悦。第二位朋友明话直说，粗俗低劣，讲得让人不爱听，有伤皇帝尊严，自然当斩。

3. 具体明确的赞美

空泛、含混的赞美因没有明确的评价原因，常使人觉得不可接受，并怀疑你的辨别力和鉴赏力，甚至怀疑你的动机、意图，所以具体明确的赞美才能引起人们的好感。对他人总以“你工作得很好”“你是一个出色的领导”来赞美，只能引起人家反感。

4. 符合实际的赞美

在赞美别人时，应尽量符合实际，虽然有时可以略微夸张一些，但是应注意不可太过分。如某个人对某领域或某个方面提出了一些很好的意见，或者有了一点成果，你可以说“你在这方面可真有研究”，甚至可以说“你是这方面的专家”，可如果你说“你真不愧是个著名的专家”“你真是这方面的泰斗”等等，对方如果是个正派人就会感到不舒服，旁观者就会觉得你是在阿谀奉承，另有企图。

5. 让听者无意的赞美

赞美者不是有意说给被赞美者听的赞美叫无意的赞美。这种赞美会被人认为是出自内心，不带私人动机的。如《红楼梦》中一次贾宝玉针对史湘云、薛宝钗劝他要做官为宦、仕途经济的话，对史湘云和袭人赞美黛玉道：“林姑娘从未说过这些混账话不曾？要是她说这些混账话，我早和她生分了。”凑巧这时黛玉正好来到窗外，无意中听见这些话，使她“不觉又惊又喜，又悲又叹”。结果宝黛二人推心置腹，感情大增。

6. 不断增加的赞美

阿伦森研究表明：人们喜欢那些对自己的赞美显得不断增加的人，并且对自始至终都赞美自己的人与最初贬低逐渐发展到赞美的人，人们会尤其喜欢后者。因为相对来说，前者容易使人产生他可能是个对谁都说好的“和事佬”的感觉；但人们对开始持否定态度的后者会留下这样一种印象：说我不好，一定是经过考虑、分析的，可能有他一定的道理，从而认为对方可能更有判断力，进而更喜欢他。

7. 出人意料的赞美

若赞美的内容出乎对方意料，易引起好感。卡耐基在《人性的优点》中讲过他曾经历的一件事：

一天，他去邮局寄挂号信，从事着年复一年的单调工作的邮局办事员显得很不耐烦，服务质量很差。当他给卡耐基的信件称重时，卡耐基对他称赞道：“真希望我也能有你这样的头发。”闻听此言，办事员惊讶地看着卡耐基，接着脸上泛出微笑，热情周到地为卡耐基服务。显然这是因为他接受了出乎意料的赞美的缘故。

总之，赞美是人的一种心理需要，是对他人尊重的表现，是一剂理想的黏合剂，它给人以舒适感，使我们拥有更多的朋友。但“赞美引起好感”并不是绝对的、无条件的，它要受赞美动机、事实根据、交往环境诸因素的制约和影响。因此在社交场合我们必须记住——“一味地赞美不足取”。

（二）批评的技巧

1. 先称赞后批评

卡耐基指出：“当我们听到别人对我们的某些长处表示赞赏之后，再听到他的批评，心里往往会好受得多。”所以，当要抱怨对方的饭菜不够好吃时，可以先赞美她（他）的辛苦劳动；当要批评朋友的着装风格时，可以先赞美她（他）漂亮的鞋子；当要指出同事的马虎大意时，可以先赞美他的勤劳和效率。

2. 先自我批评，再批评他人

如果在批评他人之前能够先谦虚地承认自己也犯有错误，那么对方再听到对自己的批评时，就比较容易接受。毛泽东曾在解放区专门多次召开“批评与自我批评”的大会，奠定了党内良好的批评氛围和风气。

3. 委婉地表达批评

古代很多智慧的臣下，往往采用委婉批评的讽谏的方法，以指正上级或帝王的缺陷，不仅得到了上级或帝王的理解和接受，还不会伤及自己的身家性命。《战国策》里“触龙说赵太后”，《邹忌讽齐王纳谏》里邹忌讽谏齐王都是成功的委婉批评范例。

4. 保全被批评者的面子

俗话说：“伤树莫伤根，伤人莫伤心。”即便是那些经常犯错误的人，也有非常敏感的自尊心，他们对伤害其自尊心的刺激体验尤其强烈。所以，不要当众批评他人，尤其是不要当众指名道姓或指着鼻子批评他人，更不要在大庭广众之下对他人横加指责；也不要揭短，要就事论事，千万不要由此事而将他人的许多缺点一股脑儿全兜出来，这样做只会令对方苦恼不已甚至恼羞成怒。

5. 批评要因人而异，区别对待

对性格豪爽的人，可直来直去；对理智的人，应采用帮助他们查找个人不足促成其自我反省和自我批评；对性格内向的人，应采用循循善诱的态度耐心劝说，不可急于求成；对脾气暴躁的人，批评的方式应该间接、委婉，旁敲侧击。

第三节　社交中的禁忌

在社会交际中，人与人之间交往，要有许多礼仪要求，要想博得他人对你的信任、赞赏、喜爱等，必须要懂得交际场合中的禁忌，否则，会引起人们的不快，甚至反感，会影响社交效果。

一、不谈他人忌讳的事

不尊重别人的意愿，老做一些别人不高兴或忌讳的事，这种人是不会受欢迎的。

一个有头脑的人，有社会阅历、善解人意的人，总是有这样一条处事原则：在社交场中，凡是人家不高兴谈起的事、不高兴去做的事，不仅不能强求人家说与做，而且自己也不去说、不去做。这种尊重别人的做法，是社交中的一个重要原则，不仅是聪明的，而且是科学的。

那么，在社交中，如何才能避免触及别人的禁忌呢？

（一）适可而止

在交际中，对方明确表示“这件事不要再提了”“不要再提这个人了”“这个话题就谈到这儿吧”时，表明对方已对这件事感到厌烦了，此时如果你还一味地讲下去，便是一种失策甚至是一种愚蠢了。这时，就应该“适可而止”，因为对方已明确地表示出了反感。所以，遇到这种情况时，要及时止住话头，并向对方表示歉意说“对不起，我不了解您的心情，请原谅”或“我多嘴了，请别见怪”等之类的客气话，以弥补过失。

在交往中，我们还可能会遇到对某一件事或某一个问题向对方发出提问，连续问了两次而对方仍无反应、不作回答时，就应该敏锐地察觉对方是不高兴回答，而不是没听到。因此，要及时止住发问，巧妙地转移话题。这是得体的、聪明的、有交际智慧的表现。如果当问了两次，对方不作回答时，还不停地“打破砂锅问到底”，就有点不识趣了，就会招致对方的反感，导致交际的失败。

(二)正确选择话题

我们在交谈中,可能会无意地因为某句话致使对方不高兴,遇到这种情形,一是应该止住话头,转移话题;二是对方如果明显地提出质询,即使你是对的,也应作恰如其分的解释,使对方理解和谅解。我们应该防止不顾对方的情绪、不顾客观效果如何,一味地讲个不停。如果不知有礼有节,是注定要失败的。

交往的对象,有的是熟识的,有的是不熟识的。对于不熟识的,我们应该根据情况随机应变。但对于熟识的人和事,也应当尽量避免谈论或去做对方痛心疾首或要回避的事,诸如受过处分、曾经使他羞恼的事、曾经使他失败的事、曾经使他失意的事,以及一些艳情隐私等不光彩、不体面的事。

二、不搬弄是非

在生活中,有这样一些人,他们唯恐天下不乱,惯于制造矛盾。今天在张三面前中伤李四,明天又在李四面前非议张三,好像普天之下,就他一个好人。这样的行为不是一种高尚的行为。我们要养成不煽风点火、挑拨离间的习惯,做君子不做小人。

在历史上,因小人作祟留下的惨痛事例简直不胜枚举。现实生活中,首先自己不要在背后非议别人,以免"言者无心,听者有意",使"听者"产生错误判断,"滥杀无辜"。其次,当有人向你说别人坏话时,要保持警惕,不能偏听偏信,以免中了别人的"借刀杀人"之计。

三、避免不必要的争论

在社交场合,常有人争强好胜,喜欢无谓的争论,并因此搞得大家面红耳赤,大伤和气。这些人虽暂时满足了一种对虚荣的渴求,却忽略了另一面——对他人情感的伤害所带来的危害:失去友情。社交的生命就在于结交朋友,没有了朋友,也就没有了"生命",维持友情也就保持了"生命"。避免不必要的争论是维持友情的方法之一。

避免不必要的争论,一要了解对方,二要宽宏大量,三要学会与人商量,四要学会控制自己、加强涵养。

(一)了解对方

当你与人结交时,必须首先了解对方是哪一类人,是性格外露的,还是内向的;是脾气急躁的,还是性格温和的;是虚荣好胜的,还是谦逊随和的。若是属于前一类人,大多善言好辩,容易与他人争论,有的更是嘴尖嘴硬不饶人。同这类人打交道时,你需多加注意,从方法到语气,尽可能避免发生争论。大凡容易引起对方逞能、要强的话题,应尽力避免。与对方发生争论时,能忍则忍,在把握原则的前提下,可采取退让政策,让他多说几句,自己少说几句,这样做也没有什么损失。

(二)宽宏大量

宽宏大量是避免跟人无谓争论的一种好方法,它体现了一个人的高尚素质、修养和与人为善的风格。在社交场中,这种风格是很有必要的,也是对付那些好胜心极强的人的一种最好方法。宽宏大量,就是当对方因某一件事、某一个问题跟你发生争论的时候,你用了许多道理和口舌去说服、论辩,而对方仍强词夺理、固执己见,为了避免伤和气,你便采取退让政策。宽宏大量,就是对于某些非原则性的问题、不值得争论的问题,就不去争论,即使对方到了无理和出言不逊的程度，你也能忍让，付之一笑；宽宏大量，就是对于别人的误会和误解，应该给予谅解，并且相信，随着时间的推移，事实真相一定会水落石出的……学会宽宏大量，要以一定的素质和一定的学问为前提，一个知识浅薄、品质不高的人是无论如何也做不到的。因此，要学会宽宏大量，还得从提高自身的素质入手，才能达到真正与人为善的精神境界。

（三）学会使用商量的口气

在社交中，争论的起因往往是交谈的一方出言不逊、强词夺理，这种情况生活中常常遇到。当然，一个涵养较深的人，是不会因对方的出言不逊而斤斤计较的。但遇到一个性情急躁、缺乏修养的人时，结果就不一样了。因此在社交场合，同他人商量事情、探讨问题、询问情由时，我们应该多使用礼貌语言，多用商量探讨的口气，态度和善些，语气委婉、甜蜜些，这样就不会从言语、口气上招惹出事端来。

（四）控制住自己的好胜心理

好胜心强，并不是坏事。在事业上就是要有好胜心。可是，当你在社交场合时，特别是跟别人的接触交谈中，为了只言片语、鸡毛蒜皮的事情就争论不休、逞雄称霸，那就要不得了。当然，正常的同志式的争论例外。

在交际中，一切应该服从大局，应该与人为善，维持和建立起良好的友情，这样我们才能“朋友遍天下”“条条大路通罗马”。

综合技能训练

一、简要回答下列问题。

1. 当你登门拜访时，正巧两位主人正在争吵，这时你该怎么说？

2. 你去朋友家里，好客的女主人给你端上一杯茶，正当你端起要喝时，却发现杯中有异物，这时应该怎么说？

3. 有朋友到你家串门，天很晚了，他还没有离去的意思。你应如何表达，既让朋友离去，又不使朋友不高兴？

二、阅读材料，判断正误并说明理由。

刘彬到一个摄影爱好者家里做客，主人的客厅装饰得非常漂亮，更特别的是主人用自己拍摄的照片做窗帘的图案。刘彬赞叹道：“呵！你的房间布置得真漂亮！”

你认为刘彬的赞扬达到最佳效果了吗？理由是什么？如何表述才能满足对方的心理需要，使其产生愉悦感？

三、几个人一组，创设一个新同事刚到你们所在的工作部门的一段社交口才交际情景，特别要创设几个具体社交口才交际表达环节。要求登台演示，并能展现出社交口才交际表达的技巧和能力。

四、父母为了一件小事儿吵架冷战了，你想劝他们和好，并批评他们的行为，该怎么说、怎么做呢？创设这样一个社交口才交际情景登台演示。

五、组织大家召开一个简短的有关社交口才表达的交流会，分享在社交表达中的成功，探讨其中的教训。

六、模拟一次生日聚会，你的好朋友来得很多，你会如何主持？

七、假如你是一个效益不错的工厂的新职工，经常与工人们在一起，了解了工厂的许多情况。一天，厂长在和你聊天时，突然问你："你是新来的，没有什么偏见，经过这段时间，你觉得我这个人怎么样？""很好，厂长。"但厂长却固执地说："你一定要讲真话，我只想听听你的意见，或者从你这里听到别人对我的意见，你不必担心什么。"而这个厂长确实也有一些不足和毛病，工人也有所议论。这时，你怎样与厂长继续聊下去？

第十章　管理口才

本章导读

作为管理者,有一副好口才对于信息交流、情感沟通、建立广泛友好的人际关系,发挥着举足轻重的作用。因此,管理者应该十分重视提高自己的讲话水平。

开篇案例

一位公司的老总准备周五开会,说说公司最近的销售问题。他对秘书说:“你通知大家周五开个会,讨论一下销售问题。”秘书小李非常为难,因为周五什么时候开会?在哪里开会?都有谁参加?几点开始?要准备什么资料?谁作发言?……这些具体的工作老总都没有交代清楚,怎么去安排啊?

作为管理者,为了提高下属的工作效率,自己在布置任务时要尽量明确具体、可操作、可检查。同时,管理者的态度也影响着工作效率。布置工作时要尽量平易近人,用类似于“你把某某工作赶快做好,不然就要扣奖金”“你必须在什么时候之前把工作做完,否则就……”这样的语气会让员工感到极不受尊重。

第一节　管理口才概述

一、管理的语言表达特性

领导者的管理语言表达具有以下特性:

(一)准确性

由于领导者在社会活动中的特定地位,所以领导者的语言表达,就不能是随心所欲的。领导者对人的评价、对事物的判断,必须实事求是;下达指示、进行决策时一定要准确无误,一就是一,二就是二。

(二)精练性

领导者必须“惜语如金”,言简意赅,说话干脆利落,不拖泥带水,废弃空话套话,拧干“水分”,真正用简短精练的语言,给人以启迪,给人以鼓舞。

(三)生动性

领导者无论在什么场合下,都需要使用易被对方接受、鲜明生动的语言,而忌讳那种干涩难懂、空泛乏味的说教。领导者运用语言的生动性,一个最基本的要求就是要使用自己的语言,可以使用一些现代的“网络流行语”,或者是流行的套话,但不可生拼硬凑在一起。

(四)感召性

领导者的语言信赖度大,号召性强,具有突出的鼓动性和感召力。有为的领导者总是善于利用具有感召力的语言艺术去工作，或用富于哲理的语言，或用奔放的语言，或用火热的语言，或用激励的语言，励人斗志，激起群众的热情，增强群众的信心。

（五）情感性

现代管理越来越重视人的情感，因而也日益要求领导者运用情感的影响力来调动人们的积极性。许多领导者成功的因素之一就是在运用语言时善于以情感人，而不是以权压人。作报告或演讲时，语言朴实无华，亲切入耳，具有很强的感染力和凝聚力，能博得群众的喜爱；在交谈中或做思想政治工作时，与人为善，入情入理，运用亲切和蔼的语言感化人、催化人，具有说得“石人落泪”和化冰消雪的功夫。

（六）时代性

领导者的语言要有时代气息、有时代感，不断吸取发展着的、创造性的思想营养和语言营养成分，以使自己的语言充满生机和活力。

领导者的语言智慧，集中表现在成功地运用角色语言，在不同的时间、地点、场合和人群中，运用不同的用语艺术，有时严肃、有时活泼、有时具有号召力、有时具有生活味等。

二、如何提高管理者的讲话水平

古人说：“人之所以为人者，言也。人而不能言，何以为人？”可见“讲”的重要。所以，管理者应该十分重视提高自己的讲话水平。下面仅就讲话的一般方法作些介绍，供管理者参考。

（一）目的明确，中心突出

人讲话总是有一定目的，表达一定意愿和情感。管理者当然也不例外。因此，管理者“讲”的时候，应围绕一个主题去讲，不可信马由缰、不着边际。讲一个主题，涉及的方面可能是很多的，这就要求管理者讲时要有条理、有逻辑性，一环扣一环，使人一听便清楚管理者的主要意图和论证依据。如果一次讲话有多个主题，可以有目的地把它们分开来讲，或者把要点先挑出来，以便听者掌握。

（二）简练贴切，生动活泼

管理者讲话时要说得动人、鲜明、有吸引力，且必须言简意赅、富有魅力。俗话说：“少说为金，多说如铜。”话说多了，听者就会感到拖沓厌烦，这就要求管理者用词准确、精练，善于使用成语、典故、名人警句、谚语等。管理者要善于抓住听者的心理活动和性格特点，讲话时由浅入深、由表及里。一般来说，不同的场合，不同的对象，讲话的风格应该不同。正式场合讲话应该庄重、认真、严谨；非正式场合可以使用风趣、幽默的语言。总之，管理者讲话不能杂乱无章，漫天撒网，或者照本宣科，死气沉沉，叫人听了乏味，昏昏欲睡。

（三）“看人讲话”，要有针对性

看人讲话是说管理者讲话不应千篇一律，要有针对性。不同听众、不同场合、不同目的，讲话的语气、用词、角度、时间长短等也应该不同。在鼓动听众时，要在讲话中充满希望；在说服听众时，要从理解的角度出发，多用亲近、同情的语言，博得听众的好感；在要求听众时，要多讲你提出要求的理由，使听众认识到它的合理性；在拒绝听众时，要多用婉转的语言，不使对方感到沮丧，得到应有的谅解；在赞美别人的时候，要多用事实说话或以第三者的口吻，不要过多地运用浮华的语言；在批评别人时，要一分为二，不能因出了问题就把人家说得一无是处，或言谈中带有尖刻、挖苦的话，让人难下“台阶”……总之，如同看菜吃饭、量体裁衣，都讲究因人制宜一样，看人讲话，就是要根据听众的不同情况，见机行事，采用不同的讲话技巧。

（四）实事求是，言而有信

管理者讲话，是代表一定组织、一定身份的，因此必须实事求是，从实际出发，讲实话，办实事，言而有信，行而有果。管理者不可拿讲话当儿戏，说了不算，失信于民。古人云：“言而无信，何以为言。”如果管理者言行不一，不尊重听众，就会丧失威信。

讲话需要技巧，但技巧必须建立在实事求是的基础之上。因为缺乏实事求是，就是失去了根基，技巧就成了离开沃土和水分的花朵，是要枯萎和凋谢的。所以管理者讲话应注意这样几个问题：一是不说空话、大话、假话、过头话。二是克服随意性，不轻率迎合部分人的无理要求，乱“许愿”。轻易“许愿”，一时能博得部分人的好感，但是办不到就会失信于人。三是少说多干。关系到群众利益的事情，最好多办少说，先办后说，或者只办不说，免得“雷声大，雨点稀”或“干打雷，不下雨”，引起群众不满。

第二节　管理口才的技巧

一、日常交往和沟通中的口才技巧训练

（一）布置任务明确具体，提出要求态度适当

每个人都有自尊心，作为领导经常要向下属交代工作任务，检查和督促其完成情况，这是工作时间经常使用的语言环境。这类交往中，要注意自己的要求必须具体，指令必须明确无误。要让他人明白你要求的工作内容、完成的时间、工作计划等。在说话的时候，也要注意语气和蔼平等，提出的要求合理适当，不能因为自己的领导身份，对下属发号施令时严厉武断、冰冷僵硬，也不能常对下属提出过分的要求，否则会让下属心里反感的同时失去对你的尊敬和信赖。

（二）同事间闲谈要避重就轻，保持一定距离

有距离才有美。领导和下属的关系有时非常微妙，管理者要尊重下属，谦逊谨慎，保持民主和平易近人的姿态，但是不能为了和下属建立良好的关系而成为他们的好哥们儿。适度的距离，亦远亦近，即使在私下的场合闲谈聊天时也不能把你的秘密和很多想法真实地公之于众，隐私对一个管理者来说有时非常重要和关键。如果你的下属觉得了解你太多，和你关系太近就会对你的命令视如儿戏，其他的人也会效仿，那你的权威就会大大削减了。

（三）对下属的不满和对立情绪，要对症下药、虚怀若谷

任何一个领导都可能面临部分下属的反对和不满情绪，成熟的管理者应该敏感地觉察到这些否定的因素，积极主动查明原因，对症下药。而且对一些强烈的不满还要个别谈话，坦诚相向，认真听取他人的意见。对自己工作失误引起的不满，要敢于自我批评、客观反省，虚怀若谷地接受大家的监督和批评，这样才能够真正消除隐患、凝聚人心。

徐达是某工商所的所长，有一个下属叫雷鸣。雷鸣人如其名，火气很大，但发火之后不会

往心里去。一次,徐达让雷鸣去收某街道的管理费,雷鸣为了收钱的事情和一个商户大吵一架,被举报到局里。局里要徐达找雷鸣做思想工作。徐达的话还没讲完,雷鸣就忍不住发火了:"好好,我不干了,我不会工作,辞职行不行?""我就这个脾气,那群人是欠揍,下次要这样,我非摘了他们的牌子不可!"雷鸣怒火冲天地叫嚷道。徐达静静地听他发完火,什么话也没说走了。从此,徐达每当遇到雷鸣工作上发生争执时都三缄其口,遇见雷鸣也是笑而不答。这样的包容时间久了,雷鸣反而不那么容易发火了,反而积极配合徐达把工作做好,成为一名出色的工商管理人员。宽容和沉默有时候能起到比语言更有力的效果。

二、激励和赞赏的口才技巧训练

(一)以利诱导,发挥潜力

事业前途、奖励政策、荣誉等都是可以激励下属努力工作的指挥棒。无论是精神奖励还是物质奖励都会给员工带来实实在在的动力,毕竟为事业成功和荣誉奋斗是大多数人追求的人生价值。

(二)给以竞争,激发好胜心

日本心理学家多湖辉说:"对于太自信的人,可以通过与他人比较的方式,刺激他自己的存在理由。"对于有一定实力的人,管理者可以夸奖与他实力相当的人,激发他的好胜心。所谓强中自有强中手,每个人都可以找到自己的学习榜样,奋斗是无止境的。

(三)肯定成绩,忽略过失,以情制胜

一个绰号叫"螳螂"的青年工人,爱赌博,性格粗野,工作马虎,很多人对他的转变失去信心。厂党委书记刘吉主动找他谈了一次话,却使这位青年的生活出现了转机:

刘吉一见他就说:"你好啊。"青年冷冷地回答:"不敢说好,众所周知我不好。""为什么抽水烟?""有劲,过瘾,没钞票。"刘吉又问:"你每月收入多少?"青年答:"进厂十年每月386元。""为什么?"刘吉又问。"因为我是全厂有名的坏蛋。""你一不偷,二不抢,三不搞腐化,为什么是坏蛋呀?"青年答:"有人说我是不可救药嘛!"刘吉坚定地说:"这种说法是错误的,你不是坏人。说你不可救药,不仅是否定了你,同时也否定了教育者自己。"听到这里,这位青年笑道:"哈哈,我与你见解略同。"刘吉有意紧接一句:"我听说你曾救过人。"青年:"那是过去,好汉不提当年勇。"刘吉接过话茬说:"有志气!过去你曾经是一个好汉。可如今呢?你骂人、打架、恐吓人、逞英雄,干的是傻事。我今天来这里是第三次拜访你,想和你交个朋友。我还要拜访你的父母、你的妻子、你的师长、你的朋友,共同探讨一下青年人如何生活。孔夫子说'三十而立',你今年整三十岁了,好花迟开也该开了。"

刘吉以平实朴实的语言从肯定成绩入手,激发出其自信,然后渐趋深入,提出批评、指出方向的鼓励方法,自然使这位青年的心灵受到震动。在他心中产生了强烈的"自己人效应",唤醒了他改正错误的决心。这位青年当场激动地站起来,向刘吉肩膀捅了一下说:"刘吉,你够朋友!"后来,这位青年果然发生了很大的转变。

(四)基于事实的真诚赞赏,增加下属的成就感

真诚的赞美是人与人之间瞬间沟通的金钥匙,没有人不喜欢听赞美的话。有人说"这种渴求别人肯定和成功的愿望,乃是领导的无价之宝",关键就是看领导是否会运用这个无价之宝来创造出更多的价值来。赞美和肯定下属,一个是要实事求是,一个是要态度真诚,否则就

会让别人感觉你在做作,在故作姿态,结果会适得其反。

(五)和下属共享成功,在公众场合赞美员工,加深其荣誉感

记得在每一个成功时刻,走到下属中间,真诚地感谢和赞赏大家的努力,这样会提高大家的干劲,也会增强管理者的个人魅力。

(六)用心倾听,集思广益,激发其责任感

不要在重要问题上拒绝大家的意见,一个好的管理者一定是一个善于倾听的人,他会让每一个员工都积极思考重大的问题,吸取他们的智慧,在听取下属意见的同时,使员工感到自己也在积极作贡献,自己在集体中有着独特的价值。

三、管理者主持会议的语言艺术

会议是一种有组织有领导,经集体议事、商议或解决预定事项的行为过程,也是开展工作、实施领导的一种重要手段。管理者要通过会议来部署下达工作指令,听取执行的情况,征求群众意见,滤选决策,统一思想认识,协调行动等。这些工作过程都离不开大量的语言表达。一方面,有较多的与会人员通过会议主持人运用的语言及表情、手势,来观察管理者的思想政治素质、组织决策能力和文化修养等;另一方面,管理者本人也利用这个机会,来贯彻自己的意图,表现自己的领导艺术和才华。

(一)突出中心,紧扣议题

无论开什么样的会议,都必须事先拟订好议题,这是会议的目的、核心和灵魂。会议主持人是会议的"舵手",要随时把握、驾驭好会议之舟,启发引导大家,始终遵循会议既定的议题、日程,进行充分的研讨,才能如期达到预想的目的。这就要求主持人必须使与会者充分了解议题,包括会议共有哪些议题,怎么个开法,有哪些要求,与会者要承担什么任务等。而要与会人员听得明白,那么,主持会议的管理者就必须把会议的目的、要求、内容诸项交代给大家,且层次要清晰、逻辑要严密、表达要准确、中心要突出,切不可主次不分、轻重不分、内容庞杂,使听者不知所云、无所遵循。

(二)会议讲话应深化会议的主题

管理者讲话事前要了解会议内容、了解有关方针政策、了解与会者的心理,从而确立自己讲话的要点,使自己的讲话与会议内容相呼应,与有关方针政策相吻合,与到会人员心理相共鸣。同时,管理者的讲话要高瞻远瞩,深化会议主题,要善于把会议内容同党和政府提出的奋斗目标联系起来,提高与会者的思想认识,增强与会者的使命感和责任感。管理者在讲到这些深层次和关键性的问题时,还应做到声音洪亮、速度放慢、语气加重,给与会者留下深刻的印象。

(三)会议讲话应准确、鲜明、生动

会议主持者置身于一个同与会者面对面的语言表达环境,并且除传达文件外,通常不宜用书面文稿照本宣科,因此,如果说得不合分寸、不合身份,或政策精神把握不准,就会言不达意。具体一点说,就是遣词用句要字斟句酌,确切地表情达意,如实地、恰如其分地反映客观事物的实际情况。鲜明是在准确的前提下而言,只有准确才能谈得上鲜明,而鲜明则能够把要说的意思更突出、更清晰地表达出来,增强其准确性,使与会人员更好地把握会议精神。精

练就是简洁、言简意赅，说话干脆利落，不说假话空话套话，真正用简洁精练的语言，给人以启迪，给人以鼓舞。

（四）会议讲话既要通俗易懂，又要幽默生动

参加会议的人员，不可能都是一个知识层次，都有相同的理解水平。管理者不能不看对象，不管效果，在讲话中大谈其艰深难懂的东西，即使是政策性、专业性、学术性较强的会议，管理者也要用朴实无华、浅显易懂的语言来表达深刻的内容，把深奥的道理浅显化，使更多的与会人员不觉得枯燥艰涩，易于接受和理解。这就要求管理者具有较高的政策、业务和学识水平，同时又具有深入浅出的语言表达本领。

幽默的语言闪烁着智慧和文明的火花。一定程度的幽默感是哲理和情趣的统一，它反映了管理者自信、乐观、豁达、充实的精神面貌和风度。生动主要是讲话感情色彩强烈、丰富，使与会人员对管理者表达的各种思想观点和思想感情，产生共鸣。幽默和生动密不可分。在讲话中，适当插入幽默的语言材料，能增强讲话的生动性、趣味性，产生感染力，还能使与会人员在紧张的听讲中获得愉快的放松，同时又深受包含在幽默之中的道理的启迪，促使大家在轻松愉快的氛围中，乐于接受主持者的思想观点和施政主张。

（五）因会制宜，善于调动听众情绪

管理者主持会议，当然希望吸引听众，调动听众的积极性，使他们更多地接受会议精神。因此，针对不同的会议，把听众的情绪调动起来，刺激听众的兴奋点和注意力，就是管理者主持会议过程中充分发挥语言艺术特色的一个重要课题。会议有不同的类型，有不同的要求，作为管理者就要因会制宜，区别对待，在语言的运用上赋予不同的感情色彩。譬如在庄严的会议上，语言应注意严肃性、规范性；在欢庆会上，语言则应热烈喜庆；在工作部署会上，语言应清晰、准确、明快；在动员、誓师会上，语言就必须富有鼓动性，以提高人们的决心与信心，激发人们的干劲和勇气。不同的语言应和不同的会议、不同的气氛相协调，相配合，相一致。

在会议上，调动听众情绪，要靠真情实感来产生共鸣，不能靠大喊大叫，捶胸顿足，不能靠巧言令色、甜言蜜语，也不能靠低眉顺眼、博取同情。

四、管理者作报告的语言艺术

作报告是各级领导宣传群众、组织群众的有效工作方法之一。精彩的报告往往能吸引听众，产生反响，澄清模糊认识，统一思想、统一步调，推动工作，为群众喜闻乐见。管理者作报告常常会出现两种情况：一种情况是管理者的报告讲得干干巴巴，让人听得索然无味；另一种情况是管理者的报告内容丰富，语言生动，管理者讲得绘声绘色，非常有吸引力。这里除了管理者的知识素养之外，很重要的一个方面，就是作报告的语言艺术问题。同样的报告内容，语言艺术运用得好，就有感染力和吸引力，效果就好，否则，效果就差。那么，怎样才能提高报告的语言艺术呢？

（一）吃透精神，精心准备

就报告的内容而言，领导作报告大多是传达上级指示，贯彻会议精神，说明时事政策，介绍经验体会。如果领导仅仅拿文件在大会上宣读一遍，这就算不上作报告。因为作报告是一种带有个性特色和创造性的讲话方式。它是对上级精神学习理解、融会贯通后，由报告人将内容重新组织再表达出来的过程，是一种再创造。因此，报告人只有理解了、吃透了上级精神，才能抓住重点要害，条理清楚地将精神概括起来，形成具有个性的报告内容和完整的格局、体系。这样的报告才能达到既符合上级精神，又不是原件的翻版、复制。

（二）语言要有针对性

作报告的语言应有鲜明的针对性，这是报告的生命之所在。管理者作报告的一个基本要求，就是要抓住难点、疑点、热点，要敢于触及现实问题。对于那些人民群众中存在的疑难问题，对于那些人民群众中普遍关心的热点问题，管理者在报告中必须给以有说服力的回答。如果管理者摸不准群众的思想脉搏，抓不住问题存在的症结，无的放矢，照本宣科地只讲一些笼而统之的空话，是很难受到群众的欢迎的。

（三）语言要准确精练

语言的准确性来自思维的准确性，只有想得明白、思考得周密，才能讲得准确、讲得恰如其分；要根据不同的听众，挑选精练的语言，动用各种比喻和具体事例紧紧围绕所要阐述的内容，讲清说透，信口开河或泛泛而谈是不会抓住听众的。报告中不要讲大话，就是不讲言过其实的话，不唱冠冕堂皇的高调，不违背客观事物的本来面目。语言真实主要表现在两个方面：一是讲的事必须真实，不能颠倒黑白；二是要讲出听众的肺腑之言。

作报告的语言不仅要准确，还要精练。斯大林曾这样称赞列宁："只有列宁才善于把最复杂的事情描述得这样简单和明确，这样扼要和大胆——他说的每一句话，都是一颗子弹。"精练的语言，不仅可以准确鲜明地表情达意，而且能收到言简意赅的效果。有的领导作报告，好啰唆重复，多冗词赘语，这就好像人手上长出了"六指"，脸上长出了肉瘤，不但显得多余，而且带来害处。为了作报告精练，对于那些应景的话，对于那些重复的话，要统统删去，不可吝惜。

（四）语言要新鲜生动

管理者作报告，不论是宣传上面的新精神，还是反映下面的新事物，都要力求运用富有新意的语言，就是时代感最强、代表性最广，给人以新的信息和感触的语言。尤其是要有自己的总结和提炼，尽量避免讲那些别人早就说过的、被磨光了棱角的、生搬硬套的、群众不爱听的套话。语言的内容要言之有物，切忌空话连篇。

（五）语言要通俗

通俗语言，就是人人皆懂、群众喜闻乐听、有地方特色的群众语言。群众语言就是能反映群众的感情、呼声和心愿的心里话。著名教育家叶圣陶说："通行的说法是大多数人用来传达意思的，是大多数人说惯听惯了的，咱们拿来用，就一丝儿不隔。语言出在咱们心里，意思透进人家的耳里心里。不太通行的说法、绕一些弯子的说法就不然，即使意思没有错，人家总觉得有些生分、不自然，这多少就是隔。"这些话很有道理。俗话说："话需通俗方传远。"管理者作报告是让人听的。如果说的话，让人听不明白，尽用一些生疏的行业术语和专业名词，或滥用方言土语，又不能细致介绍一下，那就必然影响宣传效果。

（六）谈吐有致，讲究技巧

作报告虽然要依靠内容吸引人，但是为了提高报告的效果，有些表达技巧是值得借鉴的。首先，要注意吐字清晰，声音洪亮，节奏适度。作报告最好使用普通话，或稍带地方口音的普通话。其次，作报告还要注意克服不良谈吐习惯。有的领导说话速度太快，像放鞭炮；有的太慢，如老牛拉车；有的则拖长腔；也有的口头禅太多等。所以，这些领导在平时就应有意识地注意纠正自己的某些不良谈吐习惯。再次,作报告切忌讲"错别字"。否则,听众窃窃私语,传为笑语,看起来事不大,影响却不小。

综合技能训练

先分析下面领袖语言的艺术魅力,形成发言稿,然后再上台讲解(提示:每人选一句即可,但分析文字不得少于600字)。

1. 军民团结如一人,试看天下谁能敌!

2. 世界是你们的,也是我们的,但是归根结底是你们的,你们青年人朝气蓬勃,正在兴旺时期,好像早晨八九点钟的太阳。希望寄托在你们身上!

3. 好好学习,天天向上。

4. 下定决心,不怕牺牲,排除万难,去争取胜利!

5. 一个人做点好事并不难,难的是一辈子做好事,不做坏事。

第十一章　主持人口才

本章导读

“台上十分钟，台下十年功。”主持人是舞台上的焦点，是备受人们关注的职业，一个优秀的主持人往往魅力四射，能够吸引亿万观众，他们亲切诚挚而又热情谦虚，深沉大方而又可亲可爱，声音甜美而又清晰明快。他们像一条无形的纽带把舞台和观众连接起来，他们掌握着现场的进度，控制着整个活动的节奏，使节目步入高潮。

开篇案例

在一场晚会刚开始不久，连接大屏幕的一根线路出现了一点小故障，除主持人话筒外，所有音响屏幕处于瘫痪中，现场突然陷入一片沉默。白岩松急中生智为大家讲了一个故事：“有一次，一个著名的教授在大学讲课，当课讲到一半时，教室里突然停电了，按理说这是让人感到烦恼和尴尬的时候，谁知这位教授却说：‘本来我长得就不够好看，光线再亮，赋予我的脸庞也毫无意义，这下好了，我终于可以从自卑中走出，在黑暗里找到我的全部自信，因为我要讲的东西才是最重要的。’后来，点上了两根蜡烛，那个时刻是当晚经历了的人们感到最精彩的一幕。”这个故事经过白岩松的表述，变得非常精彩，还恰当地契合了现场的情况，赢得了现场观众热烈的掌声，不知不觉工作人员抢修好了故障，白岩松又不失时机地幽默了一句：“有时候一点点挫折能让你的感动更长久，请用掌声鼓励一下我们的工作人员！”

第一节　主持人概述

一、主持人的含义

所谓主持人，就是统领、引导、推进聚会活动进程的人。主持人具有采、编、播、控等多种业务能力，即在一个相对固定的节目，主持人作为主持者和播出者，集编辑、记者、播音员于一身。

在广播或电视中，出场为听众、观众主持固定节目的人，叫节目主持人。除了电视主持人之外，还有会议主持人、婚礼主持人、文艺演出主持人等。凡是大众聚会活动，都有主持人。优秀的主持人，除了必须具备其他各种良好的素质之外，卓越的口才是最显著的标识。

主持与主持人是一对既密切联系，又有细微差别的概念。主持是负责掌握或处理某项工作，而担任这项任务的人就是主持人。作为秘书工作人员，在很多情况下往往就是主持人，如日常工作中主持会议、主持仪式等。秘书在主持会议、主持仪式中的作用是串联环节，招呼与会者和来宾，掌握会议或仪式的具体步骤，挑起气氛，掌握和推动节奏。

事实上，主持人的作用远不止这些，他应该是一个商标式的人物，是每一次活动的灵魂。他在活动中对待各种事物的态度情感，应该能够体现组织者的意愿；在面对现实的时候，应该符合与会者和来宾的心理期望。

二、主持人的作用

（一）主持人可以起到桥梁的作用

主持人在整个主持活动中像一座桥梁，沟通两岸，连接着受众与节目，使受众更加了解节目意图。主持人将主观的强烈感受连同客观世界不露声色地展现给观众。主持人不但要与观众共同面对纷繁的世界，尽可能地将所面临的客观事实“和盘”托出给观众，而且要与受众分享由现实世界的相关关系所引发的茫然、迟疑和犹豫。

（二）主持人可以将丰富的信息传递给受众

主持的成功与否主要看串联词的好坏和传递信息量的多少。信息多才能吸引受众。所以，主持人在主持时，不要仅仅根据所设主题搜集材料，还要尽可能多地准备相关的辅助材料，并将之与题目恰当地融合，这样主持人不仅可以将主题传递给大家，还可以让受众了解到其他信息。

（三）主持人可以用激动、热情的语言感染受众

主持人在主持的时候，要把握和控制现场的气氛，要让受众跟着主持人的感情走。主持人要善于恰当地运用语言技巧，以引起人们的情感共鸣。

第二节　主持人的类型及个性培养

一、主持人职业口才交际风格及个性

口才交际风格是指一个人在交际表达中所表现出来的思想特点和人格魅力。主持人职业口才交际风格的形成既有先天条件，也有后天的学习和选择的因素。每个主持人的风格不可复制，千人千面，千差万别，但总体上大致可以分为以下四种类型：

（一）智慧型

天资聪慧、见多识广、足智多谋、思维敏锐、深刻有效等是智慧型主持人职业口才交际表达的风格特点。其智慧往往表现在言语推理较强，思维深邃，善于创新，活动的宗旨明确，并掌握实现这个宗旨的手段和预料效果。在知识经济的现代社会，智慧型的主持人广受欢迎。

例如，凤凰卫视2006年2月21日《小莉看世界》的一段主持话语：在发达的西方国家，政府的禁毒法规并不是不完整，缉毒也不是不尽心力，何以毒品势头只增不减？非法种植、加工和走私贩卖毒品的黑社会、恶势力固然是重要因素，但究其根本，还是那支庞大的吸毒群体，它以无尽的需求形成了一个无限的市场。反毒品斗争是长期的，我想我们缺乏的是对吸毒行为的全面抵制，缺乏对吸毒行为深恶痛绝的全民意识和社会气氛，如果能够从自身拒绝毒品，又怎会给走私贩毒集团有可乘之机？

主持人在感叹毒品难禁的同时，注意到罪恶之源就是“庞大的吸毒群体”，敏锐地将事物的根本——“毒源”找到了，从而呼吁全社会抵制吸毒行为，尤其是有毒瘾的人。这段话思维缜密、分析透彻、立意高远，颇显主持人智慧。

（二）幽默型

诙谐幽默的主持风格一直备受观众喜欢，不管是引人深思的冷幽默，还是逗人开怀大笑

的幽默。

凌峰：在下凌峰。……这两年来，我们大江南北走了一趟，男观众对我的印象特别好，因为他们见到我觉得有点优越感，本人这个样子对他们没有构成威胁，他们很放心（大笑），他们认为本人长得很中国（笑声），中国5000年的沧桑和苦难全都写在我的脸上（笑声、掌声）；一般来说，女观众对本人的印象不太良好，有的女观众对我的长相已经到了忍无可忍的地步（笑声）。但是我要特别声明，这不是本人的过错，实在是父母的错误，当初并没有征得我的同意就把我生成这个样子（笑声、掌声）。

（三）学者型

主持人的表达体现了深厚的相关专业知识，或有从事科研的相关背景，且拥有典范型的个性。在主持中往往会通过将丰富的知识含量、深刻的人生哲理、现代的科学技术等融入活动中，无形之中就提高了活动的品位。

（四）记者型

很多成功的活动主持人都有过做记者的经历，正是这段特殊的经历凝练了主持人职业口才交际的能力、敏锐的思辨能力、言谈举止的亲和力和丰富生活体验的淡泊致远感。媒体上这些主持人大都主持时事性强的新闻活动或谈话活动，在主持活动时，有时也到新闻现场进行时事报道。

一次肯尼迪音乐会在《爱我中华》的歌声中结束，现场观众自发起立，为宋祖英长时间鼓掌。王志在《面对面》活动中就此对话。

王志：您觉得是出于礼貌给您鼓掌呢？还是确实是欣赏到您的高水准的演唱？

宋祖英：礼貌，我觉得这是国际惯例的礼貌，肯定每个人演唱歌曲完了以后都会有掌声，但是这种长时间的掌声吧，我觉得还是有他们发自内心的喜欢。因为音乐会完了还有一个酒会，很多美国人都参加了这个酒会。从他们的言谈中，能感受到他们对这场音乐会的理解、喜欢和感动。

王志：音乐会就是中美文化交流的一个部分，他们能不鼓掌吗？能不为中国的文化使者鼓掌吗？

宋祖英：因为演唱的那些作品他们很感动，我觉得这也应该是发自内心的一种掌声吧。

王志：对于肯尼迪中心这场演唱会，您有什么样的评价呢？

宋祖英：我希望我的音乐会做得很好，这个很好就是没有极限的那种，做音乐会的人永远都会有遗憾，我希望我的音乐会遗憾少一点，但是总有遗憾。

王志：比方说呢？

宋祖英：就比如说，我平时在练习的时候，或在上课的时候，我会感觉特别好，声音也特别好，完成作品都非常好。但到那天，音乐会的当天，也许就没有平时好，这样的话就是遗憾，这是没有办法的。不像平时录歌，这个歌没唱好，声音不到位，或者气息不太好，那我可以重来。但音乐会就没有这个可能了，所以音乐会永远是遗憾的音乐会。

王志：但是从这一次的报道来看，反响比前两次都强烈很多，您认为从效果来说，从水准来说是不是确实很好？

宋祖英：确实这次比上两次都好，从我们的选曲，从我们的编排，从我们的组织，方方面面都非常好。

步步追问、步步向真相迈进、步步让观众更了解受访者的内心世界,这些都是由主持人的追问完成的。有记者曾经问王志由记者向主持人转型后的感受,王志说:“首先我是一个记者,我当然不能接受你的回答模棱两可。一个问题你没有说透,我就一定要追问下去,一定要拿到我想要的东西,这是我的底线。”这是很多记者走上主持人之后所体现的记者型主持人风范:既有记者探讨问题的深广性,又有主持人意识明晰的主导性。

中国传媒大学吴郁教授曾说过:“个性是主持魅力的核心。”主持人个性的形成和个人生活环境、工作环境、家庭环境、个人气质等有关,职业口才交际是展示主持人个性的第一载体,主持人个性化的语言如品牌,是彼此区别、卓尔不群的标志。

二、主持人职业口才交际个性化的培养

一是要热爱交流。在主持活动中,交流是带有目的性的,主持人在交流的过程中要具有一定的导向性。不可漫天谈论,或者是盛气凌人地逼问,或者是只顾着自己说,全然无视对方的存在,不给对方发挥的空间。交流应建立在以探讨某个问题为前提的基础上,在平等民主的氛围中进行。

二是主持人的平民气息。主持人不能否定与生俱来的平民气息,更不应该刻意显出自己与大众不同或高于大众的话语,即主持人语言应“生活化、平民化”。不可刻意追求表达华丽、故意雕琢,让人有矫揉造作之感。当然,也不能为了迎合某些人的口味,或刺激大众心理,故意出口“惊人”,大量运用粗俗、低级趣味的言辞。

三是自我加工。每个主持人即使在主持同样的活动、说同样的话,给人的感觉也是不一样的。因为口才交际有个人感情加工的成分。面对文本,每位主持人都会在无形之中根据个人喜好、个人思想和个人经历的不同“说”出不同的感觉。同时也需要主持人在主持活动时,对文本进行自我加工,找到最适合自己、最自然的语气或语调来处理,以真正打动受众。这种打动,不仅仅是话语本身,更重要的是这个话语交际也代表着主持人的存在。

第三节　主持人口才的功力要求

在主持艺术中,语言艺术占据极为重要的位置。节目所要表达的思想观点、要传达的信息、要达到的目的、要完成的任务,都需要主持人用准确到位、恰如其分、通俗流畅、雅俗共赏的语言加以传载。可见,主持人的语言功底至关重要,它甚至可以淡化、隐藏主持人在某些方面的“拙”,弥补主持人因其他条件欠缺而形成的不足。

美国著名的心理学家阿尔特·蒙荷拉比把语言表达效果概括为这样一个公式:

一句话的影响力=15%声+20%色+25%姿+40%情

还有一个心理学家总结出一个有趣的公式:

情感表达=7%语言+38%声音+55%的表情和动作

这说明好的语言表达并不是把话说出来就行,而是需要经过艺术加工的。

一、使用规范的普通话

通常的对话环境下,说话人的音色、音量和音域,与表达效果的关系不是很大。但在主持语言中,发音吐字却是至关重要的。这也是主持语言最基本的要求,是主持人做好本职工作

的前提条件。

国家语委等部门在《关于开展普通话水平测试工作的决定》中曾作明确规定:“普通话是以汉语传送的各级广播电台、电视台的规范语言。”同时又规定播音员、节目主持人普通话水平等级测试要达到一级乙等以上,这就要求节目主持人首先要说好普通话,做到语音纯正,符合普通话语音规范的要求,在语言表达方面做到规范与严正。这一规定充分考虑到了主持人在推广普通话方面所起到的示范、导向作用。主持人的普通话对受众有着很强的示范作用。这要求主持人站在一定的高度上,以强烈的责任感、语言规范意识和职业要求去对待普通话的规范问题。

(一)语音标准规范

参与或观看活动或节目时,受众不仅是在接受主持人传递的信息,同时也是在向主持人学习普通话,如果主持人的语音不规范,会对受众产生误导。

(二)用词和语法规范

语言是一个个词按照语法规则组合起来,造出句子进行交际的工具。其中词汇反映人们对客观世界认识的广度和深度,是语言的建筑材料,没有建筑材料就不能盖房子,所以没有词汇就不能造句子。主持人的词汇越丰富、越发达,其语言本身也就越丰富、越发达,表现力也就越强,也就能更确切地表达思想、传递信息。主持语言中的每个词、每句话,都必须是按照现代汉语语法规则进行组合。主持语言的语法必须严谨完整、逻辑清晰,这样才能准确无误地把节目内容传递给受众。

二、语言应生活化、口语化

主持语言是有声语言。它不像报纸、杂志那样的书面语言,看不懂的内容可以重复阅读,复杂的句子成分可以仔细推敲、细细品味。它的特点是稍纵即逝,所以主持语言应讲求生活化、口语化。主持人以第一人称的口吻出现在节目里,与受众构成了和谐的、如同朋友交谈一般的传播情境,然后平心静气、娓娓道来,这样的主持亲切自然、通俗明白、易于接受。

主持语言的生活化、口语化并非生活语言的简单复制,而是语言的通俗化、日常化,是亲切而不媚俗、自然而不随意。主持人要根据活动或节目的要求,围绕主题和传播目的斟酌、展开话题;根据交流的需要,对日常口语进行筛选、加工、提炼,把日常口语中不准确、不规范、不通顺、不精练的杂质去掉,形成具有特殊语言结构方式和语感的、具有交流功能的口头语言。

三、表达应与节目基调相吻合

人们很容易把主持人的语言质量同是否“能说会道”相联系,而忽略了更广泛的表达效果。一个节目的基调是由节目的性质、内容等诸多因素构成的。节目类型不同,其基调自然大相径庭:可以是庄重严肃的,可以是亲切热情的,可以是轻松活泼的,也可以是风趣幽默的。主持人只有深入了解节目宗旨,熟悉节目内容,方能准确地把握基调,运用主持语言将节目基调、主题渲染出来,做到形神兼备,准确地将节目“思想感情的总和”传递给受众。毫无疑问,主持人的语言表达应当追求语流的丰富变化,形成一种“曲线美”。当然这种美的组织与表达不是随意的,要与节目的基调相吻合。我们发现有的主持人不论主持何类节目都是一个风格,究其根源就是事先未能弄清节目的基调。不同的节目,有着不同的主持特色、不同的主持风格，需要运用不同的语气表达情感。所以在主持之前，主持人应对节目的整体进行把握，了解节目的性质和内容、节目的环境和气氛、交流的对象及身份等因素，根据节目的基调理解和消化主持稿的内容，清除生活用语的零碎、杂乱，将其转换成艺术化的口语，这样才能表达得自然、恰当、妥帖、圆满，说得优美动听，给人以美感。

四、交流应融入真情实感

古人云："感人心者莫先乎情。"充满深情的语言往往能撞击受众的心扉，因其情感的共鸣，从中得到感情的释放、交流与享受。所以，感情是主持人语言表达的依托，主持人在与受众交流的过程中应该是始终饱含感情的。充满感情的语言能大大加强传播的效果，尤其在艺术活动中，节目的认知功能、娱乐功能、审美功能都通过情感起作用。主持人应当根据节目的基调，正确运用情感及情感的变化，带领受众一同融入节目的氛围，让人感受到言语有心，言语用心。

但是情感交流并不是无的放矢，情感的释放需要把握分寸，这也是主持人口才的重点功力要求，是主持人语言艺术中的重点和难点。若主持人缺乏激情，会与观众心理不协调，不能满足观众的审美需求；如果主持人失去控制，情感渲染过于浓烈，则易被认为在"煽情""作秀"，受众会对主持人情感的表达和交流产生抵抗心理。真诚饱满的情感会使主持人更加充满人文关怀，从而更好地提升节目的品位。例如：在美国被誉为"谈话节目皇后"的黑人女主持奥普拉·温弗莉之所以受到人们的欢迎，就是她能够对观众动之以情，使她的观众能很快进入角色，也使她能开拓别人不曾想到过的话题。看奥普拉的节目就如同与一个好朋友交谈。她的善良与真诚让她在美国成了家喻户晓的明星人物，她在政治态度、价值判断和生活方式上深深影响了观众。

冷漠、无动于衷、麻木不仁是主持的大敌。主持人面对不同年龄、不同职业、不同文化背景的观众，面对大千世界许多经历的或未曾经历过的生活，面对熟悉的或陌生的事件，难免会有深浅不同的感情体验，但无论怎样，主持人都应该以富于情感的态度倾听、讨论、交流，体现博大的人文情怀。

五、表演应恰如其分

多数情况下主持人要面对受众，要"暴露"在众目睽睽之下，所以受众接收到的，不仅仅是主持人的声音，还有眼神、表情、手的动作、身体的姿势。主持人在台上的一颦一笑、举手投足、神情变化都是一种辅助语言，它对有声语言起着铺垫、强调等作用，甚至会起到"此时无声胜有声"的效果。实践也证明，主持人需要有表演能力，通过运用自己的语言、动作、身体、表情来传达信息，会使节目或活动更具感染力。

六、语言应字斟句酌、具有内涵

古人说"语不惊人死不休"，说的是作诗、写文章要字斟句酌才能写出传世篇章。主持语言是有声语言，是人们传递信息、交流思想的手段，它由语符、语义、语言的文化内涵三个层次构成。其中语义隐藏于语言代码的背后，反映了人们传播的意旨和目的，是有声语言的实质；语言的文化内涵是将语言作为一种刺激，使人们在获得信息的同时，引起审美想象，得到文化的陶冶和美的享受。主持语言在达到生活化、口语化要求的基础上，也需要精于修辞，锤炼字句，做到高雅而不粗俗，韵味无穷而不是味同嚼蜡；既能被大众理解和接受，同时又具有深厚而丰富的文化内涵。

七、控场应机智灵活

当主持人直接面对受众进行交流时，主持人语言表达上的一点混沌都会给活动的进行带来不必要的麻烦，会直接影响到受众的接收效果。因此，主持人要尽量避免自己言语表达上的不当，培养自己快速反应的能力，只有这样，主持起来才能做到从容镇定、挥洒自如。比如：有的被采访者不善于表达思想，这时需要主持人耐心启发、提示；而有的人喜欢表达，滔滔不绝、偏离主题，则需要主持人在适当的时候巧妙地打断他的谈话，围绕采访主题提出下一个问题；如果被采访者讲得快而且有地方口音，主持人则要在重点的句子、词组上给大家重复一下；遇到某些专业术语，应请被采访者加以解释。

要想成为一名优秀主持人必须有机智灵活的现场反应能力，否则很难保持长久的魅力。在主持过程中，遇到突如其来的情况时，主持人应充分调动自己的主观能动性，使大脑思维处于高度运动和思考状态，迅速快捷地作出反应，引导和控制场上的局面，处变不惊，保持清醒头脑，急中生智即兴发挥，机敏而巧妙地引导受众，使局面向预定的方向发展。

八、主持应富于个性化

个性是在一定的社会条件和教育影响下形成的。作为主持人也要有鲜明而突出的个性，但不是任何个性都会被观众喜爱和接受，主持人追求的个性一定要适合时代、适合观众，才易被接受而又不流于庸俗。所以，主持人的个性应是一定的行为规范下的个性，言语态度要保持坦率热诚，言语内容要言之有物，言语组织要严谨规范。

（一）主持的个性化体现在个性化的评论

主持人的评论不能人云亦云，重复别人的观点看法。优秀的主持人应当清醒地认识现实，冷静地把握自己，用真情去感受生活、体验人生，用自己的正义和良知去关心社会、关注百姓，然后用富于个性的语言把这种感悟、体验、思想、见解加以表达，这样的节目才具有吸引力，才能留住受众。

（二）主持的个性化体现在个性化的风格

不同的主持人运用自己独特的思维方式和表达方式，可以表现出不同的个性，形成不同的个性化形象，或温文尔雅，或热情活泼，或老成持重，都能引起观众的共鸣。比如，崔永元在主持《实话实说》的时候深受广大观众的喜爱，除了他的机敏和含而不露的幽默以外，还在于他给受众提供了一个自由说话的空间，他总是以幽默的语言化解受众的尴尬，为对方着想，替对方解围；而敬一丹则习惯把眼光投向教育、贫困、流动人口等，想通过自己的节目表现最大多数、最普通的老百姓，传递他们自己的声音。每当谈起这类话题的时候，她就有种想说话的冲动，就有一种可称为“情结”的感触。也正因为如此，敬一丹赢得了“平民节目主持人”的亲切称呼。

第四节　主持人口才的训练

一、主持人的口才技巧

怎样才能当好主持人？一曰工于开场，二曰巧于连接，三曰应变有术。

（一）要工于开场

好的开始是成功的一半。某高校邀请评剧《光绪政变记》中慈禧太后的扮演者郑毓芝作演讲，主持者是这样开场的：

“同学们，今天我们好不容易把‘老佛爷’慈禧太后请来了（掌声，笑声，听众的情绪顿时热烈起来）！‘老佛爷’郑毓芝同志在戏台上盛气凌人，皇帝、太监、大臣见了都诺诺连声，磕头下跪，在台下却和蔼可亲、热情诚恳。她方才和我谈起，还曾扮演过《秦王李世民》中的贵妃娘娘，话剧《孙中山》中的宋庆龄。她是怎样把这些截然不同的人物演得栩栩如生的呢？下面就请听她的演讲（听众凝视主席台，热烈鼓掌）。”开腔第一句话就博得了听众的掌声和笑声。

工妙的开场，约有四条：一是直入点题，提纲挈领，要言不烦地把活动的内容主体讲明白。二是调动全场情绪，使全场人人情绪高涨起来，注意力集中起来，处于亢奋状态，并造成一种氛围，一种全场和鸣共振的态势。三是富于启示性、诱导性，导引全场进入角色进入境界。四是周到得体。

开场工妙，必须坚决摒弃那种陈旧、死板、千篇一律的套套：“现在开会，请× ×上台讲话……”“× ×文艺晚会现在开始，第一个节目……”，应根据活动的具体实际，或说内容，或讲形式，或道特点，或提要求，或谈“历史上的今天”，或言“此时在别处”，总之要因境制宜，做灵活的设计。

（二）要巧于连接

主持一场活动，一般都要在中间搭桥接榫，过渡照应，把整个活动连缀成一个有机的整体。有人主持“廷·巴特尔是我们学习的榜样”的演讲，其中第三位演讲者演讲《人与共产党人》，第四位演讲者演讲《要有一股艰苦奋斗的创业精神》。他在两篇演讲之间致辞：“共产党人是人，但又不等于一般人，共产党人要无私无畏，要经得起风吹浪打，当然离不开艰苦奋斗的精神。下面请听× ×同学的演讲。”短短的几句话，使两篇演讲接续无痕。

主持者用连接语不外乎承上启下：肯定前面的，画龙点睛；呼出后面的，渲染蓄势。两者都重要，看临场的情势决定。

在主持中，并非演一个节目，搞一项活动，就要用连接语。用还是不用，连接语话长还是话短，应视具体情境而定。若用连接语，则可以顺带，也可以反推，可以借言，也可以直说，可以设疑，也可以答问。总之以别开生面而又恰到好处为原则。

（三）要应变有术

1. 打圆场

比如座谈讨论之中，与会者之间彼此意见相左，甚至唇枪舌剑发生争吵，互不相让。这时主持者就要出来打圆场。其方法和步骤如下：

一是转移注意。接过话题自己说，或者岔开话题换新题，把争论双方的注意力转移到别的方面。

二是联络感情。寻找或帮助双方寻找共同点，缩小感情上、心理上的距离。

三是公正评价。将双方的意见进行清理和归纳，站在公正无私的立场上进行评价，阐述为双方都能接受的意见，但又不是无原则的“各打五十大板”。

四是引导自省。使双方从事实中反省自己的观点和错误，消除误会，认同真理。

2. 破僵局

僵局也是主持者常常碰到的难题。一些即兴式的活动，如即兴演讲、讨论问题、聚散场合，经常会形成僵局。主持者遇到僵局，应尽快想方设法打破。打破僵局的方法如下：

(1) 做表率。无人来，自己上，做个示范，以启来者。

(2) 点将。直接安排“下一个”，变被动为主动。

(3) 注入催化剂。或讲一个故事，或讲一个笑语，或说一个典故，或说一则新闻，迂回过来，潜移默化之中启迪思路。

(4) 去顾虑。设想听众的顾虑——破除，激发勇气。

3. 摆脱难堪

难堪有两种，一种是听众发难而造成的难堪，一种是主持人自己失误带来的难堪。遇到第一种难堪，先要冷静思考分析，人家为什么要发难？动机是什么？而后分别采取不同的对策。

(1) 对于善意的发难，当以赤诚相见，精诚所至，金石为开。这可以直接说明和解释，也可以因势利导，引入正路，还可以来点调侃。

(2) 对于恶意的、欲置人于绝境的发难，应当针锋相对，当然是内刚而外柔。其方法如下：

一是顺贬，即先默认并接过对方给的难题，而后顺理成章地使对方陷入比自己更难堪的境地。

二是回敬，即古语所说的“以其人之道，还治其人之身”。

三是釜底抽薪，即直接揭出对方心怀的鬼胎。消除因自己失误带来的难堪，当然也可以靠诚挚来取得谅解，但一般说来，兵不厌“诈”，如巧寻借口、金蝉脱壳、暗度陈仓等。就是说过失既出，难堪既成，不妨将错就错，让它产生逆转和突变，化逆为顺。

应付各种变故，一定要谈笑风生，蕴藉一些，幽默一些。

二、摆脱困境的技巧

俗话说：“人非圣贤，孰能无过。”主持人每天面对各种各样的节目或活动，难免会出现一些始料不及的错误，这是不可避免的。但怎样对待错误，如何把错误消灭在萌芽状态中，避免让它成为“隐患”，却是有讲究的。这时掩饰、回避错误都是不明智的做法，因为说出去的话如泼出去的水，无法收回，而观众的感觉是敏锐的，他们不会因主持人小小的错误而苛求他，却会因处理错误的态度而评判他。所以主持人必须大方、自然地正视自己出现的错误，用自己的智慧和才能变不利为有利，抹去观众心中的阴影，重塑自己的光彩形象。场上困境的出现，除了有主持人主观方面的因素外，还有许多客观方面的因素存在，如嘉宾或观众出现问题，或突发事件产生等，都需要主持人及时缓解紧张难堪的气氛，使节目或活动得以正常进行，并帮助尴尬者挽回面子，显示主持人的机智，树立良好的公众形象。解脱困境的急中生智技巧有下面七种：

（一）语意逆推，金蝉脱壳

有时在众目睽睽之下，主持人由于偶然的疏忽说错了话，就在自己即将被尴尬地“晾”在台上时，能有冷静的、观微知著的机敏，再运用“语意逆推”（死理说活）的方式，顺题立意，力挽狂澜，就可以使自己转败为胜，可以较好地化解观众惊愕的情绪，起到转移观众注意力的效果。

袁鸣在主持“狮子楼京剧团”庆典时说：

“现在我荣幸地向大家介绍光临庆典的各位来宾，参加庆典的有……海南师范学院党委书记南新燕小姐！”台下慢慢站起一位白发老教授——南新燕，全场一片哗然。袁鸣歉然一笑说：“很对不起，我是望文生义了。不过南教授的名字实在太有诗意了，一见到南新燕三个字，我立刻想起两句古诗：‘旧时王谢堂前燕，飞入寻常百姓家’，这是多么美丽的图画！而且我觉得，今天这里也出现了类似的情景：京剧一度是清末宫廷的艺术，一度是流行在我国北方的戏曲，现已从北方到南方，跨过琼州海峡，飞到了海南，而且在这里安家落户——这又是多么美妙的画面呀……”顿时台下掌声、欢呼声四起。

主持人不慎说错了话，引起全场哄笑，只能道歉；但道歉而不服输，运用语意逆推的策略和顺题立意的智慧，片刻完成精妙的命题构思——浓墨重彩地描绘了两幅“图画”给大家看：一是古诗之画，赞老教授名字富有诗意；二是现实之画扣京剧庆典的节目语境。她金蝉出壳而且言之成理，使之渐入佳境，赢得了“满堂彩”。

（二）坦诚相见，自圆其说

北京电视台有次现场转播北京国安队对上海申花队的足球赛，主持人在开赛前的预测中，分析国安处于劣势，可能输给申花，不料比赛结果，却是双方踢平。面对这一失误，主持人没有回避，而是机智地引用球王贝利预测世界杯结果失灵后所说的话：“足球比赛的结果有时像艳阳天飘鹅毛雪。不过，这场雪对北京球迷来说，着实下得及时，下得痛快！”

主持人所说的前一句，以极富感性的语言为自己找到了退路，既含蓄地说明了事物变幻莫测的客观现实，还给人以愉悦的美感；后一句立刻回到现场，痛快淋漓地道出了观众喜出望外的心情，他的失误自然会得到观众的谅解，他的热情和机灵也赢得了观众的好感。

（三）以问制问，反守为攻

中央电视台节目主持人孙小梅随文艺演出团到达我国台湾，临时被邀请担任搭档主持人。一上场对方就出言不逊：

“孙小梅，你可是大陆的红人，怎么跑到台湾来抢我的饭碗呀？”孙小梅机智地回答：“我怎么是来抢你的饭碗？我是专程来帮你赚钱的。”对方不解：“什么？你怎么是帮我赚钱？”她顺势反唇相讥：“你想想，大陆有十几亿人口，台湾只有几千万，我来同你主持节目，回去一播出，认识你的人多了，你不是可以更赚钱了吗？所以呀，你要好好谢谢我才对！”

台湾主持人很明显地看出来者不善，孙小梅在“遭遇”为寻求意外现场效果而出现的咄咄逼人的诘难时“处惊不乱”。面对这种“智力冲击”，逆来顺受必然自陷窘境，那就只能“背水一战”。她在急智中以问制问，以静制动，反守为攻，而且一反常规，运用了“仿答”形式，即先根据对方的话语逻辑顺势推论，然后再用对方的话语方式给予回敬，从而收到了良好的效果。

主持人面对此类诘难，应注意三点：一是保持冷静；二是要突破定式思维，快速选准突破口；三是掌握“度”，注意言语交际中以问制问时的“冲撞效应”，以“软冲撞”（即“不失和”）为前提，保持和谐气氛。

（四）岔换曲解，联想解难

第十届全国书市开幕式后，崔永元与读者见面。有位小伙子问他：“崔哥，《实话实说》怎么没有过去好看了？”崔永元点头首肯道：“不错，是没有过去好看了，我们是有责任的——不过，主要责任在你。”观众的反应有点惊愕并感到困惑。崔永元又笑问：“小伙子，结婚了没有？”小伙子老实回答：“没有。”于是，崔永元就说：“我告诉你，结婚的感觉和恋爱的感觉是不一样的。”众人这才恍然大悟，明白了崔永元的用意。

作为主持人难免会碰到刁钻古怪或对自己极为不利的问题，这时权宜之计只能是突破问句的限制，跳出一定的思维模式，进入多元的应对视野，故意将问句的意思用口才艺术改变，将问话的意思剥离到有利于自己的方面来。这样故意地岔换曲解可以使自己变被动为主动，从而摆脱窘境。崔永元用结婚作类比，又及时抓住对方用语模糊的地方，将其曲解、剥离到有利、有趣的方面来，取得了出人意料的效果。

（五）通达自嘲，漫画趣说

一次综艺晚会上，凌峰登台，一些观众对其长相不以为然。凌峰便说：“时代在变，潮流在变，现在的男人基本上可以分为三种：第一种，你看上去很漂亮，看久了也就那么一回事，这一种就像我的好朋友刘文正这样；第二种，你看上去很难看，看久了以后是越看越难看，这就像我的好朋友陈佩斯这样（笑声）；第三种，你看上去很难看，看久了以后你会发现，他另有一种男人的味道，这种就像在下我这样的了（笑声、掌声），鼓掌的都表示同意了！鼓掌的都是一些长得和我差不多的（笑声），真是物以类聚啊（笑声、掌声）！”

在这里，凌峰把自己当作幽默的对象，采用漫画的方式来“自嘲”。但“自嘲”式幽默并非自轻自贱，恰恰相反，刻意丑化自己去娱乐他人，是大智若愚的通达，也是极具勇气与自信的闲适自处的超脱，甚至是一种豁达开朗、返璞归真的人性美的体现。凌峰趣说自己很精妙，用词诙谐，还埋有伏笔，而且格调轻松，俗而不陋，体现出一种爽朗与智慧的品性。他前半段话显然在自贬，数说自己相貌的“丑”，提出所谓“男人分类”的“理论”，在嬉笑中顺理成章地既贬低别人又顺带“美化”自己，更出人意料的是，最后也没忘聊侃那些为其鼓掌的观众。这是自嘲的泛化和扩张，使话语结构跌宕起伏而且挥洒自如，巧妙地将全场“同化”于幽默的氛围之中，也令观众对其顿生好感。

（六）善意解疑，圆场补戏

著名的配音演员李扬有一次在绍兴主持晚会，当海政歌舞团的歌唱演员叶茅、廖沙对唱《走西口》时，他们声情并茂，甚至出现亲热的搂抱表演。这时有观众为他们精湛的艺术表演赞叹，有的观众对他们“过分”亲热的举止不解甚至反感。对于这种情况，主持人如果听之任之，必然会导致观众的不以为然以致整个局面的尴尬，很可能让一场成功的晚会大打折扣，也可能让艺术家在不明真相的观众心中留下抹不去的阴影。于是，等他们唱完，李扬立刻迎上去将他们留在台上，并向观众介绍说：“叶茅和廖沙的歌声情真意切，打动了观众的心。但大家不知道，他们舞台上是艺术伴侣，生活中更是恩爱夫妻。”

听完介绍，台下马上响起“噢”的嘘声，在一片善意的笑声与掌声中，误会消除了，晚会又回到了欢快、祥和的语境中。下场后,叶茅、廖沙感激地对李扬说:"过去由于主持人没想到这点,我们受到不少误解,你想得真周全。"

在节目或活动进程中,有时之所以会陷入窘境,往往是有人在特定的场合中作出了不合时宜、不合情理或有辱身份的举动,而旁人又不便指出,于是进一步导致了整个局面的尴尬或僵持。在此情境下,主持人必须善解人意,用行之有效的方法来打圆场,找一个借口或换一个视角,以合乎情理的依据来证明对方的举动是可以理解的,是无可厚非的。这种驾驭语言和协调关系的能力是主持人必备的能力,适应语境、营造语境、改变语境,变窘境为顺境,也是主持人的重要职责之一。

(七)借题发挥,化解尴尬

一次某高校举办校园文化艺术节,请来了扮演周恩来总理的特型演员。观众强烈要求他来段即兴表演。于是演员走上舞台模仿周总理开始了表演,由于过于投入完全沉浸到自己的艺术创作之中,以致时间过长而不自知。这时台下已有观众因不满而喝倒彩。这时主持人快速走到台中,模仿毛泽东主席的神态说道:"恩来同志,你今天工作太累了,你要为我们保重身体啊,现在你还是下去休息一下吧。"

一席话巧妙地提醒了演员,也给他一个下场的台阶,不露痕迹地平息了双方的尴尬,同时还顺便制造了一个小小的幽默,让现场观众忍俊不禁。主持人时常会碰到这种让人尴尬甚至让节目无法为续的情况,如何处置解决直接体现出主持人发现问题的敏锐程度和处理问题的艺术。如能当机立断、因势利导、借题发挥,就会让尴尬悄然引退,欢乐重现舞台。

综合技能训练

一、分小组虚拟一个活动,如晚会、婚礼、座谈等,推举一个主持人主持,其他人配合,先在下面模拟,然后登台完成表演。

二、剪辑四组镜头,分别是教室内吃早餐、宿舍深夜上网、图书馆读书、人才市场找工作。

要求:以"大学生活过后的反思"为题,主持一段节目,前面有开场语,镜头之间有串联语,最后有结束语。串联语要基本上与镜头同步。

第十二章　导游口才

本章导读

一名专业的导游，需要有良好的仪容仪表、周到的服务行为和态度、娴熟的业务能力、广博的知识结构、灵活的接待游客的技巧、很强的组织协调能力等，但是这些基本素质和能力也多需要导游职业口才交际能力来体现和完成，而导游职业口才交际能力更直接是担当导游这一角色和任务的重要因素和衡量标志之一。

开篇案例

各位朋友：

我们的旅程马上要结束了，王导也要跟大家说再见了。临别之际没什么送大家的，就送大家四个字吧。第一个字是"缘"，缘分的"缘"，俗话说"百年修得同船渡，千年修得共枕眠"，那么和大家7天的共处，算算也有千年的缘分了！接下来这个字是原谅的"原"，在这几天中，王导有做得不好的地方，希望大家多多包涵，在这里说声对不起了！再一个就是圆满的"圆"，此次行程圆满地结束多亏了大家对我工作的支持和配合，小王说声谢谢了！最后一个字还是"源"字，财源的"源"，祝大家的财源犹如滔滔江水连绵不绝，也祝大家工作好、身体好，今天好、明天好、现在好、将来好、不好也好、好上加好，给点掌声好不好？

这段欢送词除了将欢送词表达感激、渴望相逢、对旅客美好的祝愿都表达出来外，还很巧妙地用了"缘""原""圆""源"以及九个"好"，语言流畅而俏皮。

第一节　导游口才概述

一、导游口才的含义

导游口才指的是导游员在引导旅游者浏览时接待、带领旅游者，与之沟通、解说时所涉及的语言及口才。

二、导游口才的特点

（一）准确恰当

导游人员的口语质量如何，在很大程度上取决于遣词用语的准确性。讲解的词语必须以事实为依据，准确地反映客观事实，做到就实论虚，入情入理，切忌空洞无物或言过其实。一些导游为了吸引游客的注意，常常有意无意地夸大事实或故弄玄虚，比如：动不动就用"世界上""全中国最美的""最高的""最大的""独一无二的""甲天下的"等形容词，这类没有依据的信口开河会使稍有见识的游客产生反感。这就要求导游人员对讲解要有严肃认真的态度，要讲究斟词酌句，要注意词语的组合、搭配。

1. 事实要准确

事实是独立于人的主观之外的客观实在，有特定的时间、地点、具体发生发展的过程，这就要求导游员讲任何一件事实和数据时，必须有根有据，不可凭空捏造。

2. 道理讲准确

善于抓住事物（景观）的本质特征，把道理讲得尽可能全面透彻，不然就会使顾客形成"神气十足，但是没有货色，不会分析问题，讲不出道理，没有说服力"的不好印象。有的导游语言之所以能使人产生一定的感受，其中一个重要原因就是因为导游员对导游内容有中肯的分析和评价。例如，一位导游员在给顾客讲解故宫的建筑特色时说：

故宫建筑类型丰富多彩，布局严谨，井然有序，除了建筑造型、色彩与装饰外，还特别重视空间组合艺术。中国古代建筑设计，对空间组合艺术一向非常重视。无论在选址、布局、装饰等方面都是依照空间组合艺术的基本原理进行的。这一特点，在紫禁城宫殿建筑中，表现得更为突出。如太和殿自身的台基，面积为 2377 平方米，高度仅 26.93 米，只不过相当于一幢普通的八九层楼房。如果没有三台衬托和门庭陪衬，就难以达到如此惊人的艺术效果。其建筑艺术的特点之一，就是整体空间组合与单体轮廓设计的巧妙组合，形成既统一又富于变化的建筑群体。

中国建筑设计有两个侧重：一是侧重大效果，即环境设计；二是侧重细部，供人仔细欣赏。两种办法要因地制宜地加以运用，故宫外朝大殿的设计多侧重于大效果，例如午门、太和殿内外的座院是成千上万人的朝会之所，是紫禁城中最庄严、最隆重的场所，在豁然开朗的太和门广场上，结构发生了奇异的变化，庭院中的五座飞虹桥与玉带般的金水河纵横交织、洁白勾栏的曲线组成了如虹似锦般的立体交叉，吸引着人们的视觉，因而在人们步入午门之后，不用指路牌的导引，就会情不自禁地走向太和门。这便是艺术的魅力，就是利用空间组合巧妙处理人与物、物与物关系的创造。

这位导游员在这段讲解中对以故宫为代表的中国建筑特色进行了精辟的分析和评价，有根有据，有比较、有鉴别，因而具有极强的说服力。

3. 引用语言要精确

在导游中适当引用一些至理名言、精词妙句，都有利于增强导游语言的效果，但必须准确无误，绝不可曲解、断章取义。请看一位导游员介绍郑州黄河游览区的一段导游词：

据说，日本也有"人类起源于河流"的说法，黄河自古就被人们称之为中华民族的母亲，她与悠久的历史同流至今，与中国人的生活密切相关，象征着中国的文化、政治和社会。历史上曾有多少文人骚客以诗描写黄河的汹涌澎湃之势，唐代诗人李白在他的《将进酒》一诗中以铿锵有力的句子这样赞叹黄河：君不见黄河之水天上来，奔流到海不复回。

在近代，日本人士非常熟悉的郭沫若先生曾留下了"黄河之水通江户，珠穆朗玛连富士"的名句，用黄河来比喻中日两国之间的友好关系。另外，中国还有一个人们所常用的谚语，叫作"不到黄河心不死"，基于上述的意思，我想，今天务必请诸位到黄河边上一游，面对着气势磅礴的黄河，回想对比一下，我们两国间过去那种关系和今日的友好关系，希望大家能从黄河中汲取进一步发展我们之间的友谊的力量。这样，我就安排了这个参观计划。

这位导游员先后引用了李白、郭沫若的诗句，由于引用得精确、恰当，因而增强了语言的艺术魅力。

4. 条理清楚，层次分明，首尾连贯，合乎逻辑

马克思曾说过："应该逻辑地、明确地表达思想。"精确的语言能表现导游员精密的思想，也能表现他（她）驾驭语言的能力和功夫。请看下面一段导游词：

在中国，园林被分为三大类：皇家园林、私家园林和寺庙园林。豫园属于私家园林。大家知道，中国园林有许多技巧，如借景、障景等。不过它们都由四个基本元素组成，这四个元素是水、植物、建筑和假山。大多数私家园林在江南，就是因为这儿有水源和适宜做假山的石头。豫园是四百多年前明朝时建的，园主姓潘，是个大官，他建此园是为取悦双亲，让他们安度晚年，所以豫园的"豫"字就取其喜悦之意。可惜的是，他父母未能眼见豫园落成就去世了。清末，潘家衰落，其后代变卖此园于当地行会。豫园之所以成为名胜，还另有一原因。1853年，上海爆发小刀会起义，园内一厅堂曾被用作指挥部。今天豫园是个必游之地，所以我建议到了那儿，我们千万不要走散，最好大家寸步不离，好吗？

这段导游讲解词层次条理都十分清楚分明。豫园为何成为"必游之地"，导游员讲了两点原因，首先讲它所具有的中国江南园林特点，其次讲它的历史原因，尽管没有用表示顺序的词语，但连贯性强，能给人以明晰的印象。

（二）风趣活泼

风趣活泼是导游语言生动性的一种表现。导游人员要善于借题发挥，用夸张、比喻、讽刺、双关语等，活跃讲解气氛，增强艺术表现力。机智、风趣的讲解语言，不仅能融洽感情、活跃气氛，而且能增添客人们的游兴，获得一种精神享受。

有位导游员在讲岳阳楼旁的"三醉亭"前这样讲解：

"女士们，先生们！岳阳有句俗话，叫作三醉岳阳成仙人，各位是不是想成仙呢？""成仙？当然想啊！"几个游客高兴地答道。

导游员说："大家若想成仙人，有两个条件。一是醉酒；二是吟诗。"客人们乐不可支，有的说会吟诗，可惜不会饮酒；有的说会饮酒，可又不会吟诗，气氛十分活跃。

这位导游员又推波助澜地说："如果谁又能饮酒，又会吟诗，而且到过岳阳三次，那么就会像吕洞宾一样成仙。如果只会饮酒，不会吟诗，或者只会吟诗，不会饮酒，那就只能半人半仙了。"

（三）浅白易懂

导游讲解的内容主要靠口语来表达，口语声过即逝，游客不可能像看书面文字那样可以反复阅读。当时听得清楚，听得明白才能理解，所以要根据口语"有声性"的特点，采用浅白易懂的口语化讲解。

口语化的句子一般比较短小，虽然也有属于长句的，但一般要在中间停顿，分成几个小句子，例如：

"这座大佛高17米，他的头发就有14米长，10米宽，头顶中心可以放一个大圆桌，大佛的脚背有8米多宽，站100个人，一点儿也不拥挤。"

下面这段导游讲解缺乏口语特点，听起来就像背导游词，很难激起游客听下去的兴趣。

"各种质地的象，经常是皇帝的陈设品，象高大威严，体躯粗壮，性情温柔，粗大的四蹄直立于地，稳如泰山，象征着社会的安定和皇权的巩固。这是一对铜胎珐琅嵌料石太平象，它能

通四夷之语,身驮宝瓶而来,给皇帝带来了农业的丰收和社会的太平,故御名曰'太平象'。"

上面这段讲解的每句话经过细心雕琢的痕迹很重,而且有很多难懂的书面语,如"体躯粗壮""通四夷之语""身驮宝瓶而来""故御名曰"等这些词汇,游客即使在一定的语言环境中也很难听清听懂。

(四)声音清楚圆润

导游讲解的口语首先要吐字正确清楚,无论是普通话、粤语、闽南语,还是外语都要力求发音准确、吐字清楚。

其次,要讲究声音的清亮圆润,避免粗糙生硬、嘶哑的重喉音、鼻音和气声,学习正确的发声方法,使声音和谐、纯正、适度。

(五)鲜明性

所谓鲜明性,就是观点明确,态度明朗,这是对导游语言艺术风格的又一基本要求。

通常,导游人员要善于恰当地运用一些修辞手法,如对比、夸张、比喻、借代、映衬、比拟等来"美化"自己的语言。只有"美化"了的语言,才能把导游内容以及故事传说、名人轶事、自然风物等讲得有声有色、活灵活现,才能产生一种美感,以强烈的艺术魅力吸引游客去领会你所讲解的内容,体验你所创造的意境。

(1)导游员的态度要鲜明,要有明确的是非观和爱憎情感。请看下例:

有位导游员在接待一批西方游客时,有人问他:"有人说,世界上最幸福的男人是拿美国的工资,娶日本的妻子,吃中国的饭菜,住英国乡村式的房子;而最不幸的男子是娶美国的妻子,住日本的房子,吃英国的饭菜,拿中国的工资。对此你怎么看?"这位导游员说:"吃中国饭菜是一种幸福,这没错,因为中国是个美食之国,饮食文化源远流长,但认为中国的工资低到了世界上最不幸的程度的说法,是不确切的。中国的工资收入只是有形收入,另外还有无形的收入,如公费医疗、生活补贴、低廉的房租水电、奖金等。如果把这些无形的收入折算成工资,就不会低于月薪800美元!"在这席话中,这位导游员自己坚定的态度和明确的是非观,使游客们听了都大吃一惊,觉得很有道理,于是改变了对中国低工资的看法。

(2)导游员解说的重点要突出,要集中,这也是使鲜明性显著的好办法。在丰富纷繁的导游内容中,平铺直叙,面面俱到,企图把一切都灌输给游客,其结果必然是事倍功半,因此,要善于分清主次,根据实际情况把重点、要点突出出来,这样才能使游客产生鲜明的印象。例如:南岳衡山值得讲解的东西很多,既有"势雄""景秀"的自然景观,又有"境幽""文丰"的人文景观。这就需要重点讲"势雄""景秀",次要讲"境幽""文丰",或者次要讲"势雄""景秀",重点讲"境幽""文丰"。在重点之中又有重点和非重点之分。如果主次不分,游客听得的印象就比较平淡,同时,也可把自己要讲的要点理出来先揭示给游客,这也能使你的讲解内容鲜明、突出。例如:

今天,我们要游览的是武陵源景区,武陵源景区是十分迷人的,它主要有三个方面的特点:一是雄奇优美的奇山异石,二是秀丽迷人的溪潭瀑泉,三是姿色俱佳的动植物。这里,我先简要介绍一下武陵源的奇山异石……

像这样开头,游客对武陵源就有了一个大致的轮廓。随着导游员循序渐进地往下讲解,其轮廓就会越来越清晰。

(3)最后要注意语言的鲜明性。鲜明的态度和观点必须经过鲜明的语言表现出来,鲜明的语言还能充分表现不同的语言风格，如简洁、细致、明快、华丽。

（六）生动性

导游语言艺术风格的生动性，大致有以下几个方面：

1. 敢于创新

所谓“创新”就是要敢于实事求是，敢于从实际出发思考问题，说明问题，要想人所未想，见人所未见，言人所未言，只有这样才能表现新鲜活泼的思想，才能吸引人，感动人。没有自己的见解和感受，纯粹机械照搬导游资料上的介绍，拾人牙慧，就不可能有什么感染力。有些东西是资料上没有的，要靠导游员自己去收集、考察、体验、归纳、整理。因此，只有有“千回百折费寻思”的精神，才能“道出人人意中语”。

2. 富于形象性

形象性是生动性的一个要素，尤其在讲述游客眼前没有形象的景物或故事时，特别要讲究形象，或用游客所熟悉和懂得的形象进行类比；或用有声有色的语言（包括动作语）进行描述，这都是增强形象性的方法。

3. 善于变化

变化表现在不少方面，如组织导游素材的新颖角度，导游“作品”层次、结构、语言句式的变化等。例如，有的导游员在讲解时，常结合自己的感受进行解说，这比那种以旁观者的口吻进行的解说要生动、活泼。有的导游采取问答式的导游方法，游客参与进来，一问一答，循循善诱，既有情趣，又能达到导游的目的。

总之，导游口才所包含的内容是丰富的。准确性、风趣、浅白易懂、鲜明性、生动性是不可分割的整体。准确性是基础，做不到准确性，就无所谓鲜明性、生动性、风趣、易懂，但只讲准确性，忽视鲜明性、生动性、风趣、易懂，导游内容就不能很好地表达出来，就会影响导游语言的艺术效果。只有在准确性的基础上达到鲜明、生动、风趣、易懂，导游语言艺术风格才能发挥它的积极作用。

第二节　导游口才表达技巧

一、诱发游客兴趣的语言技巧

导游的作用就是通过对旅游景点的说明和介绍，帮助旅游者了解和进行欣赏，获得必要的知识和美的享受，达到游览的最佳效果。导游必须运用生动和趣味性的语言进行讲解，针对不同身份、年龄、背景的游客调整讲解词。比如：对儿童进行讲解应力求浅显易懂，多用比喻，多讲故事；对文化水平较高的游客讲解则可以引经据典，加入一些哲学知识、历史典故来丰富景点所蕴含的深层魅力。

二、寻找游客的兴趣点

导游只有把握了游客的兴趣点，才能充分满足游客的心理需求，顺利完成导游任务。例如，清代乾隆皇帝在游览宁波天童亭时，由圆智和尚导游，两人一前一后一路欣赏风景。乾隆兴致颇高,便说:“今日朕躬身上山,你能不能把我比上一比。”圆智和尚随口答道:“万岁上山,好比佛爷带你登天,一步更比一步高。”乾隆听了他的话乐不可支。圆智和尚的话准确地找到了乾隆皇帝游览寺庙希望讨个好兆头的兴趣点。

要掌握这种导游的即兴口才,应注意根据游客的情绪变化、思维特点和心理变化来调整导游语言。

三、控制讲解的时间

心理学研究表明,在45分钟的独白式讲解中,听者最有效的时间是前面的15分钟,而之后的30分钟则收益较浅。因此,导游要把握讲解的时间艺术。

一是讲解时间不宜太长太久,因为讲的时间太长太久,显得过于单调,难以集中游客的注意力。需要进行较长的讲解时,中间最好穿插一些适当的对话形式,以设问、答问等形式来传达所要讲解的内容,要比导游员搞“一言堂”似的讲解生动活泼。

二是讲解的时间要与游客的观赏时间相交叉,即讲一段时间,让游客自己观赏一段时间,然后再讲一段时间,如此反复。比如带游客游三峡,当船快到巫峡的神女峰时,有经验的导游员往往只用不过5分钟的时间把巫峡神女峰美丽的传说讲一讲,传说故事一讲完,神女峰就出现在游客的前方。这时,导游员一般不再讲解,而是让游客自己观赏。

三是讲解时间的长短,一般应视游客的兴趣而定,发现游客有兴趣,讲的时间长一点,不然就要适当减少讲解的内容。

综合技能训练

一、假设有一兄弟院校参观团来学校参观,你作为一名学生导游,如何引导他们参观校园?如何设计问候语、欢迎语、介绍语、游览注意事项和对游客的希望及欢送词?

二、根据第一题的要求,分组讨论并创设这一训练情景,然后登台表达,并进行自我评价或互评。

第十三章　推销口才

本章导读

对工商界来说，过去那种“皇帝的女儿不愁嫁”“酒香不怕巷子深”的经商观念已落后于时代，继之而起的是深入用户、争夺市场的推销大战。可以说，没有推销，就没有企业的发展。对个人来说，不懂得推销自我，就难以实现个人事业的成功。时代需要推销，而推销的目的在于说服顾客。因此，说什么、怎么说，就更为重要。推销人员如何在推销这种一步到位的沟通中使人口服心服，关键在于掌握并灵活运用推销语言艺术。

开篇案例

美国新泽西州一对老夫妇准备卖掉他们的住房。他们委托一位房地产经纪商承销。这家房地产经纪商请老夫妇出钱在报纸上刊登了一个广告。广告的内容很简短：“出售一套住房，有六个房间，壁炉、车库、浴室一应俱全，交通十分方便。”

广告登出一个月后无人问津。老夫妇又刊登了一个广告，这次他们亲自拟写广告词：“住在这所房子里，我们感到非常幸福。只是由于两个卧室不够用，我们才决定搬家。如果您喜欢在春天呼吸湿润新鲜的空气，如果您喜欢夏天庭院里绿树成荫，如果您喜欢在秋天一边欣赏音乐一边透过宽敞的落地窗极目远望，如果您喜欢在冬天的傍晚全家人守着温暖的壁炉喝咖啡时的气氛，那么就请您购买我们这所房子。我们也只想把房子卖给这样的人。”广告登出不到一个星期，他们就搬家了。

俗语说：“货卖一张嘴。”在推销活动中，语言的优劣确实能带来推销效果的巨大差异。只有优秀的推销语言才能起到刺激购买欲望的作用，所以若想取得优异的业绩，推销员必须在语言上下一番功夫。

第一节　推销的含义与作用

一、推销的含义

推销的含义有广义和狭义之分。

(一)广义的推销

广义的推销指推销主体在一定推销环境里，运用各种推销艺术和技巧，说服推销对象接受推销客体所进行的各种相互关联的活动。它是一种人类社会活动，是一种说服、暗示，也是一种沟通、要求。在日常生活和工作中，每个人都在进行着不同程度的推销活动。也许你正为一份理想的工作而推销自己，也许你正为提高工资或增加奖金而游说公司，也许你正为推行某种理念而说服下属。推销能力深深影响着每一个人的成败，想要拥有成功的人生，就要想方设法把自己培养成推销专家。

(二)狭义的推销

狭义的推销,是商业经济学的专用术语,专指推销员(或营业员)推销产品(或商品)的行为和活动。作为一种商业行为和活动,它是从属于人类社会活动的。因此,逻辑学上说,狭义推销与广义推销是从属关系,是被包含与包含关系。具体来说,推销是营销组合中的人员推销,即由推销人员直接与潜在顾客接触、洽谈,介绍产品,帮助说服顾客,促使其采取购买行动的活动。报纸分类广告求职栏上刊登的业务代表、营业员、销售工程师、推销员、访问员、调查员等,都是靠推销来谋生的推销人员。狭义的推销是以推销人员为推销的发起者,以产品或劳务为推销目的,以目标顾客为推销对象的活动。

二、推销必须具备三个基本要素

(1)推销主体,即主动向别人开展推销的各类推销人员。

(2)推销对象,即接受推销员推销的各类顾客。

(3)推销客体,即为推销员所推销的标的,包括各种有形商品和无形商品。

推销过程相当复杂,推销员要经过推销准备、寻找顾客、接近顾客、访问顾客、向顾客介绍和演示推销商品、处理异议、达成交易和后续工作等几个阶段,推销者要能紧紧围绕顾客的利益,运用种种推销技巧来说服对方,以促成交易。

由此可见,推销的实质是推销主体与推销对象双方在销售中所形成的销售关系。推销的关键是“相互获益”,推销的重要手段是说服。推销人员就是要从双方获益的目标出发,通过直接的对话,说服顾客接受他所推销的商品或服务。

乔·吉拉德是美国历史上知名的汽车推销员。在他刚当上汽车推销员后不久,有一天去殡仪馆哀悼一位朋友谢世的母亲。他拿着殡仪馆分发的弥撒卡,不禁想知道一个问题:他们怎么知道要印多少张卡片?做弥撒的主持人告诉他:他们根据每次签名簿上签字的数字得知,平均这里祭奠一位死者的人数大约是250人。

又有一天,吉拉德去参加一位朋友的婚礼。当他碰到礼堂的主人时,就又向他打听每次婚礼有多少客人。那人告诉他:“新娘方面大约有250人,新郎方面也是250人左右。”

这一连串的250人,使吉拉德悟出这样一个道理:“每一个人都有许许多多的熟人、朋友,甚至远远超过250人这一数字。事实上,250人只不过是一个平均数而已。”

这就是有名的吉拉德“250定律”。它在揭示每一个顾客的影响力的同时,也告诉我们:每一个顾客都是“上帝”,你即使只得罪了一位,就意味着得罪了一连串的“上帝”,你得罪不起!

得罪顾客是推销人员的大忌。因为每位顾客背后都站着许许多多的潜在顾客,他们都在望着你对最前面那位顾客的言谈举止,从而决定自己的进退。对于推销员来说,假如你得罪或赶走了一位顾客,你就会失去另外250位顾客。相反,你赢得了一位顾客,也就赢得了250位顾客。利用顾客的介绍来寻找潜在的顾客,早已成为当今商界中用以拓宽顾客群的一种常用方式。

第二节 推销的行为技巧

一、事前预约

预约在推销产品中是重要的一环，尤其是在快节奏的生活中，贸然打扰显得唐突不礼貌，事先约定既能提高工作效率、节省时间，又能让对方有一个思想准备，预先考虑一下对所推销产品的态度，等推销员上门时，不至于手忙脚乱。所以，预约一能显得有礼貌，尊敬对方；二能给对方心理一定的准备时间；三能提高工作效率。

预约的方法有面约、电约、函约与托约等几种。

（一）面约

面约是指推销人员利用与顾客会面的各种机会当面约见，这种方式一般用于新老客户均可。如："王总，有些问题想向您了解咨询一下，看到您现在很忙，我明天上午 9 点钟来，好吗？""今天我们来不及细谈，下周一晚 6 点我去办公室见您可以吗？"面约时，语言要礼貌客气，采用商量的口吻，同时约定的时间、地点要说定。

（二）电约

电约是利用电话约见。电话是我们现实生活中重要的通信工具，电话约见虽看不见人，却闻其声，所以声音必须柔和、悦耳，因为声音可以反映出一个人的精神状态，应该让对方感到你的热情、情绪饱满。电约清楚周密，比面约方便。电约时言语要清晰、礼貌、简洁，如："王主任，您好。我是推销员小李，我想今天下午去拜见您，可以吗？"电约一般是对老客户使用。

（三）函约

函约是通过信函与对方预约，有的是通过纸质信函的方式，有的是通过电子邮件的方式。

（四）托约

托约是托人与对方预约，即托某个熟人来做中间人预约客户的方法。对一些老顾客、合同单位可用电约、函约、托约的方式推销商品。如："李老板，新华木业新到了一批环保板材，请您什么时候去看看？"

二、直接诱导，抓住顾客的心

一般说来，推销员推销商品，是在短时间内完成的。在短短几分钟里，要施展自己的语言功力，留住顾客并打动他的心，生意就成交了；留不住，一笔买卖就吹了。此外，在市场竞争中，如何能突出自己，把顾客吸引到自己身边，需要有与众不同的魅力，这种魅力中最主要的就是语言的魅力。所以，这就要求推销人员的话具有强烈的诱惑性和渲染色彩。

推销中进行诱导的方式很多，最常见的有层层深入式诱导和确定目标式诱导两种。

（一）层层深入式

指推销员根据顾客的购买心理层层引入推销导向的一种口才艺术。多数人逛商店、看商品，有时往往是兴趣的驱使，并不一定要购买什么物品。对这类潜在的消费者，如果推销员及时送上一句："看看吧，新到的款式，不买没关系"或"试穿一下，一定很适合你"之类的话，就会使消费者产生兴趣。当顾客观看或试穿时,再说几句得体的夸奖语言:“您穿上这衣服,显得很有气质,年轻多了”,“现在这几天正在打折,喜欢的话,现在买下来很划算的”,顾客很可能在推销员的诱导下买下商品。层层深入式诱导的语言艺术是在不让对方感受到购买压力的原则上,一层深入一层地推进,把顾客诱入推销的导向,促使其完成购买行为。

(二)确定目标式

指推销员有目的地诱导顾客作定向回答的说话艺术。

如卖拉面的小商贩,常常有这样两种问法,却带来了两种消费结果:

(1)要不要加牛肉?

(2)请问,您是加一份牛肉还是加两份牛肉?

不同发问的结果,牛肉的销售量是不同的,第二种要比第一种多得多。第二种发问就属于确定目标式诱导,“要不要加牛肉”这一问话的定向是不确定的,而“加一份还是加两份牛肉”的问法定向是确定的,而且把顾客诱入了扩大牛肉销售的导向。

三、抓住时机,激发购买欲望

在推销员的介绍下,顾客产生了购买商品的欲望,但还有些犹豫不决的时候,适当发问,激发对方的好胜心理,可促使其迅速作出决断。

激发顾客购买欲望的语言技巧要求推销员对顾客有细致入微的观察,及时准确地抓住顾客的心理变化过程,然后确定从哪里打开缺口。一般来说,推销员先要问一句使顾客不会产生戒心和反感的话,如“您好像对产品哪个地方还不放心,是吗?”这句话实则为激发顾客的购买欲望埋下伏笔。接着,将顾客的注意力再引向商品,促使顾客接触商品,说出对商品不清楚或不放心的地方。这时要及时地耐心地介绍商品的相关性能,讲出此商品如何能够满足顾客的需求和爱好,顾客拥有它会有什么样的好处和什么样的特殊意义等。在讲解过程中使商品和顾客之间的关系越直接越密切越好,直到激发出顾客的购买欲望,最终购买商品为止。

“激发语言”技巧的要领是掌握“激”的火候,不可操之过急,不可强买强卖。先以询问的方式探明买方的底细,同时用弦外之音表明自己商品的优质,再启发顾客发现自己与商品之间的密切关系,然后循循善诱地感染买方、激化买方,做得恰到好处,使买卖成功。例如,某一顾客要买一台电视机,你可先问要买什么价位的,通过询问知道顾客想买一台临时过渡使用的,价格不要太高,因为以后更新换代时要换更好的,现在买了价格高的,等到淘汰时有些浪费。根据顾客的这种购买心理,你就可以推荐非智能液晶电视机,物美价廉,而且今后降价的空间也不大,因为现在厂家都在开发智能电视,利润空间比较大,价格比较高。非智能电视正好适合过渡时期使用,今后更换智能电视时,换掉它也不可惜。这样就能激化顾客,买适合他现在情况下使用的电视机。顾客也会觉得你讲得有道理,处处为自己着想,会欣然接受你的建议。

四、同类产品的恰当比较

俗话说:“不怕不识货,就怕货比货。”推销员在推销商品的时候,常和其他同类产品进行对比,让顾客在对比中发现两种产品的差别,使其判断优劣、选择商品,这样会增加推销的说服力。任何一种商品都有其优点,也有其弱点,在采用对比手段推销自己的商品时,首先要注意以事实为依据,不能言过其实,要实事求是地介绍自己的产品,通过与其他同类产品作比较后，强化自己产品的突出特点，使顾客看清购买本产品的直接利益，可增加顾客对推销员的信任感。同时，在比较时，不要贬低同行的同类产品，只要在介绍时，强调自己的优势，让顾客自己去比较，否则，过分去述说其他同类产品的弱点，会让顾客产生戒备甚至反感情绪，由此增加对你的不信任度，反而会使推销失败。

其次，对同类商品的弱点也可以采用从另一角度进行解说的办法，用对比的方法讲自己商品对缺陷地方的改进，讲清改进的原因和改进后的效果，使顾客相信该商品的优良性能而决定是否购买，这样，既符合事实又掌握了分寸，还保证了基本的职业道德，达到了推销的目的。

五、巧妙提问

提问，可以消除双方的强迫感，缓和气氛；可以摸清顾客的心理，也可让顾客了解推销员的想法；可以确定推销进程；可以了解顾客的心理障碍所在，寻找应对措施；可以留有情面地反驳不同意见……总之，提问是推销应对口才中最有力的手段，一定要熟练掌握、运用。

比如，当推销过程中遇到“不要”“今天不买”“再说吧”“我再考虑考虑”等托词时，推销员要能够分析出顾客说这些话时的不同心理状态：可能对价格不满意，可能不喜欢这种商品，可能对商品的某些特点还不太了解，可能时机不理想，可能根本无意购买。针对各种情况，推销员可以有目的地发问。只要顾客有一次回答，就要抓住机会继续发问，在交流中进一步了解对方，并给予一一的解释，以促成交易成功。

在数码相机专柜，一位顾客看好了一款相机，爱不释手，但又迟迟决定不下来到底买不买。售货员这时试探着询问：“您还有什么地方不放心吗？”顾客表情有些不自然，说：“我很满意，可是……”这时售货员凭着经验感觉顾客好像有难言之隐，“是价格的问题吗？”“价格也还好，只是今天带的钱……”这时售货员马上就明白了顾客可能钱没带够，“没关系，这种款式现在货很足，您过几天来买都可以。”或者说：“我可以先把货给您留到明天，您回去取钱，明天您不来的话，我们就可能卖掉，好吗？”顾客欣然接受。这样，通过询问和观察，了解了顾客的信息，就可以对症下药，收到满意的效果。

六、现场演示

在实际生活中，有的问题如果仅凭三寸之舌还是难以让顾客明白，那就要采用实物、图片、模型等来加以说明和演示，这也是现在推销商品的重要手段。如一种清洗剂是否有效，只要随身携带一瓶现场演示即可。而大的商品，如电器、楼房、汽车、机器设备等，或抽象的商品，如证券、劳务、服务等，因无法随身携带，就需要将其好处具体化、形象化。必要时请顾客亲临现场，将商品的功能、特点、使用方法逐一演示，并配合生动有趣的说明，展示商品的实物，充分展现商品的魅力，这种形象直观的演示比单靠语言说明更有吸引力和说服力。

一位推销员经过允许走进客户的家中，向主人打过招呼以后，指着抽油烟机有礼貌地说：“请允许我用带来的清洁剂擦一下好吗？”结果，由于毫不费力就把油烟机擦得干干净净，从而引起了客户的兴趣，于是生意便很快做成了。

又如，某楼盘开盘，开发商带领客户去现场观看，并现场解说楼盘的优势，这样，消费者和这种大宗商品近距离接触，就有一种真实感，心里就踏实，也很容易产生购买的行为。

七、拉近和顾客的距离

俗话说:"一句贴心话,招来万户客。"在推销商品中,一句贴心话,会使顾客"忘记"你是推销员,而是将你当作他们的知心朋友;一句贴心话,可以缩短你与顾客之间的距离,对你充满信任。这样,既为产品打开了销路,又交了朋友,帮助了顾客,最终也帮助了自己。

贴近顾客要注意以下语言的表达技巧:

(一)捕捉顾客购买欲望,为顾客当好参谋

不能单刀直入地询问顾客买什么,而应主动从感情上贴近顾客,如"请您随便看看","请问,我能帮您做什么吗"。与顾客亲切交谈,力求言语相同,爱好相投,这要求推销员有敏锐的观察力,要找到与顾客的共同点,使顾客对自己产生好感,从而对其推销的产品产生兴趣。推销员这时可趁机为顾客当好参谋,绕道进入正题,使顾客高兴地接受其推销的商品。

一位推销员推销化妆品,见到一位皮肤白皙的顾客走过来,可以礼貌地询问:"请问您需要点什么(化妆品)?"顾客答道:"随便看看。"推销员看到她注意面部护肤品,趁机说:"您的皮肤很白,我看您不需要买美白类的护肤品,买一些补水和除皱的就好。因为皮肤白的人,多属于中干性皮肤,这种皮肤容易出现皱纹,我就是这种皮肤,您看呢?"

由此,引起顾客对你的注意和信任,也会接受你的建议。

(二)语气和缓,多采用请求式

要想贴近顾客,必须用热忱去打动顾客的心,唤起顾客对你的信任和好感,让顾客感到你在帮助他,而不是仅仅想赚他的钱。要做到这一切,应当注意语言表达技巧,多用"请您等一会儿,好吗"的请求式语气,不说"你等一会儿"的命令式语气。又如,说"请您试穿一下,可以吗",不说"你穿一下吧"。

有个人在郊区用贷款买了一幢住宅,而此前有好几位推销员向他介绍时都被拒绝了。相同的房子,何以先前拒绝而后来却同意买下?原因很简单,前后推销者的语气是不同的,后者主要是从消费者的角度出发,采用请求和商量的语气,由此获得成功。听听他是如何推销的:"的确这房子像您说的那样,离市中心稍微远了些,可是您骑自行车不过十二三分钟就到了。如果您每天骑车到市中心上班,下班后再骑回来,对您的健康是不是有意想不到的好处?的确,此套住宅不在闹市区,但您看看,它依山傍水,环境优美,这是在喧闹的今天很难找到的一块安静又有情致的地方,星期日全家大小结伴到附近散步不是很开心惬意吗?况且,从长远看,这个位置升值空间很大,即使以后想换理想的住宅,这里也很容易出售,并且价格会只赚不赔。您觉得我说得对不对?"

这些语言设计亲切,措辞谦恭,顾客几乎找不到说"不"的理由。又如在展销会上,顾客听了你的商品介绍之后,仍然举棋不定,沉默不语,在商品前徘徊,遇到这种情况,你应主动说一句"请您先试用一下吧""我们自己也都使用这种商品的",这样会打破沉默气氛,顾客会有一种认同感,交易就有可能成功。

(三)"见什么人,说什么话",措辞准确、得当

从某种意义上讲,营销活动是一种心理战,要想贴近顾客,首先要掌握顾客的心理,主动迎合顾客心理变化,选择恰当的对话方式,即像在社交场合中的"见什么人,说什么话"。

面对随和型顾客,要热情、有耐心,满足他们的自尊心;而对严肃型顾客,要真诚、主动,以

柔克刚,设法使他们开口,以便了解其所需;面对慎重型顾客,要不厌其烦,耐心解答,不要言语唐突冒失,刺激对方;面对情绪型顾客,要摸准其心理,通过言行取得对方信任,消除其心理压力,使他有一种安全感。

"见什么人,说什么话"实际上是对推销员全面交际能力的一种考验,社会上的人形形色色,不能一个标准,一概而论,只有有针对性地对待每一位顾客,才能取得相应的成功。

第三节　推销的语言技巧

一、打招呼

打招呼是对别人表示关切的主动性行为。营销人员一见到顾客就能热情洋溢、自然大方地打招呼,可以立刻营造出宾至如归的良好营销氛围。

有的顾客没有既定的购物目标,有的顾客则是目标明确,营销人员应当掌握适时、及时打招呼的技巧。注意观察顾客巡视的热点,当顾客在柜台前停留并观察某种商品,或在柜台前漫步寻找某类商品时,营销人员应该在最得体的时间上前打招呼。

(一)打招呼的方式

虽然我们每天都会和不同的人不断地打招呼,但是打招呼也是讲究学问的。一个小小的"打招呼",包含了点头、微笑、注视、恰当的用语和合适的称谓五个元素。

(二)打招呼的常用语

推销过程的第一句话既可以是表示问候的,也可以是表示欢迎的,还可以是试探性的询问。比较常用的打招呼用语有:"您好! 欢迎选购商品!""为您服务非常高兴! 要我给您拿出来看看吗?""我能为您做点什么吗?""您需要点什么?"

二、营销中介绍商品的技巧

营销人员向顾客介绍商品,目的是让顾客了解和熟悉商品,促进其购买欲望,有效地扩大服务范围。

介绍商品的技巧有一条国际流行的准则,即 FAB 原则。所谓的"FAB"就是特点(Feature)、优点(Advantage)、利益(Benefit)。

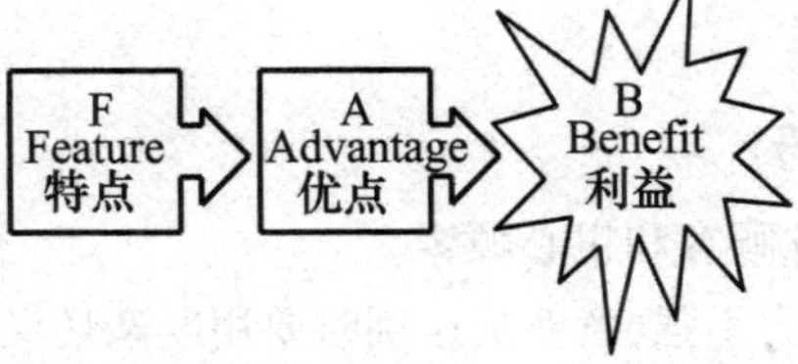

促销员在引导顾客时,首先要说明"特点",再解释"优点",最后阐述"利益",这样才能循序渐进地引导顾客。

需要再次强调的是,利益永远是顾客最关心的方面,营销人员要关心顾客,列举出其所有能获得的利益,而不是仅仅陈述自己认为最好的利益。

三、营销中回答提问的技巧

回答的技巧,主要是指针对顾客对某一商品提出的疑问,营销人员所作的解释说明的技巧。解释的主要目的是说服顾客买此商品,却又不能露出"说服"的痕迹,这就要求营销人员以语言的艺术提高顾客对商品的兴趣,化解其疑虑,使顾客最终购买。

(一)掌握好迂回的技巧

对顾客提出的疑问,有时不便直接回答,特别是顾客对购买产生"异议"时,更不宜"针锋相对"。此时采取迂回曲折的方法从侧面进攻,可能会收到事半功倍的效果。

(二)变换句式的技巧

国际知名演说家金克拉曾说过:"任何商品都有优缺点,不论你卖什么,要让它清晰地传达给你的潜在顾客,买了它比不买它要来得好。"

营销人员要灵活地变换句式,强调优点、弱化缺点。比如,顾客选择某一商品认为价格太高,营业员对这一问题有两种回答方法:一种是"这种商品虽然价格稍高了一点,但质量很好",另一种是"这种商品虽然质量好,但价格太高了"。这两句话虽然只是前后顺序颠倒了一下,但给人的印象却完全不同。前一种说法会使顾客感到这件商品质量好,即使价格高也值得买;而后一种说法,则会使顾客感到这件商品不值那么多钱,买了不合算,因而会大大减弱购买欲望。

(三)"两多""两少"的技巧

这种技巧是指回答顾客的询问时,多用请求式,少用命令式;多用肯定式,少用否定式。比如顾客要求退换食品时,如果营业员直截了当地说"不行",就会使顾客不愉快。但如果说"请您原谅……"用和蔼的请求口吻既拒绝了顾客不适当的要求,又不至于使顾客感到不愉快。

四、营销中送别顾客的技巧

营销人员对即将离开柜台的顾客说上一两句颇有礼貌的送别话语,绝不仅仅是一种单纯的礼貌性的表示,而是有着丰富的内在含义的。

(一)通用的送别语

通用的送别语往往是和结束服务的动作连在一起的。例如:"谢谢光临""慢走""欢迎再来""再见"等。

(二)关心性的送别技巧

这种送别技巧适用于特殊顾客和粗心顾客。

老年顾客言行迟缓、记忆力不强,营业员送别时要用既亲切又关心的生活语言说:"大爷,请拿好,路上慢慢走!"这种送别语从词语的选择、语调的运用上就非常符合老年顾客的心理要求。

当粗心的顾客选购完商品临走时,营业员应该说:"先生,请把钱装好,把东西拿好,再见!"这样顾客会觉得营业员的提醒太及时了,从而产生感激之情。

如果顾客是位残疾人,自尊心又很强,营业员的送别语,应该像对待正常顾客一样,语调少用拖音，以避免顾客误解。

(三)祝福性的送别技巧

当顾客选购完商品将要离开柜台时，营业员用祝愿幸福、长寿、健康、美满之类的语言送别顾客。

这些祝福性的送别语言具有很强的针对性。如未婚青年男女选购完结婚用品，在送别他们的时候，就应该说“祝你们幸福”或说“祝你们生活美满”。

如果顾客选购商品是为了探望病人，营业员在送别顾客时就应该说：“祝您的亲人早日康复”或说“祝您的朋友早日恢复健康”。

第四节　推销职业口才交际的基本原则

推销员在推销时可借鉴中医的“望、闻、问、切”。“望”，就是观察客户，一眼识别出客户的层次、素质、需求、喜好等。“闻”，就是听客户的叙述，给客户表白的时间，耐心并高质量地倾听。“问”，就是客户有时只知道他目前需要购买某种产品，却不知道买什么样的，需要推销员帮助其合理策划，提供全面、准确、适宜的方案，给予购买建议，最终促成销售。“切”，就是实际考察客户的状况，有针对性地推销某些商品，适当的时候需要实地考察客户状况。例如装修，就需要上门考察，再为其制定装修方案。

一、“对象”至上

性别不同，话语不同。男性比较干脆，容易下决断，推销可直截了当，不要冗长胡扯。相较于男性，女性总是不会很快下决断，所以对女性不要太直接推销，要在不知不觉和转弯抹角中进行。当然，在推销的过程中还要视年龄、职业不同，把握节奏和速度。例如，与年龄较大的顾客交谈时，就应速度放慢些、节奏缓和些；而向年轻人或中年人推销时，说话的节奏、速度就可快些。

二、巧妙应答和试探

现场推销是双方试探、商谈和成交的过程，要巧于应答。

一位营销人员在市场上推销灭蚊剂，他滔滔不绝的推销吸引了一大堆顾客。突然有人向他提出一个问题：“你敢保证这种灭蚊剂能把所有的蚊子都杀死吗?”这位营销人员机智地回答：“不敢，在您没打药的地方，蚊子照样活得很好。”这句玩笑话使人们愉快地接受了他的推销宣传，几箱灭蚊剂很快就销售一空。

试探性成交就是先提出一些特别的、试探性的问题，顾客如果乐意回答这些问题，就表明他们已经对推销员的产品产生了兴趣，销售有望。

“先生，哪一天送货对您最合适，是1号还是15号?”如果他说：“我需要1号送到我店里。”这就说明他实际上已经买下它了，就可以进行往下的一系列细节手续了。

上面这个例子是有意给出顾客两个答案，任其择一的试探法。

一名推销员到一个家庭中推销某种家具，当推销员介绍和展示产品时，妻子对丈夫说：“老公，妈10号要来，如果我们今天看中了，就应该在10号以前买下来。”稍过一会儿，推销员微笑着对他的妻子说:“我能看出来您非常喜欢这个式样,您母亲5号要到这儿来了,是吗?”这位妻子说:“不,是10号来。”推销员说:“那么说,8号给您送货最合适了?”她如果真想买,就会答应下来,推销员便可以说:“让我把地址记下来。”

推销者可以故意说个错误的结论,顾客如果纠正错误,你就可以肯定地说出正确的交易结论,这是用错误的结论试探。

顾客问:“这台设备有遥控装置吗?”推销员可以反问顾客:“您想要一台有遥控装置的设备吗?”如果顾客说“是”,推销就成功一大半了。

这是“和谐”效应试探。

第五节　营销中的禁忌

一、营销中的语言禁忌

在营销活动中,我们会碰到许多营销语言中不应该出现的用语,这些不当的用语应当被及时修正,以免影响营销机构和营销人员自身的形象。

(1)顾客询问时,禁说:

你不会看吗?

没见我正忙吗?不知道。

(2)顾客打听作业流程、相关信息时,禁说:

不知道。

你问我,我问谁?旁边贴着,自己看。我不懂。

(3)顾客犹豫考虑时,禁说:

有没有决定好?

你快点说啊,到底怎么办?

(4)业务忙时,禁说:

喊什么,等一会儿。

没看见我正忙着吗?就你有急事?

(5)顾客交款时,禁说:

快点!没见后面这么多人等着吗?

怎么不提前准备好?

(6)顾客问价时,禁说:

上面写着呢,自己看。

不知道。

(7)下班时,禁说:

我们下班了。

款都交了,不收了。

我们已经清账了,你明天再来吧!

二、避免热情过度,喋喋不休

有些推销员认为,只要能说会道就能赢得顾客,所以在推销过程中,无论什么情况,都是"一言堂",很怕顾客不接受,只管自顾自地一股脑儿把要介绍的内容全塞给顾客,一点儿不注意顾客的反应,不让顾客说话,最终效果并不佳。因为顾客说话实际上是给你透露信息,更便于你有针对性地说服,这一点是不可忽略的。

某日,一位顾客到商店买衣服,商店老板没有滔滔不绝地介绍商品,反而在听顾客发牢骚,顾客不是说"这件衣服太花哨了""我不喜欢这种样式",就是说"我的上身长,腿短,很难找到适合的",等等。这位老板一句话都不说,一直耐心地听到顾客说完,他才缓缓地开口:"请您稍等。"一会儿便到里面去拿出一件衣服摆在顾客面前,说:"我想这件一定可以让您满意,请您试试。"这位顾客半信半疑地将衣服穿上,结果,不但十分合身,而且样式也很好。这位顾客马上说:"这件衣服好像是事先给我定做的一样。"于是高高兴兴将衣服买了回去。

这里的奥妙在于这位老板先让对方尽量表达意见,了解其所需,直到他全讲完了,他所需要的信息也就完全暴露在老板的面前,老板抓住关键点轻轻一击,对方便很容易地"败下阵"来。正因为对方的滔滔不绝,暴露了自己的购买需求,使老板掌握了对方的情况,所以稍用技巧,买卖自然成功。

推销员在向顾客推销商品时,恰当的、简明扼要的介绍是必需的,尤其是价格高的大宗货品,顾客一定会有一个思考的过程,他要考虑买回去是否实用、这个价格是否在他能接受的范围内,等等。如果推销员过度热情,老在顾客面前喋喋不休地说,顾客会感到厌烦,购物的兴致就会消失。美国杜邦公司的销售原则是:"能用一句话说清楚的,不用十句话说清楚。"也就是说,推销员的任务在于介绍产品而不在于替顾客思考。一个好的推销员绝不会忘记,选择权掌握在顾客手上,而不掌握在自己的嘴上。每个人的口才各有特点,在商场中能打动顾客的心,让顾客买下东西并且事后不后悔的口才才是真正的好口才。因此,乐于倾听顾客意见,把说话的机会尽量留给顾客,能增加自己成功的机会。

三、避免同顾客争论

在销售人员的成功经验中,还有一条是"不跟顾客争论"。在听顾客说话的过程中,要有耐心,跟顾客争论是一件很愚蠢的事。做生意的目的是营利,不是为了证明自己的知识比顾客丰富,口才比顾客好。有人说过,在舌战中越胜利就越失职,因为你会得罪顾客,结果你什么也卖不出去。销售人员要想证明自己在本行业的见识比顾客高明是很容易的,但是顾客却有证明自己正确的最好方法:不买!所以,要尊重顾客的意见,认真地分析和处理顾客的意见和建议,尽量满足顾客的要求,使顾客在与自己达成协议时保持愉快的心情,获得满足和快乐。

一位顾客到眼镜店配眼镜,由于他原来佩戴的眼镜架式样比较老,推销员就劝他买一副款式较新颖的试试。推销员说:"你的眼镜架款式太老了,戴上后太落伍了,换一副试试吧。""我戴习惯了,还是老样子吧。""这个样式真的不适合你,戴上后,和你的脸形也不配。""我觉得很符合我的脸形,就这样吧。""其实我认为和你的脸形不配,你看,你是长脸形……"没等他说完,顾客早已不耐烦了,"你这里不给我配,我换地方好了。"推销员感觉到很委屈。

其实,顾客的需要是最重要的,作为推销员,提建议可以,但不能去和顾客争论,否则,会

"费力不讨好"。更有甚者,为了显示自己的经验和内行,和顾客争论得面红耳赤,最后不欢而散。这是推销员所要忌讳的。

四、避免伤害顾客的自尊心

对于一些高科技产品,顾客可能会不大清楚,这时就需要推销员谦虚地解释。切记不要对顾客欠缺产品知识明嘲暗讽,这样很容易和顾客争吵起来,这个顾客可能永远都不会再踏进这家店了。另外,也不要嘲弄顾客,卖弄专业词汇,这都是不考虑顾客心理的行为,也是推销中的大忌。如:"这你就不懂了,这是我们的新产品……""你不了解我们行业的规矩……""你也不了解产品的研发过程,怎么会知道技术可能不过关",都是不可取的,应该用通俗易懂的语言来解释科技含量比较高的产品,这也是推销员的基本功。

五、避免不客观地介绍商品

没有人不希望自己的商品能满足客户需要,但也不能因此丧失了客观性,不顾实际,一味地将自己的商品吹得天花乱坠。这样做会使顾客觉得你不可信,不愿意与你打交道。所谓"信誉是第一通行证",不只对生产厂家如此,对推销者同样是这样。

有一位售货员长期以来一直靠强装笑脸、编造假话、吹嘘商品来招揽顾客,他对自己的做法十分厌恶,决定要改变态度,面对顾客"讲真话"。一天,一个顾客来买一种可折叠、可调节高度的躺椅,他随即搬来了样品,如实地向顾客介绍起产品的结构状况。

"说实话,这种躺椅不怎么好,我们常常接到退货。"顾客惊讶:"可是到处都看得到这种躺椅,我认为挺实用的。""它的款式的确很新颖,但结构上有些问题,我实在不能向您隐瞒它的缺点。"

顾客仔细看了看,说:"我一直比较喜欢这种样式,结构上的问题在我这里不是问题。"随即,马上就买下了这款躺椅。

这是因为售货员如实地介绍了商品的缺点,反而使顾客觉得很诚实。语言上的"诚",在促进人际关系上,确实有着奇异的功效,把它用在推销上,也能起到意想不到的作用。

六、避免急于求成

俗话说:"饭要一口口地吃,事要一件件地做。"要想做成一笔较大的生意,应该有足够的耐心,不要急于求成。

有个公司办公用品消耗比较多,因此有一些办公用品商店的业务员找上门来,想说服该公司办公室主任今后的办公用品由自己包销。但主任比较忙,不是开会就是出差,很不容易碰上。所以,每个办公用品商店业务员,都觉得找到他机会难得,拉住他便唠叨个不停,恨不得把所有信息一股脑儿塞进主任脑子里,然后签下协议。主任本来就忙得心烦,一听见这样的长篇大论,越发头痛,对商店业务员说的话一个字也听不进去。就这样,商店业务员来了一批又一批,都是乘兴而来、败兴而归。

有个业务员知道这一情况后,他找到主任,自我介绍一番,谈了些天气、时事之类的轻松话题,不多久便主动告辞。这是主任没想到的,不觉大大地松了一口气。过了几天,业务员又来了一次,跟上回一样,随便闲聊一会儿,还没等主任感到厌烦时就告辞。几次之后,业务员跟主任慢慢成了熟人,已到了无话不谈的地步,当然也包括谈办公用品的消耗问题。后来,业务员以朋友的身份，为主任选择了一些比较合适、价格又比较合算的办公用品。从这以后，主任每年都代表公司从该业务员手上买大宗的办公用品，成了办公用品商店的长期客户。

他的这种做法，看起来是效率不高，但取得的成绩却非常可观。他的成功之处就在于能够审时度势，放长线钓大鱼，先培养感情、拉近关系，不急于求成。

综合技能训练

一、下列材料中，两个推销员面对同样的情况，采取了两种不同的推销方法，试分析哪种推销方法可能成功？

1. 推销员小王应约前往一顾客家里推销汽车，小王进门后见客厅里坐着一位老太太和一位小姐，便认定是小姐要买汽车。于是小王没有理会那位老太太，而是向那位小姐介绍汽车的情况。最后小姐答应可以考虑购买小王推销的汽车，只是还要最后请示那位老太太，让她作出最后的决定，因为是老太太要购买汽车赠送给小姐。

2. 推销员小赵应约上门推销，他善于察言观色，通过观察她发现用车的是小姐，出钱的是老太太。于是小赵同时向老太太和小姐介绍汽车的情况，还不时征求老太太的意见。

二、推销员遇到下列情况，应如何应答？

1. 顾客：以前我用过你们公司的产品，质量有问题，现在我不想用了。

推销员：________________________________

2. 顾客：对不起，我们与××公司有长期的业务往来关系，一般不与其他公司签订购销合同。

推销员：________________________________

3. 顾客：我们刚刚购进了一批同类产品，暂时不需要了，如果以后有机会我们再合作。

推销员：________________________________

4. 顾客：我们从未用过你们公司的产品，对产品不太了解，以后再谈吧！

推销员：________________________________

三、推销员小王去张先生家推销。张先生一看见他推销的产品，便对他说："哦，是这种产品啊，上次也有一位先生来推销过了，我没有买。"

面对这种情况，你准备用什么办法来打动顾客？

四、有的推销员，见客人来了，马上问："您买什么？"然后紧跟着顾客，顾客走到哪里，他（她）也跟到哪里。这样似乎很热情，效果却不佳。为什么？假如你是推销员，你会怎么做？

五、几人一组，创设一个上门推销或柜台推销某产品的推销职业口才交际场景，先讨论设计，后登台演示，时间为5分钟。

六、假如你是一家医药公司负责医院市场开拓的一名业务人员，设计一下首次拜访客户流程中各个场景的口才交际表达，然后再设计第二次拜访的交际表达的情景。

第十四章 谈判口才

本章导读

谈判的过程是谈判者的语言交流过程。语言在谈判中犹如桥梁,占有重要的地位,它往往决定谈判的成败。谈判的语言艺术主要体现在叙述、提问、答复和说服等各项技巧方面。

开篇案例

有位老板想付3万元年薪雇用A先生在他公司任职,A先生提出5万元年薪的要求。老板没说“就3万元,接不接受随你便”的话,因为这太伤人、太无理了。老板说:“你应该得到你所要求的,这很合理。只是在这个级别的薪酬等级中,我所能提供给你的薪水是2.8万~3万元之间,你想要多少?”A先生说:“我想要3万元。”老板略加抵抗地说:“2.9万元,你认为怎么样?”A先生说:“不,我要3万元。”老板叹了口气说:“好吧,如果你坚持,我只好答应了,就3万元吧。”

明明是老板的意见,最后竟成了谈判对手坚持要老板让步的意见及其努力的目标,这样的谈判是不可能不成功的。

第一节 谈判口才概述

谈判大师荷伯·科恩曾说过:“现实世界是一张巨大的谈判桌,每个人都有可能成为谈判者。”所谓谈判,是指当人们对某一问题或某一项活动产生分歧或矛盾时,需要彼此之间作出妥协和让步,最终使分歧和矛盾得到解决,达成一致的活动。

在现实生活中,人们往往对谈判存在一些错误的认识。第一,谈判就是据理力争,充满火药味。事实上,谈判的目的不是一定要战胜对方,而是要达成协议,谈判应是一种合作、一种协商性的合作。第二,谈判的目的只是获得利益。事实上,在谈判中,谈判者不仅要关注自身利益,还要考虑对方的利益。谈判的结果应是双方共同受益,如果只强调自身的利益,谈判是无法达成一致的。第三,谈判是一种口才的较量。事实上,言语只是一种外在的表现,支撑言语的内在因素是个人良好的修养。

一、谈判口才的特点

谈判过程是谈判者语言交流的过程,谈判双方利用语言来传播信息、交流感情、表达自己的意向、了解对方的意图,最终达成一致。

语言在谈判中犹如桥梁,占有重要的地位,它往往决定谈判的成败。谈判语言不同于一般生活中的语言,它需要在紧张、激烈的谈判对抗中,始终把握自己的目标,用各种语言技巧来突破对方的防线。

(一)功利性

在谈判中,无论是提问,还是答复,都是为己方的利益而进行的,不带有任何功利目的,无求于对方的谈判是不存在的。但谈判要通过与对方的合作使自己的需求得到满足,为了满足自己的需求就必须拿出相应的交换条件。

知识链接

20 世纪70 年代初,在中美建交谈判时,美国前国务卿基辛格曾说:“我们的谈判是建立在友好基础之上的,因为我们都无求于对方。”第二天,毛泽东主席接见基辛格时,就其前一天的谈话进行了反驳。毛泽东主席说:“如果双方都无求于对方,你来北京干什么? 如果双方都无所求的话,那么,我们为什么要接待你和你们的总统?”

毛泽东主席还指出:“你是为了美国的利益到中国来的。反过来中国同美国改善和加强关系,也是符合中国自己的利益。”

谈判是一种双向的需要,谈判带有明确的目的性,谈判的目的性决定了谈判语言必然具有鲜明的功利性。

(二)合作性

谈判的过程是双方合作的过程,只有本着“满足需求、共同获益”的原则,谈判才能顺利地进行下去。

在商务活动中,谈判不是一方单独受益,另一方完全受损,只有双方共同受益,谈判才能达成协议。谈判双方应在合作的基础上,进行协商、据理力争,为己方争取更大的利益。

(三)随机性

谈判是一个动态过程,瞬息之间情况变化万千。尽管一般情况下,谈判双方事前都要作充分的准备,对谈判的内容、己方的条件、可能作出的让步幅度、对方的立场、对方可能采取的策略等都进行研究,并对谈判过程进行筹划。但是,谈判过程中随时可能出现一些新情况、新问题,这就需要谈判者随机应变,灵活使用谈判语言技巧。

(四)技巧性

谈判是一种智慧的较量,所以在谈判中,一方为了尽可能多地获得利益,往往采用各种技巧,诱使对方接受己方的条件,达成协议。

成功的谈判者在谈判双方的利益冲突和利益协调中,往往从合作的立场出发,凭借自己的机智、敏锐和语言技巧说服对方。

(五)反馈性

谈判中双方斗智斗勇,往往会出现许多稍纵即逝的机会。谈判者不仅要反应敏捷,而且要立即作出判断和回应。

二、谈判口才的基本要求

(一)对有声语言的要求

1. 谈判中的语言表述要准确、明晰、规范

在交流中,不仅要说话清楚、用词准确、层次清晰,而且要用专业语言陈述自己的观点和

立场，要根据表述内容的需要，正确处理语句的停顿、重音、节奏和速度，让对方能够明确理解你所表达的意思。

2. 用语礼貌

谈判双方可能地位、财力悬殊，但是只要坐在同一张谈判桌前，就必须遵循平等互利的原则。因此，谈判者要态度真诚、用语礼貌、以理服人。当不同意对方观点时，不能恶言相向，而应该用礼貌的语言阐述自己的看法。

（二）对无声语言的要求

无声语言即指态势语言，在谈判中，恰当地运用态势语言，有助于谈判内容的表达。在谈判中，要正确运用态势语言，注意站姿、坐姿和行姿。尤其重要的是要认真倾听对方讲话，双眼注视对方，用点头表示赞成，用摇头表示否定，表现出兴趣盎然；不可左顾右盼、心不在焉，更不可摆弄物件、整理东西、看表，表现出不耐烦。

谈判中的态势语言能够体现出个人修养，对谈判能否成功发挥着重要的作用。

第二节　谈判口才的策略

一、谈判的思维策略

（一）避免一味被动

谈判中几方的立场往往会有“主动—被动”的交替现象，这是正常的。但是如果一味地处于被动立场，被对方牵着鼻子走，对方问什么，你就回答什么，缺乏提问的意识、缺乏控制全局的能力、缺乏主动把握谈判方向的思维意识，这对你的谈判是非常不利的。

（二）把握最低限度

谈判是彼此作出一些妥协和让步的决策活动。但是，作为谈判者，对于涉及国家政策、法令等内容和其他原则性问题时，必须把握一个坚定的立场，不允许妥协和让步，不给对方以任何可乘之机。同时，还应该明确自己在谈判中要获得的基本需求（即根本需求或首要需求）和派生需求（即次级需求）分别是什么，这样才能在谈判中灵活把握什么是必须保证的，什么是可以舍让的。如果你的需求是多方面的，那么你就需要对这些需求按其强烈程度进行排队，使自己对谈判的进程心中有数。

（三）灵活变通立场

“立场”是指谈判的立脚点。在谈判中，双方刚开始都是站在不同的立场上开始发言。我们可以作一个简单的假设，如果双方都死死抱住自己的立场不放，那么谈判中的让步是很难实现的，谈判的成功也往往会付出更多的艰辛。另一方面，谈判中灵活变通立场并不等于放弃自己的立场，而是学会从不同的思维方向重新考虑这个问题，也许会收到“柳暗花明又一村”的出人意料的效果。

（四）关注长远利益

中国有一句古训：“人无远虑，必有近忧。”谈判中的利益有的是短期利益，有的是长远利益，作为一个聪明的谈判者，更应该关注的是长远利益。

（五）关注各方利益

“知己知彼，方能百战百胜。”只有明白对方需要什么，我们才能够在允许的范围之内进行从容的进退。同时，这样的思维方式能够保证你学会站在对方的立场上思考，了解对方的期望值，对谈判进行整体的认识，以更广阔的思维空间和视野全盘考虑，使整个谈判过程更多地呈现其合作的性质。这样，也能够获得对方为你的利益的考虑，从而保证谈判的顺利进行，使谈判的结果令各方都满意。

（六）寻找共同因素

谈判是在观点不一致时开展的决策活动。很多时候，谈判会因此陷入僵局，影响其进程。在这种情况下，“寻找各方共同因素”是一个可行的办法。共同因素是指各方共同感兴趣的话题，这一话题可以是谈判范围之内的，也可以是谈判范围之外的，包括共同的饮食爱好、运动等，都可以是其中的好内容。这些共同因素可以拉近谈判者的距离，缓和谈判过程中的情绪，从而推进谈判的顺利开展。

二、谈判口才的攻防策略

谈判口才的策略有很多，不胜枚举，但根据双方所处的地位，概括起来可分为攻势策略和防御策略两大类。

（一）攻势策略

当谈判一方实力较强，处于主动地位时，可以发起攻势，迫使对方作出更大让步。

1. 软硬兼施

同一谈判班子中某人扮演固执己见的顽固角色，而另一个人则扮演通情达理的老好人角色，即我们通常所说的一个唱白脸，一个唱红脸。两人一唱一和，如演双簧，虚实难分，软硬兼施。由于人们无法对帮自己说话的“好人”产生反感，从而撤掉自己心理上的警戒线，是一种常用且很奏效的策略。

2. 反向诱导

为了说服对方接受某主张，可以提出一项恰恰相反的主张，即逆向谈判法。有的谈判对手总会对对方产生怀疑。这时，就很难说服他相信自己建议的诚实性。为此，故意提出一条截然相反的建议，诱导对方接受先前的建议。

3. 最后期限

大多数谈判，常常到了谈判的最后期限或临近这个期限时才达成协议。如果在谈判开始时规定最后期限，也是一个谈判策略。心理学家指出：当某一最后期限来到时，人们迫于这种期限的压力，会迫不得已改变自己先前的主张，以求尽快解决问题。

在谈判中常有这样的情况，在谈判开始时，就告诉对方最后期限。对方对此并不注意，但随着这个期限的迫近，对方内心的焦虑感就会渐增，并表现出急躁不安。到了截止这一天，这种不安和焦虑就会达到高峰。

（二）防御策略

当谈判中的一方处于被动局面时，就采用防御策略。

1. 先发制人

对方处于绝对优势时,往往提出十分苛刻的条件。这时自己可以先发制人,抢先开出条件,并以此作为谈判的基础。

2. 避重就轻

谈判的目的是要使双方得到利益上的满足。当谈判出现僵局时,在重要问题上仍要坚持立场,而在次要利益上可以作出适当的让步。

3. 抑扬对比

如果在谈判过程中,对方趾高气扬,宣扬自己的优惠条件从而压迫你时,你要根据自己占有的详细资料,采用抑扬对比策略予以应对。“抑”是贬低对方所说的条件,“扬”是适当时候强调突出己方的优点。

4. 原地退后

在谈判中可以作出无损失的让步,让对手感到满足。

5. 虚设转嫁

当对方实力雄厚、咄咄逼人时怎么办? 可以虚设后台,拒绝对方,并把责任推在虚设的后台上。例如,向对方讲“上级有指示”或“不在自己权限范围内”等,这样,可以将自己的处境转劣为优。

6. 缓兵解围

当对方占据主动、己方一时不能接受对方的要求导致谈判僵局时,可采用缓兵解围策略。例如,宣布休会,即暂时终止谈判,以便取得更多的时间制定应付的策略,这样往往能使谈判从“山穷水尽疑无路”转到“柳暗花明又一村”的境界。

7. 让步策略

在商业谈判中常常出现僵局,双方因为某个问题而争论不休。这时,如果没有一方愿意作出让步,那么谈判就不可能取得成功。让步是保证谈判获得成功的原则和策略,在谈判中让步,不是一件容易的事情。每一次让步,均应考虑其对全局的影响。

第三节　谈判口才技巧

一、说服技巧

说服,即设法使他人改变初衷,心悦诚服地接受你的意见。一个谈判者,只有掌握高超的说服别人的技巧,才能在变幻莫测的谈判过程中左右逢源,达到自己的目的;同时,这又是一项很难掌握的技巧,因为当你试图说服对方之时,同样处于被人说服的地位,定会遇到重重阻力,必须克服这重重阻力,才能达到说服对方的目的。

(一)说服技巧的几个环节

1. 建立良好的人际关系

当一个人考虑是否接受他人意见时,一般情况下,总是先衡量一下他与说服者之间的熟悉程度和友好程度。如果相互熟悉，相互信任，关系融洽，对方就比较容易接受你的意见。因此，要在谈判中，有效地说服对方，必须首先与对方建立相互信任、比较融洽的人际关系。

2. 分析你的意见可能导致的影响

(1)向对方诚恳说明要他接受你的意见的充分理由，分析对方一旦被你说服将产生什么利弊得失。

(2)坦率承认如果对方接受你的意见，你也将获得一定利益。这样，对方觉得你诚实可信，会自然而然地接受你的意见；反之，如果你不承认能从谈判中获得一定利益，对方必定认为你话中有诈，缺乏诚意，从而拒你于门外，你将无法收到说服对方之功效。

3. 简化对方接受说服的程序

当对方初步接受你的意见的时候，为避免对方中途变卦，要设法简化确认这一成果的程序。例如，在需要书面协议的场合中，可事先准备一份原则性的协议书草案，告诉被说服者，“只需要在这份原则性的协议书草案上签名即可，至于正式的协议书，我会在一周内准备妥善，到时再送到贵公司请您斟酌”，这样往往可当场取得被说服者的承诺，并避免了在细节问题上出现过多的纠缠。

(二)运用说服技巧的基本原则

(1)不要只说自己的理由。

(2)研究、分析对方的心理、需求以及特点。

(3)消除对方的戒心、成见。

(4)不要操之过急，急于奏效。

(5)态度诚恳，平等相待，积极寻求双方的共同点。

(6)不要一开始就批评对方，不要指责对方，不要把自己的意志和观点强加于对方。

(7)说服用语要朴实亲切，富有感召力，不要过多地讲大道理。

(8)承认对方“情有可原”，善于激发对方的自尊心。

(三)说服的具体技巧

(1)谈判开始时，要先讨论容易解决的问题，然后再讨论容易引起争论的问题，这样容易收到预期的效果。

(2)多向对方提出要求，传递信息，影响对方的意见，进而影响谈判的结果。

(3)强调与对方立场、观点、期望的一致，淡化与对方立场、观点、期望的差异，从而提高对方的认同程度与接纳程度。

(4)先谈好的信息、好的情况，再谈坏的信息、坏的情况，但要注意避免只报喜不报忧。要把问题的好坏两面都和盘托出，这比只提供其中的一面更具有影响力。

(5)强调合同中有利于对方的条件。

(6)待讨论过赞成和反对意见后，再提出你的意见。

(7)说服对方时，要注意精心设计开头和结尾，以便给对方留下深刻印象。

(8)结论要由你明确地提出，不要让对方去揣摩或自行下结论，否则可能背离说服的目标。

(9)多次重复某些信息、观点，可增进对方对这些信息和观点的了解和接纳。

(10)充分了解对方，以对方习惯的能够接受的方式、逻辑去展开说服工作。

(11)不要奢望对方,一下子接受你提出的突如其来的要求,要先作必要的铺垫,最后再自然而然地讲出你在一开始就已经想好的要求,这样对方比较容易接受。

(12)强调互相合作、互惠互利的可能性、现实性,激发对方在自身利益认同的基础上来接纳你的意见和建议。

二、答复技巧

谈判中答复问题,是一件很不容易的事情。因为,谈判者对回答的每一句话,都负有责任,都将被对方理所当然地认为是一种承诺。这便给回答问题的人带来一定的精神负担和压力。因此,一个谈判者水平的高低,很大程度上取决于其答复问题的水平。

答复问题,实质上是叙述,因而,叙述的技巧对于回答问题通常也是适用的。但是,答复问题并非孤立的叙述,而是和提问相联系,受提问制约,这就决定了答复问题应当有其独特的技巧。

一般情况下,在谈判中,应当针对对方的提问实事求是地正面回答。但是,由于商务谈判中的提问往往千奇百怪、五花八门、形式各异,但却都是对方处心积虑、精心策划之后所提,其中有谋略、有圈套、有难测之心。如果对所有的问题都正面提供答案,并不一定是最好的答复。所以,答复问题也必须运用一定的技巧来进行。

(一)不要彻底答复对方的提问

答复者应将提问的范围缩小,或者不作正面答复,而对答复的前提加以修饰和说明。例如,对方询问我方产品质量如何,我方不必详细介绍产品所有的质量指标,只需回答其中主要的某几个指标,从而造成质量很好的印象即可。又例如,对方对某种产品的价格表示出关心,直接询问该产品的价格,如果彻底回答对方,把价格如实相告,那么,在进一步的谈判过程中,我方可能将陷于被动。所以,应该首先避开对方的注意力和所提问题的焦点,作这样的答复:"我相信产品的价格会令你们满意的,请允许我先把这种产品的几种性能作一个说明。我相信你们会对这种产品感兴趣的……"

(二)针对提问者的真实心理答复

有时,提问者为获取非分的效果,有意识地含糊其词,使所提问题模棱两可。此时,如果答复者没有摸清提问者的真实心理,就可能在答复时出现漏洞,使对方有机可乘。因此,答复者在遇到这种情况时,一定要先进行认真分析,探明对方的真实心理,然后针对对方以理作答。不可自作聪明,按自己的心理假设答复。

例如,对方在谈判时要求我方谈谈价格问题,我方首先应当弄清对方要了解价格的哪一方面的问题,然后再酌情答复。如果我方探明对方提这个问题是因为我方所报价格太高,那么,我方可依据对方的这一真实心理,回答价格为什么并不算高。可是,如果我方在未摸清对方真实心理的情况下,即想当然地介绍价格的计算、成本的高低,就可能落入对方的陷阱,给对方压低价格提供了立论的根据。

(三)不要确切答复对方的提问

在谈判中,有时会遇到一些很难答复或者不便确切答复的问题,可以采取含糊其词、模棱两可的方法作答,也可利用反问把重点推移。这样,既避开了提问者的锋芒,又给自己留下了一定的余地,实为一箭双雕之举。例如:当对方询问我方是否将产品价格再压低一些时,我方可以答复:“价格确实是大家非常关心的问题,不过,我方产品的质量和我们的售后服务是第一流的。”也可以这样回答:“是的,我想您一定会提出这一问题的,我会考虑您提的问题,不过,请允许我问一个问题……”

(四)降低提问者的追问兴致

提问者如果发现了答复者的漏洞,往往会刨根问底地追问下去。所以,答复问题时要特别注意不让对方抓住某一点继续发问,假如在答复问题时真出现了漏洞,也要设法降低对方追问的兴趣。有时,也可用这样的答复堵住对方的口:“这个问题容易解决,但现在还不是时候。”“现在讨论这个问题还为时尚早,是不会有什么结果的。”“这是一个暂时无法回答的问题。”

(五)让自己获得充分的思考时间

一般情况下,谈判者对问题答复得好坏,与思考的时间成正比。正因为如此,有些提问者会不断地催问,迫使你在对问题没有进行充分思考的情况下仓促作答。在这种情况下,作为答复者一定要保持清醒的头脑,沉着稳健,谨慎从事,不慕所谓“对答如流”的虚荣,也不必顾忌谈判对方的催问,而是转告对方你必须进行认真思考,因而需要充分的时间。

(六)礼貌地拒绝不值得答复的问题

谈判者有回答问题的义务,但并不等于说谈判者必须回答对方所提的每一个问题。特别是对某些不值得回答的问题,可以礼貌地加以拒绝。例如,在谈判中,对方可能会提些与谈判主题无关或无大关系的问题,回答这种问题,不仅是浪费时间,而且会扰乱思路。甚至有时对方有意提一些容易激怒你的问题,其用意在于使你失去自制力。答复这种问题,只会损害自己,因此可以一笑了之。

(七)找借口拖延答复

在谈判中,当对方提出的问题,你尚未思考出满意的答案,并且对方又追问不舍的时候,你也可以用资料不全或需要请示上级领导等借口,来拖延答复。例如可以这样回答:“对您所提的问题,我没有第一手资料来做答案,我想您是希望我为您作详尽并圆满的答复的,但这需要时间,您说对吗?”不过,拖延答复并不是拒绝答复,因此,谈判者要进一步思考如何来回答问题。

三、学会妥协与争取

美国前国务卿基辛格曾经说过:“任何成功的谈判都必须建立在一种相互均衡让步的基础上,但如何达到这种均衡却是一个复杂的过程。作出让步的先后顺序是关系重大的,如果在对方相应的让步明朗化之前,自己一方坚持一步不让,而不是把每一让步作为全局的部分来看,那么谈判就有可能失败。”在谈判前,我们必须事先就哪些可以让步、哪些应该争取,作好全局考虑;而在谈判中,如何争取却有语言技巧在其中。

(一)趋重避轻法

正如前面所说,在谈判诸问题中有核心问题也有次要问题,很多时候,我们可以在次要问题上作些让步,并借着“作了妥协”的名义要求对方在其他的对于我们来说是核心的问题上向我们妥协,我们可以这样说:

"您知道,对于您在问题D上与我达成一致,我真的表示十分感激。但是现在我在想,问题C对我来说比问题D更重要。如果您能够同意我在问题C上的观点,那么我可以放弃原来在问题D上的主张。"

(二)激将法

激将法就是运用话语激起对方的自尊心和荣誉感,在这种情绪下采取一种不同寻常的行为,从而作出有利于你的决定。比如:

"我要求能决定问题的人与我谈判。"

"既然你有决定权,为什么不答复我方的要求?是需要回去请示还是无力承担责任?"

当然,在使用激将法的时候,一定要注意语气的平和、态度的友善,不然会适得其反。

(三)激赏法

激赏法是指在谈判过程中,用语言极其明确地赞赏对方,使对方在情感上与你产生和谐,软化对方的谈判立场。当然这样的赞美应该是真诚的,应该与被赞美者的实际的业绩相联系,只有这样,才能取信于人,获得较好的效果。

(四)分析利害法

分析利害法是指在谈判过程中,对方如果在我们的合理要求之下不采取妥协的态度,我们可以取之于义、晓之以理、动之以情,使对方改变固执己见的态度。比如,进口商品的质量问题已经成为目前人们普遍关注的问题,在这类商品质量纠纷谈判中,外方往往在赔偿数额上与我方提出的、所能够接受的最低数额相距甚远,这时候,我们可以就两国未来的合作利害关系进行分析:

"如果贵国再不作较大让步,我方将退货。希望贵方为双方的关系着想,为中国广阔的市场前景着想,充分发挥协调、合作的精神。"

"告诉您:如果您能将要价再降20%,这笔生意就是您的了。您一进我们的部门,就会知道,整个公司都盯着这笔生意,这次的数量非常大。"

(五)先发制人

先发制人就是在谈判的一开始就呈示出我方的优势,使对方面对事实不得不作出让步。

1984年,中国煤炭机械进出口总公司根据我国煤炭发展的需要,打算从美国M公司进口L-1000型电动轮装载机。在谈判中,我方采用了先发制人的策略,避开了我方代表对该设备的机械性能、生产效率以及使用的有关技术资料知之甚少的弱项,一开始就介绍我国煤炭工业的发展规划和实施步骤并因之而产生的对这类设备的巨大需求量和广阔的市场前景,满怀诚意地希望继续与美国公司合作,创造了轻松愉快的谈判氛围,使对方欣然接受了我方的方案。

(六)给对方台阶下

很多时候,给对方留点面子,给对方一个台阶下,问题也许就能够妥善解决了。

一位从新疆到广州出差的老年人,在街头摊上买了几件衣服。打开皮包付钱时,卖衣服的女青年见他包里有几百元钱,便心生邪念,将其钱包扔进衣服堆里。老人发现钱包丢了,很着急,而此时摊前只有他们两人,老人相信这事与女青年有关,于是就向女青年询问,谁知女青年的态度非常强横。这时老人说道:"我也没说你拿了,是不是忙中出错,混到衣服堆里去了？请你帮我找找吧！我一下子照顾了你好几百元的生意，你怎么能这样对我呢？我看你年纪轻轻的，在这个热闹街道摆摊，一个月收入几百上千，信誉要紧哪！再说，人家几千里从新疆托我买东西，好不容易凑了百把块钱，丢了让我怎么交代？你帮我好好找找吧！”这位女青年听了老人的话，心灵受到了谴责和震撼，最后从衣服堆里“找”到了钱包。

（七）面对滔滔不绝者

当你的对手是个优秀的演讲家，却不懂得谈判的双方交流特点，他一说起话来就滔滔不绝，他只关注自己一个人发表观点而不顾别人的反应，这时候，你不能不耐烦地打断他，这样显得你的修养不够，同时也会使谈判的气氛向不良的方向发展。这时候，你可以礼貌地打断对方的话语：

“您所阐述的问题我们都是饶有兴趣的，但是我们想确认一下是否我们已经完全正确地理解了您所说的每一个要点。我们稍微停一下，来讨论一下您刚才所说的内容，这样可能比最后集中起来一起探讨要好些。”

“对不起，请原谅我打断您一下。您刚才的那句话，如果我没有理解错的话，意思是否是说……”

四、倾听的技巧

谈判就是需要更多倾听的交际活动之一。“多听少说”是一个谈判者应具备的素质和修养。通过听，可以发掘材料，获得信息，了解对方的动机、意图并预测对方的行动意向。从某种意义上讲，“听”比“说”的重要性更大，例如：

爱迪生在做某公司电气技师时，他的某项发明获得了专利。一天，公司经理突然派人把爱迪生叫到经理室，表示愿意购买爱迪生的发明专利，并让爱迪生先报价。爱迪生想了想，回答道：“我的发明对公司有怎样的价值，我是不知道的，请你先开个价吧。”

“那好吧，我出40万美元，怎么样？”经理爽快地先报了价，谈判顺利结束了。

事后，爱迪生这样说：“我原来只想把专利卖5000美元，因为在实验上还要用很多钱，所以，再便宜些我也是肯卖的。”这里有两点值得注意：

（一）不要抢话和急于反驳

首先，在倾听时不要抢话和急于反驳，这样不仅会打乱别人的思路，还会耽误自己倾听。即使要反驳对方的某些观点，也应在听完对方的阐述之后。对别人讲话的全貌和动机尚未全面了解就急于反驳，不仅会显得自己浅薄，而且往往会使己方陷于被动。其次，在倾听的过程中要学会忍耐。当对方说出你不愿意听，甚至冒犯你的话时，只要对方未表示已经说完，都应当倾听下去，切不可打断说话，甚至反击或离席，以免掉入对方为你设下的“陷阱”里。再次，在倾听过程中，要适当地作记录，尤其是在长时间且比较复杂的谈判中，谈判者应当对所获得的重要信息作适当的记录，作为后续谈判的参考，不要过分相信自己的理解力和记忆力。最后，在倾听的同时，还应结合其他渠道获得的信息，理解所听到的信息。把从不同途径、不同方法获得的信息综合起来进行全面理解，判断对方的真实意图。

（二）给自己创造倾听的机会

一般人往往以为在谈判中，讲话多的一方占上风，最后一定会取得谈判的成功，其实不然。应适当地给自己创造倾听的机会，尽量多给对方说话的机会。通常在简要地表达自己的意见以后，加上一句“我很想听听贵方的高见”或“请问您的意见如何”，从而把发言的机会让给对方。

三位日本商人代表日本航空公司和美国一家公司谈判。谈判从早上8点开始，进行了两个半小时。美国代表以压倒性的准备资料淹没了日方代表，他们用图表解说、电脑计算、屏幕显示以及各式的数据资料来回答日方提出的报价，而在整个过程中，日方代表只是静静地坐在一旁，一句话也没说。终于，美方的负责人关掉了机器，重新扭亮了灯光，充满信心地问日方代表：“意下如何?”一位日方代表斯文有礼、面带微笑地说：“我们看不懂。”美方代表的脸色忽地变得惨白：“你说看不懂是什么意思？什么地方看不懂?”另一位日方代表也面带微笑地说：“都不懂。”第三位日方代表以同样的方式慢慢答道：“当你将会议室的灯关了之后。”美方代表松开了领带，斜倚在墙边，喘着气问：“你们希望怎么做?”日方代表同声回答：“请你再重复一遍。”美方代表彻底地失去了信心，因为他们不可能将长达两个半小时的介绍重新讲一遍，美方终于不惜代价，只求达成协议。

总之，倾听不仅可以了解对方真实的需要，感知对方的心理状态，而且可以改善谈判双方的关系，促进谈判的进程和双方的合作。倾听是谈判语言的一个重要形式，也是谈判者必须具备的一个素养。

五、提问的技巧

提问首先要有一定的目的，然后通过一定的方式表达出来。为了获得良好的提问效果，需掌握以下提问要诀：

(1)提问的时机必须把握好，既不能太早，又不能太晚。太早容易过早地将谈判意图暴露给对方，太晚又影响谈判的进程。在对方发言时，如果我们脑中闪现出疑问，千万不要中止倾听对方的谈话而急于提问题。这时我们可先把问题记录下来，等待对方讲完后，待合适的时机再提出问题。通过总结对方的发言，可以了解对方的心态，掌握对方的背景，这样发问才有针对性。此外，不要在对某一话题的讨论兴致正浓时提出新的问题，而要先转移话题的方向，然后再提出新的问题，这样做有利于对方集中精力构思答案。

(2)适当的时候，可以将一个已经发生并且答案也是我方知道的问题提出来，验证一下对方的诚实程度及其处理事物的态度。同时，这样做也可给对方一个暗示，即我方对整个交易的行情是了解的，有关对方的情况我们也是掌握得很充分的。这样做可以帮助我方进行下一步的合作决策。

再者，注意要以诚恳的态度来提出问题。这有利于谈判者彼此感情上的沟通，有利于谈判的顺利进行。

六、心平气和地表达你的不满

控制自己的情绪是必需的，但是在适当的时候心平气和地表达一下自己的不满也是有必要的。比如：

“我认真听取了您的每一句话，如果我没有曲解您的意思的话，那么我感到这是我第一次听到的这么不切合实际的主张。当然，不排除我对您的理解是错误的这种可能。我个人认为，如果我们真心希望解决摆在我们面前的各种问题，那么我们应该更加虚心地、更坦诚地看看我们每个人都能够拿出什么、得到什么。再者，最终富有成效的协议必须建立在齐心协力、共同工作的基础之上。一旦我们以失败告终，那么我们将怎样向我们的老板或者委托人解释呢？”

“从目前的发展势态来看，恐怕我们会以失败告终。”

“您带来的信息真的让我感到有点混乱。我想暂时离开5分钟，以便你们能够拿出一套一致的说法或意见，这样是否会好些？”

“坐在这样刺眼的阳光下，我真的感到很不舒服。”

七、运用诙谐幽默

诙谐幽默就像是一种美妙的调味品，可以使谈判中的激烈化为轻松的一笑。

某商场的进货员到一个皮革制品厂去采购皮箱，他提出的单价为200元，而对方却开出了320元的价格，而且无论如何不肯作出让步。这时，进货员突然说：“噢！请你卖给我一根皮带吧！”对方十分惊奇，问他为什么要一根皮带，他回答说：“以这个价格进货，老板肯定会杀了我，我还是自己上吊吧！”对方听了，不觉笑了起来，终于降低了价钱。

原联邦德国同美、英、法三国就安全条约草案及其补充条款进行谈判，谈判进行得非常艰苦。有一天，谈判持续了很长时间，年过七十的联邦德国总统阿登纳因过于疲劳而提前退席。在场的美国代表罗伯特·鲍伊也感到疲倦，于是他对联邦德国代表格雷韦说他宁可站起来回家去。格雷韦没有直言相拒，而是低声向他说了一句谚语：“允许宙斯做的，不一定允许牛做。”而拉丁文中的“牛”发音正巧和鲍伊的名字相同。在场的人听了这句话，都禁不住笑了起来。笑声驱走了疲倦，改善了谈判气氛。

综合技能训练

一、假如你与一位采购商进行价格谈判，他处于绝对优势地位，采取了轻视与傲慢的态度，那么你如何与他谈判，你的策略是什么？

二、举例说明哪些地方可以用作正式或非正式谈判场所？

三、注意观察市场上买卖双方讨价还价的技巧，并结合所学的谈判知识，写一篇观察报告。

四、根据材料回答问题。

瑞士一家著名钟表公司在法国“登陆”时，急需找一家法国代理商来为其销售产品，以弥补他们不了解法国市场的缺陷。当瑞士钟表公司准备与法国的议价公司就此问题进行谈判时，瑞士钟表公司的谈判代表路上塞车迟到了。法国公司的代表抓住这件事紧紧不放，想要以此为手段获取更多的优惠条件。谈判伊始，就咄咄逼人地提出各种条件。面对这种非常被动的谈判形势，瑞士谈判代表将怎样改变局面使谈判进行下去，并能达到最初的目的。

请你为其设计一种策略，体现你高超的语言艺术。

第十五章　医护口才

本章导读

世界医学之父希波克拉底说过,医生有“三大法宝”,分别是语言、药物、手术刀。我国著名健康教育专家洪昭光教授认为,语言是医生最重要的法宝,医生一句鼓励的话,可以使病人转忧为喜、精神倍增,病情立见起色;相反,一句泄气的话,也可以使病人抑郁焦虑、卧床不起,甚至不治而亡。医患语言沟通的主要类型是交谈,它是整个医疗过程中的一个重要环节,恰到好处的交谈可以增加医务人员与患者之间的相互理解,增加患者对医务人员及院方的信任,增强患者战胜疾病的信心,取得患者最大限度的密切配合。

开篇案例

南京数家媒体曾报道了这样一件事。一位胆子比较小、肺部长了个肿瘤的老太太,在护士告知她“病情很重,需要做开胸手术”后,突然昏倒,经过1个多小时抢救宣告不治,病因是“心源性猝死”。事发后,经过协商,医患双方达成协议:医院免去病人抢救费用,给病人家属1000元仁善补偿,家属不再追究。

医生依法向病人履行“告知”义务,病人在得知病情真相后“吓死”,应该说这是个特例,事情的处理结果也比较合乎情理。然而,这件特别事情的发生却有令人难以平静之处:医生的语言对病人的心情乃至病情都有很大影响,医务人员在履行“告知”义务时怎样做才会对病人最有利?在医患沟通中,医务人员怎样才能做到多点“语言艺术”、多点“沟通技巧”?

第一节　医护口才概述

医疗活动是科学实践,无论是职业活动、艺术活动,还是商业活动,都无法概括出医疗实践的根本特征。从其本质特征来看,医疗活动是一种为维护人类健康而进行的医患互动,医患关系是其最关键的要素。成功的医疗活动必须以良好的医患关系为基础,而要维护良好的医患关系就必须树立正确的价值观和道德观,并掌握一定的医护口才的技巧,建立医患之间充分的信任关系。在大多数时候,医患之间发生矛盾和纠纷常常来源于医患之间的误解,而大多数误解又起源于沟通和交流的不足。医者自觉尽心尽力,而患者却似乎对自己百般猜忌;患者对病情心急如焚,而看医者似乎对自己冷眼相看,使得医患关系陷入了“知我者谓我心忧,不知我者谓我何求”的尴尬境地。因此正确的认识医患关系和掌握医护口才的技巧对于医疗活动有着十分重要的意义。

一、医护口才的概念

医护口才有狭义和广义之分。狭义的医护口才是指医疗机构的医务人员在日常诊疗过程中,与患者及家属就伤病、诊疗、健康及相关因素(如费用、服务等),主要以诊疗服务的方式进行的沟通交流,科学地指引患者的诊疗,使医患双方形成共识并建立信任合作关系,它构成了单纯医技与医疗综合服务实践中重要的基础环节,也是医护口才的主要构成。由于它发生在各个医疗机构中的医患个体之间,虽然面广量大,但绝大部分的医护口才一般范围小、难度小、影响小,不易引起人们的关注。它的主要意义在于,科学指引患者伤病的诊疗,提高医疗卫生服务水平。广义的医护口才,是指各类医务工作者、卫生管理人员及医疗卫生机构、医学教育工作者与患方或求医方的沟通交流。

二、医护口才的特点

医方在与患方的接触中,其语言、表情、动作姿态、医院的环境等,无一不在向患方传达着某种信息、感情和态度,而这些恰恰又是目前医护口才中医方易于忽略的方面。病人在诊疗时,特别渴望医护人员的关爱和体贴,因而对医护人员的语言、表情、动作姿态、行为方式更为关注,更加敏感。如果医护人员稍有疏忽,就会引起误解,甚至诱发医患纠纷。可见,医护口才具有抽象性、多样性、随时性的特点。

三、医护口才的目的

正确诊断疾病,更有效地治疗疾病,融洽医患关系,妥善解决医患纠纷。

四、医护口才的意义

医护口才可使医方更科学地指引患者伤病的诊疗,提高医疗卫生服务水平;可使医方更好地落实以人为本的精神;可使医方进一步提高服务质量、推进行业作风建设,给予患者最佳的治疗服务;可和谐医患关系,减少医患纠纷;有利于医患双方的尊重和利益的保护;可使医方更好地以科学态度和行为去追求成功的医学成果。

五、医护口才的原理

医护口才是在多种主、客观因素的影响、作用与整合中进行的,它涉及的原理主要有:相关的生理学与心理学理论、社会学理论、行为学理论、法学理论、伦理学理论、人生哲学理论、医学理论。其中与医护口才更多密切相关的是心理学、社会学和行为学理论。

第二节　医护口才中常用的技巧

一、日常医护口才的技巧

日常医护口才技巧包括语言性沟通技巧和非语言性沟通技巧。

(一)语言性沟通技巧

巧妙运用语言进行沟通,要做到以下几个方面:

1. 运用得体的称呼语

称呼语是医护口才的起点。称呼得体,会给病人以良好的第一印象,为以后的交往打下互相尊重、互相信任的基础。护士称呼病人应注意以下原则:

(1)要根据病人身份、职业、年龄等具体情况因人而异。

(2)避免直呼其名,尤其是初次见面呼名唤姓不礼貌。

(3)不可用床号取代称谓。

(4)与病人谈及其配偶或家属时,适当用敬称如“您夫人”“您母亲”,以示尊重。

2. 巧避讳语

对不便直说的话题或内容用委婉方式表达,如耳聋或腿跛,可代之以“重听”“腿脚不方便”;患者死亡,用“病故、逝世”以示对死者的尊重。

3. 善用职业性口语

职业性口语包括以下几个方面:

(1)礼貌性语言。在医护口才中要时时处处注意尊重病人的人格,不伤害病人的自尊心,回答病人的询问时语言要同情、关切、热诚、有礼,避免冷漠粗俗。

(2)保护性语言。防止因语言不当引起不良的心理刺激,对不良结果不直接向病人透露,对病人的隐私要注意语言的保密性。

(3)治疗性语言。如用开导性语言解除病人的顾虑;某些诊断、检查的异常结果,以及对不治之症者的治疗,均应采用保护性语言。

4. 注意口语的科学性、通俗化

科学性表现在不说空话、假话,不模棱两可,不装腔作势,自然坦诚地与病人交谈。同时注意不生搬医学术语,要通俗易懂。

(二)非语言性沟通

非语言性沟通是指伴随着沟通的一些非语言性行为,如面部表情、身体姿势、声音(音色、音调、音量)、手势、抚摸、眼神交流和空间等,它能影响沟通的效果。护士应格外注意自己非语言性行为的影响。

常见的非语言性沟通方式包括以下几个方面:

1. 手势

以手势配合口语,以提高表现力和感应性,是护理工作中常用的沟通方式。如病人高热时,护士在询问病情的同时,用手触摸患者前额更能体现关注、亲切的情感。当患者在病室大声喧哗时,护士做食指压唇的手势凝视对方,要比以口语批评喧闹者更为奏效。

2. 面部表情

常用的、最有用的面部表情首先是微笑。护士常常面带欣然、坦诚的微笑,对病人极富有感染力。病人焦虑时,护士面带微笑与其交谈,本身就是“安慰剂”;病人恐惧不安时,护士镇定、从容不迫的笑脸,能给病人以镇静和安全感。其次是眼神,恰当地运用眼神,能调节护患双方的心理距离,如在巡视病房时,尽管不可能每个床位都走到,但以眼神环顾每位病人,能使之感到自己没有被冷落;当病人向你诉说时,不应左顾右盼,而应凝神聆听,患者才能意识到自己被重视、被尊重。

3. 体态、位置

工作中的体态、位置,直接反映护士的职业修养和护理效应。如当病人痛苦呻吟时,护士主动靠近病人站立,且微微欠身与其对话,适当抚摸其躯体或为其擦去泪水,会给病人以体恤、宽慰的感受。站立时应双腿挺直,双臂在躯体两侧自然下垂,收腹挺胸,不倚墙而立。坐姿应上身自然挺直,两腿一前一后,屈膝,平行或交叉,能显示高雅、文静。行走步履轻盈,步幅均匀,抬头挺胸,自然摆臂,步态轻、稳、快,能体现庄重、有效率。总之,优美、朴实、大方的仪态是自然美的体现,也是护理价值的体现。

二、特殊情况下沟通的技巧

在与患者的日常沟通中,护士要运用一定的技巧,以达到顺利沟通的目的。在特殊情况下,更要重视沟通技巧的运用,从而及时、顺利地化解危机。

下面简单介绍几种护理中的特殊情况,以及应对这些状况的沟通技巧。

(一)在病人生气发怒时

当病人在生气发怒时,护士应首先证实病人是否在生气或愤怒,可问他:“看来你很不高兴,是吗?”然后可以说“我能理解你的心情”,以表示接受他的愤怒;其次是帮助病人分析发怒的原因,并规劝他做些可能的体力活动。最主要的是不能以护士自己的愤怒来对待患者的愤怒,有效地处理病人的意见和要求,重视病人的需要是较好的办法。

(二)当病人哭泣时

在病人想哭时,应让他发泄而不要阻止他。哭泣有时是一种健康的和有用的反应,最好能与他在僻静的地方待一会儿(除非他愿意独自待着),可以轻轻地安抚他,片刻后给一块冷毛巾和一杯温饮料。在哭泣停止后,用倾听的技巧鼓励病人说出流泪的原因。

(三)抑郁的病人

患有抑郁症的病人,往往说话慢、反应少和不主动,由于他很难集中注意力,有悲观情绪,或者显得很疲乏,甚至有自杀想法,所以不容易进行交谈,护士应以亲切和蔼的态度提出一些简短的问题,并以实际行动使他感到有人在关心照顾他。

(四)病情严重的病人

对于病情比较严重的病人,交谈应尽量简短,一般不要超过10~15分钟,避免一些不必要的交谈。对无意识的病人,你可持续用同一句话、同样的语调反复地与他说,这样他有可能听见。对这样的病人进行触摸是一种有效的沟通途径,但在触摸前应该告诉他,你要假设病人是能够听到的。注意尽可能保持安静的环境。

(五)感觉有缺陷的病人

对于感觉有缺陷的病人,如对听力丧失的病人,要想到他听不到护士进病房时的动静,可轻轻地抚摸让他知道你的来到,在病人没见到你之前不要开始说话,应让病人很容易看到你的脸部和口形,并可用手势和脸部表情来加强你的表达。可将声音略为提高,但不能喊叫,要有耐心,不能着急或发怒。对视力不佳的病人,在你走进或离开病房时都要告诉病人并通报你的名字,在接触盲人前要给以说明,并对发出的声响作解释,应避免或减少非语言性信息。要时刻想到为这些病人补偿一些可能因看不见而遗漏的内容。

(六)气管切开病人

气管切开的病人,术后不能讲话,护士在术前进行健康教育时就要了解患者的生活习惯、性格特点,作好心理适应指导,讲解手术后表达要求的方法,如用手语表达简单要求,大拇指表示想“大便”，食指表示“饥饿”，小拇指表示“小便”，握拳表示“疼痛”，指气管切开处表示“有痰”等。会写字的病人，康复期可通过写字板交流；不识字的病人看图片交流，将术后常见的问题或要求画成简图，让病人指出自己想表达的意思。全喉切除的患者，在康复期重视指导食道发音，以减轻患者心理负担。护士必须注意不管患者怎样着急、发脾气，自己必须保持冷静，理解病人的心理，尽快通过各种途径弄清患者所表达的意思，想方设法为病人解决问题、解除痛苦。

总之，沟通对护士来说是一种艺术，能使自己和病人更有意义地互相作用，能及时、有效地满足病人的需求。因而每一个护理人员都应该积极地学习和在护理中实践。

三、护理工作中常见的沟通错误

在医护沟通过程中，不当的沟通技巧会导致信息传递受阻，甚至产生信息完全扭曲或沟通无效等现象，从而影响或破坏护患关系。因此，应尽量避免沟通中发生错误。

护理工作中常见的沟通错误有以下几个表现：

（一）突然改变话题

在沟通过程中，如果直接或间接地利用无关的问题突然改变话题或转移谈话的重点，会阻止服务对象谈出有意义的信息。

（二）虚假的、不恰当的保证

当患者表示对病情、治疗或护理害怕或焦虑时，有的医护人员为了使患者高兴，而说一些肤浅的宽心话，给病人以虚假的保证。如病人担心自己的手术能否成功时，医护人员不是了解病人担心的问题是什么，而是用一种轻松的口气对病人说“当然会成功”，这样的回答使病人不愿意或无法将自己真实的感觉表达出来，病人感觉医护人员并不理解他的感受或对他的感受漠不关心。

（三）主观判断或说教

在沟通过程中使用一些说教式的语言，并过早地表达自己的判断，使病人没有机会表达自己的情感，或觉得自己像学生一样在接受老师的教育。如医护人员对病人说：“如果是我，我会……”，使服务对象感觉自己的感受对医护人员毫无意义，便会停止与医护人员的沟通。

（四）信息量及速度超载

患病时，由于身心的不适，患者对沟通过程中的信息接受能力有所下降，而医护人员有时在工作繁忙的情况下，会急于求成，特别是在进行健康教育时，速度太快，信息量太大，严重影响了教育的效果。

（五）言行不一

医护人员的语言及非语言信息表达不一致，会使病人产生误解，或从医护人员的表现来猜测自己的病情，而产生医护口才障碍。

（六）急于阐述自己的观点，过早地作出结论

医护人员如果在沟通中没有经过思考很快对一个问题作出回答，会阻断服务对象要表达的感情及信息，无法表达出真正困扰他们的问题及感觉，将使病人有孤立无助、无法被理解的感觉。

(七)过度发问或调查式提问

过度发问或调查式提问是指对病人持续提问,对其不愿讨论的话题也要寻求答案,这会使服务对象感到被利用和不被尊重,从而对护士产生抵触情绪。因此,护士应该注意病人的反应,在病人感到不适时及时停止互动,避免对病人采用调查式的提问。

在临床护理工作中,运用良好的沟通技巧,避免错误的沟通方法,才能使医患关系更加融洽。

四、培养护士的沟通交流技巧

护患关系是指在医疗过程中护士与患者的关系,护士在护患关系中占主导地位,这就意味着护士的行为直接影响着护患关系的好坏,那么在临床中怎样才能建立良好的护患关系呢?

(一)礼仪

礼仪是衡量一个人文明程度的准绳,它不仅反映一个人的交际技巧与应变能力,还反映一个人的气质风度、阅历见识、道德情操,是社会文明的标志。护士的形象是圣洁的白衣天使,所以护士应在自身形象方面严格要求自己,在工作中恰如其分地应用礼仪,使病人感受到护士的尊重、理解、关怀与温暖,使病人身心均处于最佳状态,有助于临床工作的顺利开展。

护士应给患者留下良好的第一印象,如整洁的衣着、得体的打扮,以及和蔼的语言态度等等。一个面带微笑、和蔼可亲、仪态庄重的白衣天使,能使患者感到非常温馨,这就大大缩短了护士与患者的距离,为深入沟通与交往及建立良好的护患关系营造了良好的氛围。

知识链接

听与倾听的差别对照表

听	倾听
身体的本能反应	心智与情绪上的感觉
与生俱来的简单活动	需要分析理解的复杂活动
本能的自然能力	需学习才能掌握
同时可以听到许多声音	需有选择有目的地接受
有听力的人众多	有倾听技巧能力的人有限

(二)行为艺术

护士在临床工作中应做到“四轻”(即:关门轻、说话轻、操作轻、走路轻),为病人营造一个安静的治疗场所。病人生病住院期间,病人吃、住都在医院,医院就成了病人的家。护士们应像对待自己的家人一样对待病人,用行动让他们时刻感受到家的温暖。为病人倒上一杯热水协助病人服药,为病人打饭,为病人划价、取药,协助病人上厕所,这些看似微乎其微的行为都会让病人时时刻刻感受到亲人般的温暖,将护患关系转变为亲友关系。这是现代护理学的优势体现,也是护理学的一大进步。

(三)自身修养

自身的修养包括自身素质(政治素质、职业素质、业务素质、身体与心理素质)的修养和自身情绪的修养。

1. 自身素质修养

素质是体现一个人知识技能、行为习惯、文化涵养、品质特点的结合，护士必须具备良好的素质，这是从事护理工作的基本要求。

(1)政治素质。在政治素质方面，要求护士是一位具有崇高思想境界的白衣天使。

(2)职业素质。在职业素质方面，要求护士热爱本职工作，有责任心、同情心，工作严谨、谦虚谨慎。

(3)业务素质。在业务素质方面，要求护士要具有扎实的专业理论知识与熟练的操作技能，为病人解除痛苦，为维护人民健康勤奋学习，刻苦钻研，对技术精益求精，不断创新。

随着护理改革的不断深入，对护士的知识结构也提出了新的要求，护士只有努力学习、不断提高业务素质和水平，才能适应发展的需要，才能为患者提供更好的服务。

(4)身体与心理素质。在身体与心理素质方面，要求护士身体健康，具有良好的心理素质，遇事沉着冷静、不紧张慌乱。

2. 自身情绪修养

护士的工作面对的是失去身心平衡的非健康人群，病人通常会因身体不适或一些外在因素引起心理问题，出现一些意想不到的不良行为或情绪。有的病人甚至会将这些不良行为或情绪发泄到护士身上。这就要求护士必须学会“忍辱负重”，要有宽广的心胸去宽容病人、体谅病人。同样，护士的工作繁杂琐碎，也会因个人生活、情绪、家庭琐事而产生不良情绪，不能将这种情绪带入工作中，更不能将情绪发泄到病人身上，为难病人、斥责病人，这将会在病人心中产生紧张、恐惧、抵触感，将不利于护理工作的开展，所以护士要加强自身情绪修养，要学会自我调节，自我控制，用理智战胜情感。

(四)工作能力

一个护士工作能力的优良与否，直接影响到护患关系的好坏。护士的工作能力包括工作熟练程度以及心理沟通能力。

1. 熟练的护理操作技术

熟练的操作不仅会使病人获得安全感，而且会使病人对护士产生敬意。护士操作要正规，严格执行三查七对(三查：即操作前查、操作中查和操作后查；七对：即查对床号、查对姓名、查对药名、查对剂量、查对时间、查对浓度和查对用法)制度，动作熟练、稳妥、协调、灵活、有条理性。反之，护士工作不熟练、业务水平不高等都会使病人产生逆反性心理。病人的不安全感增强，甚至产生怀疑、反感，都不利于护理工作的开展，还可能导致护患关系的紧张。

2. 心理沟通能力

护士在工作过程中不仅要掌握熟练的操作技术，还应不断地观察患者生理、心理变化，并通过心理沟通去正确地引导病人，实践心理护理，这也是建立良好护患关系的重要条件。护士在心理沟通中占主导地位，以病人为中心，有目的地为病人健康服务，有效的沟通不仅可以使护士获取病人完整真实的心理信息资料，而且在沟通的过程中使病人体验到友好、尊重。融洽的情感，使护士得到信任，有助于减轻患者的紧张、恐惧心理，使之保持稳定情绪。当病人对护理人员产生信任时，会产生两种积极作用：一种是信任、安全感；另一种是可以在相互关系中营造一种支持性的气氛，这种气氛可减少防卫性心理，有利于病人更坦率地、更真诚地表达自己的观点、情感和价值观，这两种作用都有利于护士与病人之间的沟通，从而促进良好护患关系的建立。

由此可见，要建立良好的护患关系必须提高护士工作能力和自身修养，通过注意语言艺术和行为艺术等方面提高自己。护患关系贯穿于病人从入院到出院，从门诊到病房，从治疗到护理的整个过程，所以为了促进护理工作的开展，提高整体护理质量，必须搞好护患关系。

综合技能训练

一、日常医护口才中有哪些技巧？

二、特殊情况下，医护口才有哪些技巧？

三、护理过程中常见的沟通错误有哪些？应怎样避免？

四、护士培养沟通能力的技巧有哪些？

第十六章 教学口才

本章导读

教学口才是一种只发生在教师和学生之间的特殊的交际活动所采用的有别于其他口语表达方式的话语形式。它在课堂教学中传授知识、描述形象以及进行情感教育和语感审美教育中有着非常重要的作用。

开篇案例

下面是一位数学教师讲“圆”这个概念时的教学片段。

师:“车轮是什么形状?”

生:“圆形。”

师:“为什么车轮要做成圆形呢? 难道不能做成别的形状? 比方说,做成三角形、四角形……”

生:(觉得很有趣)“不能。那样,车轮就滚不起来了。”

师:“那就做成这样的形状吧!(教师在黑板上画了一个椭圆)这样行吗?”

生:(开始有些茫然,接着大笑起来)“这样一来,车子前进时就会一会儿高,一会儿低。”

师:“为什么做成圆形就不会一会儿高,一会儿低了呢?”

学生们议论纷纷,最后终于找到了答案:因为圆形车轮上的点到轴的距离是相等的。至此,教师自然地引出了“圆”的定义。

关于“圆”的定义,教师本来只需用一两句话就可以说得清楚,可这位教师却先一连向学生提出了几个问题,引起学生极大的兴趣,在无穷的乐趣中,牢固地建立了关于“圆”的概念。这种教学用语是教师在充分考虑到发展学生想象力、联想力以及推理能力的基础上精心设计出来的。对这种从教学目的出发而设计的教学用语,我们应予以肯定。

第一节 教学口才概述

一、教学口才的含义

教学口才是教师用来“传道、授业、解惑”的工作用语,即教师在教学过程中,根据学生的特点和教学内容的需要,以传授知识、培养能力、进行思想教育为目的而使用的一种工作用语;是教师精心选择、组织的富有知识信息和审美价值的课堂用语,也是带有教师本人风格的个性化语言。

二、教学口才的基本特点

(一)阶段性

教学是一个完整的过程,这个过程由几个相关的环节构成,它们之间的联系是有相对固定的顺序的。一般说来，一堂课按照教学计划围绕几个重点、难点，由复习旧课、导入新课、展开新课、巩固练习等阶段组成，讲课语言也可以分导语、讲授语、复习提问语、结束语（评价语）等逐步进行。每一个阶段的教学任务和内容都有各自的特点，教师也会根据不同教学阶段的目的要求选择相应的讲课技巧，这就构成了教学口才的阶段性特点。例如，在讲苏东坡的《赤壁赋》时，为了唤起同学们对人生、宇宙的思考，洛阳一位高中老师韩军红设计了极有感染力和思想张力的导语，把学生的注意力一下子就集中在讲课的重点上：

人生天地间，短短几十年，而天地宇宙却是无穷无尽的。这即所谓的人生与宇宙的矛盾！

古往今来，有多少人感慨万千：曹操：对酒当歌，人生几何；譬如朝露，去日苦多；慨当以慷，忧思难忘……怎么办呢？……何以解忧？唯有杜康！陈子昂：前不见古人，后不见来者，念天地之悠悠，独怆然而涕下。难道在人生与宇宙的矛盾前，我们只能"独怆然而涕下"吗？

今天我们来学习《赤壁赋》，看苏东坡是如何看待人生的这种矛盾的……

我先来朗诵课文……（伴奏，陶醉地）……

（掌声四起）

要想在学生坐下来开始上课的几分钟内，一下子激起他们的学习兴趣，把精力全部投入到课堂是很不容易的，有时候课堂开始时还会出现一些意外的事故，如搞恶作剧的学生、环境的突然改变等，要迅速把学生的情绪稳定下来进入学习状态，这就是教学的第一阶段即导语阶段，要求教师具有很好的导语设计技巧和随机应变的能力。在讲授新课和复习巩固新课的阶段，教师的语言表达就完全围绕学习内容展开，要么生动地分析，要么严密地说理，要么自由地联想，要么科学地描述……总之，无论在哪一个教学阶段，教师的语言都是经过精心准备设计的，目的都是让学生准确地掌握和理解科学知识。

（二）启发性

与其他的演讲不同，教师的讲解不只是要把知识点讲清楚，而且在讲授知识的同时还负有开启学生思维、发展学生创造力的责任。教师要在自己的表述中，让学生学习到认识事物、研究现象的思维方法，培养学生辨析是非的能力。所以，教师的口才不是说清楚问题就可以了，它更像是一道光，要引导学生进入知识的殿堂，还要让他们学会寻找和记得走向知识殿堂的路。

钱梦龙老师在教《论雷峰塔的倒掉》时，为了启发学生理解文章的"借题发挥"写作手法，他引导学生阅读、讨论了这篇文章的内容之后，提出了这样一个问题："听说杭州人民正在建议重修雷峰塔，如果鲁迅还健在，你认为他会反对还是赞成？理由是什么？"学生对这个问题很感兴趣，发言很踊跃。有的认为鲁迅会反对，因为雷峰塔是封建势力的象征；有的说鲁迅会赞成，因为现在重建的雷峰塔是社会主义的象征。在大家七嘴八舌说不到主要问题的时候，钱老师问："难道雷峰塔非要有什么象征意义不可吗？"这一句问话，一下子开启了大家的思路，学生争着回答说："鲁迅在文章里把雷峰塔作为封建势力的象征，不过是借题发挥；现在重建，那是跟鲁迅的文章毫不相干的。"

经过这样的启发，不仅使学生理解了文章"借题发挥"的写作特点，找到了读懂鲁迅杂文的"钥匙"，而且激发了学生求知的欲望和积极的思考，下次遇到同样类型的文章，学生们就知道去思考写作目的和写作对象的关系了，在现实生活中也可以运用这种方法，借物借事，引申其意，达到自己表情达意的目的。这样的教学不仅让学生学习了知识，也学会了独立思考的方法，令人回味无穷。

(三)教育性

《学记》中说:“善歌者,使人继其声。善教者,使人继其志。”教学过程不仅是学知识的过程,更是一个育人的过程,要在教学中贯彻真善美的正确理想,引导学生在学习知识的同时培养良好的认识方法、审美能力和美好人格,使学生树立追求真理的志向。这里可以从两方面看:一是教师在分析和讲述知识的同时,不自觉地用自己的人生观教育学生,什么是正确的、积极的、向善的,什么是错误的、消极的、向恶的。另一方面,也表现在教师讲解的事例本身,有些事例本身就是很好的思想道德教育的典型,教师充满感情的讲述一定可以使学生产生强烈的感情共鸣,由此受到熏陶。

有一位老师在讲《雷雨》时,讲到鲁侍萍撕掉了周朴园给她的五千元支票,老师问为什么?有一学生悄悄在下面说是嫌太少了,班里的同学很多都听到了,有些学生笑。老师听到后,很平静地说:“说是嫌钞票少的人,也是有的,作品中是哪一位呢?”学生马上回答是鲁贵。老师紧接着就说:“为什么呢?因为鲁贵这个人为了金钱,为了满足自己的私欲,可以不要人格,不要廉耻,而侍萍不是这样的人!”同学们听了,很受教育,而讲嫌钱少的那个同学也感到很惭愧。这样的教育不露痕迹,但是却能把人格气节这些中华民族传统的精神植入学生的心里。

有一位退役军人到一所小学当老师,孩子们看到一个腿部有残疾的老师一瘸一拐地来上课,有的人偷偷笑了,似乎瞧不起他。这位老师看到了,但他微笑着说:“孩子们,你们爱听战斗故事吗?”学生们立刻来了精神。这位老师接着就讲了一个勇敢的战士,在一次战斗中为了保护炸敌人暗堡的炸药不滚落,他在即将爆破的最后时刻才撤离,结果一条腿被炸飞了。他立了三等功,成了残废军人。在战斗结束后,这位战士积极要求当一名人民教师,希望用自己辛勤的汗水和努力为孩子们的健康成长贡献一份力量。讲到这里,这位老师问:“同学们,你们猜,这位解放军在哪里工作呢?如果他站在你们面前,你们怎样对待他呢?”同学们都知道了这位勇敢而精神高尚的老师是谁了,大家都对刚才自己的行为感到羞耻,对老师投去敬佩的目光。这样的讲述既介绍了自己,也教育了学生,为师生之间融洽和谐的交流奠定了坚实的情感基础。

(四)延续性

课堂只是教学口才发挥的一个集中的场所,很多教师还要通过家访、批改作业、辅导学生的课外活动、谈心等形式和学生探讨知识和生活道理。在课下的学生辅导和课外活动中,教师的口才表现在师生之间的问答、交谈,以及对学生的行为和作业进行适当的评价等方面。人们经常把教师比作精神的灯塔、学生行为的楷模,所以,教师对学生的任何评价都会对学生产生深刻的影响。有时教师的真诚鼓励和表扬能够激励学生的志向,并为之奋斗一生;有时教师不恰当的评价也会使一个有天赋的学生心灰意冷,断送学业和前途。所以,不论是课堂上老师抒发的感慨,还是对学生作出的评价,都会长久地存在于学生的脑海里,影响他的一生,表现出教育的延续性。

有一位老师非常强调课堂纪律,但有一个同学总是迟到,而且多次课下劝说他都无动于衷。有一次,他又迟到了,这位老师刚好在布置一道讨论题,看到他大摇大摆地进来了,老师知道他平时喜欢下围棋,而且喜欢讨论和围棋有关的话题,于是平静地说:“我们都知道高手总是最后出场,一鸣惊人的。刚才这位同学没有听清楚我们的讨论,所以没法发表他的看法,我再给他讲一遍好吗?”于是老师又讲了一遍问题和大家讨论的结果,这位同学听得非常认真。听完以后,果然对同学们刚才的一些论点提出了不同的见解,大家禁不住报以热烈的掌声。这位老师变批评为鼓励的方式,不但使这个平时从来不回答问题的学生充满了自信,而且也帮助他扬长避短,赢得了同学们的钦佩,从此以后,大家都叫他"一鸣惊人",当然他再也没有迟到过。毕业的时候他专门给这个老师鞠了一躬,谢谢老师的鼓励,为他找回了自信和尊重,他一生都会记得。

老师的鼓励、赞赏甚至是期望往往会对学生的一生都产生重大的影响。大家非常熟悉,陈景润读书的时候,他的一位数学老师说:"自然科学的皇后是数学,数学的皇冠是数论,哥德巴赫猜想则是这皇冠上的明珠。"这饱含智慧、富有理趣的讲述语言,竟成了陈景润摘取这颗数学皇冠上明珠的起点。

(五)情景性

每一堂课都有全新的内容,每个授课地点和学生的改变都隐藏着巨大的挑战。同一个老师讲相同的内容,在这个地方面对这一群学生可以讲得好,换一个环境换一些学生,就不见得会收到一样良好的效果了。因为每一次上课都会是一个新的情景,教师要根据情景运用学生熟悉的话题迅速地拉近和学生的心理距离,要能及时判断学生的心理需求和情绪变化,同时根据情景选择教学语言,并及时调整。

一位语文老师在讲《孔乙己》时,一个学生突然打了一个喷嚏,怪声怪气的,全班同学忍不住大笑起来,老师一看这情景,知道大声制止是没法让大家停下来的,于是也大声笑了几下,说:"这就是所谓的慈颜长笑笑世间可笑之人也。"大家立刻不笑了,看老师怎么接下面的话。老师很聪明地话题一转,"刚才大家都现身说法地体验了一下笑,我们的笑中有嘲笑、哄笑、傻笑等等,实际上,今天的课文中,人们对孔乙己的笑也和刚才一样,多种多样,大家好好看看课文,思考一下每一种人对孔乙己分别是怎么笑的。"这个情景被老师变被动为主动地利用到教学中,既放松了大家,也加深了学生对学习内容的理解。

三、教学口才的基本要求

作为教师,教学口才必须具备一定的基本要求,只有具备了这些基本要求,课堂对话的实现才是有可能的。

(一)普通话标准

普通话标准是对教师的最基本的要求。普通话的内涵包括三个方面,即语音、语汇和语法。教师语言,要求语音标准、语汇正确、语法规范。作为教师,必须努力地学习普通话知识,克服方言的影响,使普通话水平达到国家规定的标准。国家要求教师的普通话要经过全国统一的普通话测试,语文教师要求达到二级甲等,即 87 分以上;其他教师要求达到二级乙等,即 80 分以上。

(二)表达准确明确

表达准确主要针对教师语言的内容有没有错误,明确则主要针对是否将内容明晰地表达了出来。各门学科都具有自身的学科特点,也具有该学科特定的一些专门术语。要让学生很好地领悟知识的精要,获得技能的训练和情感的熏陶,教师就必须具备准确、明确的语言表达能力。例如:

有一位小学生向老师请教:"老师,'但是'是什么意思?"老师回答:"'但是'就是拐弯的意思。”后来老师要求学生用但是造句，这位小学生是这样写的：“出了学校门往东——‘但是’，再往南——‘但是’，就到我家了。”

在这个例子中，教师所指的“拐弯”是指“但是”一词的语法意义而言的，而学生理解中的“拐弯”是指其实际意义，这就造成了运用上的错误。如果教师将解释的重点说准确、说明确，即针对“但是”在语用中的作用而言，学生就不会出现这样的错误了。

（三）逻辑严密

教学语言要求逻辑严密，首先是指前后不出现矛盾现象；其次是指前后语言之间要环环相扣，不出现思维的断档现象。尤其是理科教学中，要特别突出教师语言逻辑严密这一要求。例如：

有一位二年级的数学老师，在讲万以内的加法时，讲了 1242 + 134 这道题目之后，是这样总结法则的：做万以内加法时，一定要注意先把数位对齐，再从个位开始加。之后，学生在排竖式时，很多同学都出现了错误。

事实上，这些错误的根源在于教师语言逻辑的不严密，使学生对法则模糊不清。如果教师将“把数位对齐”说得更严密些，即说成“把相同数位对齐”，那么学生就不会出现这样的错误了。

第二节　教师教学口才交际技巧

教学是一个由学生和教师组成的对话过程。在这一过程中，学生是课堂的主人，但是教师在其中的作用却是任何学生都无法替代的，对话式教学中教师的行为主要体现在教师如何激发学生的学习活动、教师如何评价学生的学习活动两个方面，下面我们就从这两个方面展开阐述。

一、激发学生学习的口才训练

（一）确定学习的主题

学习的主题是由教师和学生双方确定的。但是，很多时候，教师出示的主题往往对学生的学习具有重要的引导作用，因此，要在课堂中收到很好的学习效果，教师就必须精心设计高质量的学习主题。一般来说，我们可以将下列问题作为学习的主题：

1. 以重点和难点问题为主题

教学目标设计，要包括“知识目标、能力目标、情感目标”，教学重点和难点是在实现教学目标过程中必须重点解决的、牵一发而动全身的问题和学生在理解感受上存在困难的问题，这些问题的解决情况关系到整个教学内容的学习，因此在课程实施中要给予它们更多的时间，将学生的学习引向深入和广度。

2. 以焦点问题为主题

焦点问题，并不仅仅是指教材内容本身，更是指由教材内容而触及的社会政治、经济、文化等方方面面的人们普遍关注的问题。在教学中，完全可以引导学生就这些问题阐述自己的观点，开展对话。

3. 以热点问题为主题

热点问题,是指学生普遍感兴趣的,与现实接近的话题。对于这样的话题,学生往往心中有材料、有话可说,要促使学生积极地参与到学习活动之中。

4. 以疑点问题为主题

疑点问题,是指学生感到迷惑不解的问题。通过这种问题的学习,将使学生解除疑点、豁然开朗。而且,很多疑点问题是学生学习的关口,关口解决了,许多的问题也就迎刃而解了。

5. 以歧义问题为主题

歧义问题,指学生与教师、学生与学生之间认识出现分歧的问题。歧义,是碰撞的基础,也是实现沟通、培养多元意识的契机。

(二)呈现主题的语言组织方式

1. 关注个性体验的语言组织

关注学生的个性体验是教学改革区别于传统教学的本质所在。教学改革的核心理念是以学生发展为本,让学生参与教学是课程实施的核心。因此,教师在呈现主题时,要有意识地关注学生个性体验。这样的主题呈现方式有:

"你最喜欢课文中的什么内容?是怎样体会的?"

"下面请你一边听音乐,一边看一段录像,想想这首诗所描写的是一种怎样的春天景色?"

"水乡的人们正在放声歌唱呢!如果你是水乡的一个小娃娃,你想唱什么呢?你还想说些什么呢?"

在这类语言中,出现频率最高的一个词语是"你",这是教学改革中一个突出的现象。

2. 关注学习方法的语言组织

在现代教育中,让学生掌握正确的、良好的学习方法是一个重要的教学任务,因此,主题的呈现方式应该重视对学习方法的提示。例如:

"围绕'为什么人们把这儿称作鸟的天堂'这一话题作进一步研究。请同学们读课文,你对课文的哪一部分最感兴趣,这一部分就是你研究的重点。读的时候,用笔画出关键的词句,边读边想:为什么说这儿就是鸟的天堂?"

我们经常说的"授人以'鱼',不如授人以'渔'",指的就是要教给学生学习的方法。在上述例子中,教师突出了对学习方法的引导,尤其突出了研究性学习方法的运用,这是符合教学改革要求的。

3. 注重创造性思维训练的语言组织

创造性思维是现代教学中着力培养的一种思维方式,主题的呈现必须注重对学生创造性思维的培养。例如:

"风除了可以吹掉落叶,吹红梅花,吹起波浪,吹斜竹林外,还可以干吗?分小组用你喜欢的方式表达一下。"

"春姑娘来了,她用春雨滋润我快快成长,然而可恶的杂草也趁机冒了出来。那可怎么办呢?小朋友们可要帮助我呀。"

在这些问题中,教师关注的是学生能够通过自己的思考和实践,创造出与众不同的、别人没有想到的问题,这对于培养学生的个性思维、培养创造性人才具有很好的作用。

4. 关注推想性对话的语言组织

推想性对话是指教师和学生根据教学内容,结合自己的生活经历和认识水平进行合理的想象和推导,从而产生更加深刻的认识和感受。例如:

“同学们想一想结果会怎样呢?请大家都来当一回小作家,把故事继续编下去。”

想象是人类的天性,是人类发明创造的源泉。在传统的教学中,教师们对学生想象力的培养不够重视,导致越教想象力越糟的现象。我们有必要加强推想性对话的设计,以培养学生思维的灵活性和创造性。

5. 关注大胆质疑的语言组织

创新是在对传统的继承和批判基础上产生的。在传统教学中,我们更多地强调了学生对传统的服从,却没有培养孩子们对传统进行批判的意识、精神和能力,这是创新精神培养中的一大阻碍。在教学改革实施中,我们要特别注意这一问题。例如:

“这是课本上的观点,谁有不同意见,请用事实或理论论据发表你的观点。”

事实上,许多问题都可以从不同角度得到完全不同的理解,教师的教学语言必须注意引导学生学会通过自己的头脑获得对事物的个性化的理解。

二、口才交际分类技巧

按其在教学过程中的不同作用和不同方式,可分为导语、讲授语、过渡语、提问语、启发语、应变语、结束语、评价语等几种。

(一)导语

导语是教师在一节课开始时要讲的话。好的导语往往能使学生兴趣倍增、印象深刻,收到先声夺人的效果。由于教学内容、教学对象、教学场地、教师本身的性格及习惯不同,教师所采用的导语也是各不相同的。根据实际要求,导语口才交际表达力要求达到“实”(讲求实效)、“精”(简明扼要)、“活”(方法多样)、“美”(给人美感享受)的和谐统一。常见的导语形式包括以下几种:

1. 情境式导语

情境式导语就是教师按照教学内容,创设一种与之密切相关的生活场景或教学氛围,用来调动学生学习的欲望,促进学生的思考,让学生自觉进入到学习境界中或教学内容的情境中。创设情境的手段可以有多种,如模拟环境氛围、利用多媒体课件、利用现场环境等。使用这种方法时,注意不要单纯为创设情境而创设情境,忽略了真正的教学目标,喧宾夺主,否则不仅不会引起学生的兴趣,还会影响教学效果。一位小学语文教师在教作文课《校园一角》时,在导语中说道:

我们是大自然的主人,我们热爱大自然。我们置身于美好的大自然环境中,用手中的笔把美景写下来,告诉别人,让别人也分享幸福,是十分有意义的。怎样写景呢?首先,要去观察,用眼睛看,用耳朵听,用鼻子闻,用手摸,有时还需要用嘴去尝一尝。其次,要把自己的感受写下来,做到情景交融。

我们的校园很美,有花有草、有树有景。我们一块儿去校园走走看看,去寻找校园里的“美丽”。

这一段导语是在学生进行作文写作之前,教师首先简单介绍了怎样写好一篇描写大自然的作文,然后就直接把学生带到校园里进行细致的观察,创造了一种深入到大自然中去的情境,让学生先通过观察走进大自然的世界,激发起学生认识自然、了解自然、研究自然的兴趣,为学生写出好的作文打下了基础。

2. 悬念式导语

悬念式导语就是教师依据教学内容,采用设问、反问、疑问等形式布阵设疑、制造悬念的一种导语口才交际形式,它能激起学生的学习欲望和探索的热情,强化学生的学习动机,增强学习内容的吸引力,但不要故弄玄虚。

3. 趣味式导语

通过一些简单的小实验、小故事、小游戏或者与教学内容有关的教学趣题导入新课,使学生在欢乐、愉快、乐学的气氛中开始学习,但要把握好趣味的度。

某中学的王老师在讲授“简易方程”课前,是这样引入新课的:

“同学们,今天我们做一个数学游戏。你们现在每个人心里想好一个数,然后加上2,乘以3,得出的积减去5,再减去你原来想好的那个数。好了,只要你把最后的结果告诉我,我就能立刻猜出你原来想好的那个数。”

“我的结果是15。”学生甲说。

“那么你原来的数是7,对吗?”老师回答。

“对!”学生甲高兴地说。

“我的结果是37。”学生乙说。

“那么你原来的数是18吧?”

“老师,您是怎么知道的,快告诉我们方法吧。”同学们兴趣盎然、精神大振,纷纷向老师提出要求。老师不慌不忙地说:“好,这就是我们今天要学习的‘简易方程’。学好了这一章,猜谜的方法也就全掌握了。”

4. 故事式导语

故事式导语是教师以一个生动有趣的故事引入新课的导语方式。它也容易吸引学生集中注意力,对所学内容产生兴趣,但如果对故事与教学内容的关系把握不当或占用时间过多,就会影响教学效果。

5. 谈话式导语

上课伊始,教师不急于开讲,而是从远处着眼,娓娓道来,如话家常,不知不觉中引入正题。这种方法使人感觉亲切,有利于师生间的双向交流,有水到渠成之感。

有位中学语文教师教学《唐雎不辱使命》时是这样导入课文的:

“同学们,在中华5000年的文明史上出现了许多杰出的人物,他们正如夜空中闪烁的群星照亮了历史的天空,相信这些人物也曾照亮过你的心灵。请你说说你最喜欢他们其中的哪一位,并根据你查找的资料简要说明理由。”

有学生说喜欢秦始皇并阐述一番;有学生说喜欢文天祥同样阐述了理由;还有学生说喜欢苏东坡,喜欢他豁达的性格、旷达的人生态度,将穷富起落看得十分平常,而且将这种快乐的种子散播到生活中……

然后老师收住说:“刚才同学们发言踊跃,可见都作了充足的准备。今天老师再向大家介绍一位非常有性格的古人,他就是唐雎。现在让我们大家一起走近唐雎。”

此外，教师教学口才交际还有演示式导语、旧知识回顾式导语、介绍式导语等，不再一一介绍。

（二）讲授语

1. 讲授语的原则

讲授语的任务就是要引导学生在已有知识的基础上，由具体到抽象，由个别到一般，从而理解掌握新的知识。由于学科性质决定了讲授语的组织方法多种多样，教师个人的授课习惯和方式也是千姿百态，但是无论授课方法如何千变万化，教师都要围绕教学目的来展开知识点，讲授内容时还必须遵循人类思维的认知规律，即由形象到抽象、由个别到一般、分析现象—归纳异同—综合结论等。在这个过程中，讲授语要坚持逻辑连贯、主次分明，声情并茂、形象生动，语言准确、科学规范等原则。

（1）逻辑连贯、主次分明的原则

指教师在对知识的讲解和分析时，要按照一定的逻辑关系和学习顺序有条不紊地进行，先讲什么，后讲什么，哪里要展开讲解，哪里可以承上启下，哪里可以节奏舒缓，让学生深入思考，哪里需要不断重复巩固记忆，这些都要求教师心中有数，思路清楚。只要将讲授的知识烂熟于心，将课堂的讲解过程事先做好计划，课堂的组织才可能做到逻辑连贯、主次分明。从另一方面看，任何知识本身也都有相对固定的结构、概念、判断和结论，三者之间都可以找到千丝万缕的联系，所以，讲授过程也要遵从学科知识本身的内在规律来进行，不能颠三倒四，把后面要学的知识提前来讲，也不要随意把联系不明显的几个问题安排在一起讲解，这样会给学生造成主次不分、上课思路紊乱的印象，相对来说，学习的效果就会差一些。

（2）声情并茂、形象生动的原则

指讲解知识时要做到绘声绘色，既能够用实物道具和生动的事例来阐释知识，也能够用描述性的语言在学生头脑中再现事物的形象画面，让学生的学习始终都伴随着鲜活的感受。很多优秀的教师都深谙此道，在教学中充分运用各种修辞来美化教学语言，或者诙谐幽默，或者哲理深刻，或者诡辩聪慧，总之都力求使讲授语给学生强烈的冲击，营造和谐轻松的课堂情绪。

（3）语言准确、科学规范的原则

指讲授语在生动的基础上还要注意用词准确、科学贴切、用语规范，不能一味追求生动新奇，在任何讲解的时候都打比方，该明确描述结论的时候就要一丝不苟、科学严谨。

2. 讲授语设计的方法

（1）分析现象，归纳结论

这种方法通常都是先借助于实验、道具、故事、事例等，启发学生发现问题，教师通过对相关问题或者事例作出连贯性分析，通过类比推理、演绎推理或者归纳总结等方法，把事例中共同的规律抽象出来，使学生对新知识的理解建立在具象的基础上，可以加深记忆。

一位特级教师在讲“体积”这个概念的时候，就采用了对比观察、分析总结的方法。一上课，教师就把两个形状大小完全一样的玻璃杯放在讲台上，然后往两只杯子里倒相同高的水，问学生：“谁能告诉我，哪个杯子里的水多？哪个水少呢？”同学们通过仔细观察，也看不出有什么差别，只好凭直觉回答“一样多”。老师肯定地说：“两个一样的杯子，水平面一样，当然水一样多了。”说完，老师就把一个东西放进了其中的一个杯子，“你们看到了什么？水平面还一样高吗？水还一样多吗？"学生说水还一样多，但是水平面不一样了。"为什么呢？"老师及时启发大家思考，学生经过思考后，争先恐后地回答："老师，您往杯子里放东西，它占了地方，把水挤上来了。"老师为了让学生进行仔细比较，又拿了一个东西放到另外一个杯子里，问："这次你们又看到了什么？"学生们说："这个杯子的水平面也升高了，比第一个杯子的水平面高了。"教师接着问："为什么呢？"学生们肯定地回答说："您第二次放的东西大了。"老师在学生刚才仔细观察的基础上，总结了体积的概念，就是指物体占有的空间大小。

这位老师通过让学生观察体积的变化，直观地让学生感受到了体积的概念，最后的总结就顺理成章，学生也加深了对概念的理解。

(2)引发联想，触类旁通

这种引发联系、总结归类的讲解，不仅有利于集中突破重点、难点，还能使所学的知识系统化，达到触类旁通的效果。

例如，一位中学特级语文老师讲授《死海不死》，当讲到"各种盐类加在一起，占死海全部海水的23%至25%"时，突然灵机一动，向学生发问："类似这种数字用法的句子还有吗？谁能从最近学的几篇课文中找出来？"

学生："海水最深的地方大约有四百米。"

"赵州桥建于605年左右。"

"石拱桥能几十年几百年甚至上千年雄跨在江河之上。"

教师："是的，这些数字的用法有不同吗？"

学生："课文中的这一句用的是确数，后面几句用的是约数。"

教师："好的。的确有个确数与约数的用法问题。那么，什么情况下用确数？什么情况下用约数呢？"

当学生陷入回忆和沉思状态的时候，教师作了如下的讲解："对客观事物的认识和了解达到了全面、精确的程度，应该用确数说明；对客观事物的认识和了解还没有达到，或者无法达到全面、精确的程度，就应该用约数说明。约数是力求近似全面、精确的一种估计和推测，也是建立在科学计算和调查的基础上的，绝不是想当然。'大约四百米'，是说目前还不能测到更深处的精确数，但靠近四百米。'建于605年左右'，是说不能肯定到底建于哪一年，但接近605年，或在前或在后的几年里。'几十年几百年甚至上千年'，是对石拱桥雄跨江河上的时间的泛指，历时究竟多长，很难料定。实事求是，能够用确数的就用确数，一时不能用确数的就用约数，用约数也是尊重客观事实，同样是科学的。"

这样把前后的知识连贯起来，放在一起分析比较，有力地证明了确数和约数在使用中的科学性，激发学生触类旁通，也培养了学生联系看问题的能力。

(3)辨析正误，深化认识

这种讲述方法，往往先从很多种观点出发，一一介绍，然后分析各自的得失和偏颇，最后得出自己的结论。这样的旁征博引比较适合大学生的课堂，尤其是要拓展学生知识视野的学科。如果能够根据需要，列举相关的背景知识和有关论点，然后再一一剖析，就能引起学生的积极思考。

(4)以点带面，发散思维

这个方法是由一个知识点讲开去，逐步引出很多知识点来，然后让学生跟随提问，一个个牵扯出相关的知识来，从而加深对知识的连续性和内在逻辑关系的认识，加深记忆。

一位老师在教授《大堰河——我的保姆》中的几句：大堰河做了一个不能对人说的梦。在梦里，她吃着乳儿的婚酒，/坐在辉煌结彩的堂上，/而她的娇美的媳妇亲切地叫她“婆婆”/……/大堰河，深爱着她的乳儿！老师在教这几句时，围绕大堰河“为什么不能对人说”这一点，展开提问，引导学生发散思维，领略大堰河心里的隐秘情感。

师：同学们，大堰河这样一个美好的梦，为什么不能对人说啊？

生：因为当时受阶级压迫，如果大堰河把对地主儿子的梦讲出来，就会受到迫害。

师：他说得对，还有别的看法吗？

生：（思考……）

师：同学们，能否想得更宽广一些？比如说，从生活体验来说，大堰河是一个保姆，身份卑微、低贱。她把这个梦说出去会有什么后果呢？

生：大堰河只是个保姆，是个奴仆，她如果把梦说出去，别人会笑话她，讥讽她，说她痴心妄想。这不能说的，正说明了她的辛酸。

生：人情冷暖，世情冷漠。

师：我们学过《祝福》，大堰河生活的时代同祥林嫂差不多，她们的生活环境也很相似，能不能联系她们的命运来谈谈呢？

生：大堰河同祥林嫂的命运是相似的。她们都相信神灵，祥林嫂临死前还对人死后有魂灵表示不怀疑。由此看来，大堰河也相信神灵。她的美好的梦，只能靠神来呵护，怎么能说出来呢？天机不可泄露。

师：大家再往深处想，既然大堰河没有对人说出她的梦，乳儿又是怎么知道的呢？而且大堰河在她的梦还没有做醒的时候就已经死了。

生：这说明母子之间心灵是相通的。

师：说得好！这正是乳儿和她的保姆之间心灵相通的证明。乳儿理解她，知道她有那样一种期盼，那样一个美好的憧憬。这个梦没有变为现实，大堰河就在深深的失望中撒手人寰，她的悲剧的深刻性也就在这里。但是，她的心思却永远浸着乳儿的灵魂，没齿难忘。

（三）过渡语

过渡语又称课堂衔接语、转换语等，指在教学从一个环节到另一个环节，从一个大问题到另一个大问题之间的过渡用语。巧妙的过渡语可以起到自然勾连、上下贯通、逻辑深化的作用。过渡语也是引路语，提示和引导学生从一个方面的学习，顺利地通向下一个方面的学习。过渡语也是粘连语，它可以把一节课的内容衔接成一个整体，给学生以层次感、系统感。过渡语一般有以下三种形式：

1. 顺流式

指上一个问题自然为下一个问题做了预备和铺垫。例如：“好。我们了解了根从土壤里吸收水分用的是渗透的方式。可是，植物根除了从土壤中吸收水分外，植物生活还需要什么物质呢？”用设问句的方式，引出“矿质代谢”这一命题的讲述。

2. 提示式

指出上下环节或问题之间关系的过渡语。例如：“好。上面讲的这一切如果成立的话，那么下面这种说法也能成立吗？”

3. 悬念式

指运用前面问题推导的结果，制造一种悬念效应，巧妙引出下文的过渡语。例如：“同学们听到我讲的这些以后，一定感到很奇怪，真的有那么厉害吗？好。这个问题我们先放在这儿，一会儿就会明白的。下边，我们先搞清楚这样一个问题……”

（四）提问语

课堂教学离不开提问。提问语是教师以发问的形式唤起学生进行思维活动所表达的口才交际，是教师个性化的创意表达。好的提问是深化知识的阶梯，是触发灵感的引线，是感情升华到理性的契机。

1. 提问语的要求

（1）提问要有针对性

提问目的要明确、意图要清楚、内容要具体，要能反映教学重点和难点。在设计问题时要通盘考虑，什么时候提问、先问什么、后问什么，要充分考虑提问语之间的递进关系，做到前一个问题能成为后一个问题的基础，使提问真正唤起学生进行思维活动，有利于教学活动的顺利进行。

（2）提问要富于启发性

教师提出的问题如果能达到“一石激起千层浪”的效果，就可以促使学生进行畅所欲言的讨论，而正确的认识就是在争论中形成的，更重要的是，学生经过讨论进行了深入的探究和积极的思考。

（3）提问要适量、适度和适时

①适量

课堂上提问时要根据教学目的、教学内容、学生的接受能力等来确定提问的量。问题所含的知识容量过大或过于琐屑，都无益于问题情境的创设，不能激发学生的思维兴趣，同时教师一次发问的问题数量不宜过多，太多了学生记不住，提问就形同虚设。应避免将问题问得太分散，甚至出现串问现象。

②适度

提问的度是指问题的难度和深浅度。问题过难或过易，都难以激发学生的思维兴趣。若问题所需的知识和学生已有的知识结构有一定的联系，但不完全一致时，就有利于学生积极思考，运用旧知识去探求新知识。“跳一跳够得着”是为适度。

一位教师在让学生谈《变色龙》的语言艺术时提问：“你们知道《变色龙》这篇文章的语言上有什么特色吗？”学生支支吾吾，不知从何谈起，这时教师换了一种问法：“这篇小说作者用得最多的手法是什么呢？你觉得课文哪些地方让你深受感染呢？”

这样发问，启发了学生，学生加以思索，就可以作出回答。

③适时

教师提问还要把握时机。提问过早，学生难以回答，达不到提问的目的；提问过迟，学生不需思考就能回答。同样教师解答问题也不能太早或太迟，太早了，学生来不及思考；太迟了，学生的思维易疲劳。经过学生一番思考和教师的逐步引导之后再来解答，是最合适的。

2. 提问的类型

教师教学提问一般有四种类型：

(1)搭桥式提问语

即提问之前,教师引发学生回忆已知的知识,再由已知的部分去探求未知部分,在二者之间搭建一座桥梁。

(2)递进式提问语

即把提问语作整体设计,一个问题一个台阶。第一个提问为第二个提问作铺垫,第二个提问又是第一个提问的发展与延伸,这有助于培养学生把握思考问题的方向性与深入化。

(3)扩展式提问语

即教师根据教学的需要把问题引向多侧面,由此及彼,左右勾连,融会贯通。

下面以小学语文教师宁鸿彬讲"纷纷扬扬"一词为例。

宁老师先请同学们解释词的意思,听到同学们的答案,他赞许后对大家说:"这个词语的意思同学们已经有了初步了解,它的要求有三个:一是多,二是杂乱,三是飘洒。符合这个要点的事物就可用'纷纷扬扬'来形容。下面进行口头造句,要求是:第一,要开动脑筋,打开思路,想一想都有哪些事物可以使用'纷纷扬扬',大家说得越多越好;第二,造句的内容前后不得重复,就是说后造句的同学不得再用先造句的同学已经说过的事物造句。"

学生纷纷造句。宁老师并未就此止步,而是继续提问:"你们知道我这样安排让你们去思考,这是一种什么样的思维方式吗?"

看到大家经历了一番思考,宁老师说:"大家可能心里明白了,但找不到恰当的语言表达。现在我告诉大家:前面想到的、说过的,后面不能再这样想、不能再这样说。这种思考问题的思维方式叫作排除式思维。这种思维方式的好处是,促进思维者打开思路,扩大思维范围,增加思维广度,有利于激发思维的创造性,发现自己或他人尚未想到过的东西。希望同学们学会这种思维方式。"

这段提问语,不仅使学生掌握了"纷纷扬扬"这个词语的意思,而且学会了用这个词来造句。同时,也对学生进行了学习方法的指导,让学生学会了一种思维方法。

(4)引疑式提问语

这种提问语的设计,意在让学生于无疑处有疑,使他们思考问题更加深入。

在教《孔乙己》一文时,教师问学生:"这篇文章的主人公姓甚名谁?"学生因为一掠而过,不认为这是一个问题。经过再阅读思考,懂得了"孔乙己"是绰号,不是姓"孔"名"乙己"。"孔乙己"三字出自旧描红簿,因为他姓孔,别人就从描红纸上的"上大人孔乙己"这半懂不懂的话里,替他取下了这个绰号。一个人活在世上,连姓名都不知道,可想而知这个人物的命运不佳,是一个悲剧性的人物。这个问题促使学生思考到同是鲁迅笔下的阿Q、小D等人物,举一反三。

(五)启发语

启发语是指教师根据知识内容和学生的发展特点和需要,运用适时而巧妙的话语给学生以启迪、开导和点拨。

1. 话不说透,留有空白

即有时讲的话语要含蓄一些,在学生想知而不知时,加以诱导式的讲说,不要把知识点和问题一览无余地说完、说尽,要给学生以思考的时间和余地,启发他们自己去寻求答案。

2. 适时点拨,循循善诱

恰当地运用提问语、设问语和反问语,调动学生的积极思维,开动脑筋去求知、求疑和求解。

3. 多方位、多角度设计启发语

正面例证启发语——举出著名科学家、文学家、名人的事例对学生进行启发。

反例启发语——针对学生学习某个概念、定理时容易发生的错误，设计一些“陷阱”式答案，看学生是否答错，然后引导他们走出误区。它常常比正面例证启发更富有启迪作用。

指引性启发语——设计一种启发学生思考方向的话，解决问题、摆脱困境的话等。

展望性启发语——设计一种描述解决问题前景的话，使学生产生兴趣，并朝这种前景而努力。

探究性启发语——当讲到某一个难点时，设计一种鼓励学生去探究的话语，或提出一种设想，或提出一些线索，让学生感兴趣，从而进行创造性的思考。

（六）应变语

教学口才交际中的应变语主要用于应对教学中的意外情况。教学是一门学问，更是一门艺术。要打造结构完美、布局合理、浓淡相宜的课堂教学，不但要靠教师课前的精心设计，而且还要靠课上行云流水般地执行。要做到这些，除了要身心愉悦地投入教学之外，还必须掌握一定的教学口才交际中的应变艺术。

1. 化被动为主动的应变语

一位大龄未婚女教师对学生讲要学会爱人。一个顽皮学生站起来问她：“老师，您有爱人吗？”这位教师灵活答道：“这位同学问我有爱人吗，谢谢你的关心。首先，我有可爱的学生们。其次，我将来会有一位家庭爱人的。不过，我们今天上课说的‘要学会爱人’，是讲的这个意思吗？”

2. 有意转移式应变语

课堂上，有时学生提的问题教师不便作答或不能作答，可用转移话题的办法摆脱困境。

3. 顺水推舟式应变语

一次上课，老师走上讲台面带笑容地说：“这节课，我们一起来学习老舍的《小麻雀》。”边说边习惯性地打开粉笔盒，粉笔盒里毛茸茸的东西吓了他一跳。原来，粉笔盒里关着一只羽毛未丰的小麻雀。老师沉静片刻后说：“好有心计的同学，找来了一只活标本。大家看看，小麻雀的眼睛是不是像老舍描写的那样，小黑豆似的。”于是，小麻雀在大家手中传开了。大家不住地赞叹老舍的观察仔细，比喻生动。课后，老师对搞“恶作剧”的学生亲切地说：“你对教学很关心，很有心计。不过，要是事先跟我打个招呼，就更好了。”几个同学听后很感动，惭愧地低下了头。

4. 悬念化解式应变语

课堂上有时会遇到难堪的场面、突发的事件、一时难解的纠纷等，教师要机智地加以化解，有意制造一个悬念，把热点问题荡开，转到原设计的教学步骤上。

（七）结束语

1. 结束语的原则

课堂教学是有规定时限的，在一节课结束之前，教师用简洁的语言总结概括学习内容，强调和巩固学习重点和难点,使课堂学习形成一个完整的过程。一般说来,总结语时间都不是太长,语言简短却意义重大。在课堂总结时要注意做到有利于掌握新课、开拓新的知识、善于启发兴趣等,确保总结语话语虽少却意味深远的效果。

有利于掌握新课,就是指总结语要能够帮助学生快速梳理出课堂中学习的主要知识点,起到提纲挈领、巩固所学、强化记忆的良好效果。

开拓新的知识,就是要让总结语在圆满结束本节课程的同时,还要给学生指出继续学习的方向,激发他们积极思考和解决相关问题的能力,使学生的学习生活与实践联系起来,提高思维和解决问题的能力。

善于启发兴趣,就是指总结语不只是一个小课时的结束,还要成为开启学生浓厚学习兴趣的金钥匙,让学生培养起由被动地在老师指导下学习到主动想去深入学习研究的习惯,这将是教育的最高目标,即变“要我学”为“我要学”!

2. 结束语设计的方法

(1)归纳要点,重复强调

在分析和解说完教学内容后,教师用概括的语言对所学的知识进行梳理和重复解说,强化学生记忆,让学生把所学内容当堂消化,也可以间接地影响学生的概括能力,提高学习的综合效果。

一个老师在教“求一个数是另一个数的几分之几的应用题”时是这样结束的:“今天我们学习了‘求一个数是另一个数的几分之几的应用题’,知道它是‘求一个数是另一个数的几倍’的发展变化。解这种应用题所依据的基本数量关系是:甲数 ÷ 乙数 = 甲数是乙数的几分之几。解题的思路有三步:先找准是哪两个量相比较,然后确定把哪个数看作单位1,作除数,另外那个数作被除数,最后列式计算,得数要写成分数。”

这个总结语准确地表达了教学内容的要点,加深了记忆。

(2)提出问题,启发思考

在学生掌握知识的基础上,由教师进一步提出思考方向或者问题,启发学生举一反三地理解知识点、拓展知识的延伸面。这样的总结语对学生是一定程度上的考验,会让学生把本节课学习的知识久久地在脑子里思索回味,挑战他们的辨析能力和知识储备,也会收到非常好的教学效果。

有一个老师在讲“文学性质”时,讲道:“文学必须面向大众的社会行为,但是有些少年作家公开说:写作时不用考虑别人和社会责任,怎么解释?大家找找看都有哪些持对立观点的人?那么你们自己是怎么看这个问题的呢?同意还是不同意都请详细收集资料,说出理由来。”学生的兴趣立即表现得非常浓厚,争相发表看法。

(3)拓展思路,激发想象

学生往往在课堂上对老师所讲的内容领略得很单纯,面对同一个问题容易形成老师所讲解的思路和观点,很少能够变化思路来重新审视老师得出的结论。这时候,老师可以启发大家从另一个角度来思考问题,激发他们的想象力,培养学生的发散性思维能力。

例如,老师可以在讲述完结果之后,向学生发问:“如果要你们来续写,你会给他们什么结局呢?”或者“你对这个结论还有没有别的解释呢?”“还有没有不同的情况呢?大家下课去找找看。”

(4)透露新课,承上启下

知识本身的连续性就是启发学生求知欲的很好开关,教师自然地把相关新课程的内容透露给学生,提出预习问题,承上启下地结束课堂也不失为一种娴熟有效的总结方法。

一位老师在《中国石拱桥》一课结束时这样设计:"本节课我们主要以赵州桥和卢沟桥为例来说明中国石拱桥的特点和成就。但有的说明文就不用举例法,而采用概括说明的方法,总括被说明对象的特点。这样也能收到印象完整而具体鲜明的效果。下一节课我们将学习叶圣陶先生的《苏州园林》,如果把这两篇文章作比较,就会明白各自的写作特点。大家可以先预习……"

这样的结束语,不仅总结了新课,而且开启了下一节课的内容,指出了学习方法,利于前后课程的联系。

(八)评价语

1. 评价语的原则

评价语是指教师课堂相关内容的评说和对学生学习情况的评价。前者可以划分到讲授语中,但是因为评价语在很多时候不是只用作对问题的论证,还要表达教师的态度和认识,这对组织课堂有更多的意义。好的评价语话不在多,但是因为其简洁凝练,意义丰富,很快能被学生记住,也能成为他们学习的主线。同时,课堂教学是师生两方面共同参与的一个过程,学生的任何反应都可以影响到课堂教学的最后效果,所以,教师不得不面对教学中的突发事件、学生问答、学生的作业等等,这些都需要教师来给以恰当的评价。评价语的得当与否,也直接会影响和左右学生学习的兴趣和效果。所以,评价语也是教学语言中应当着重训练的一个环节。

教师的观点虽然是一己之见,但却时常左右和潜移默化地影响着学生的人生观和价值观。所以,无论是在评价具体事物和现象,还是评价学生的表现时,都要坚持客观公正、立场鲜明、积极肯定、准确、鼓励、拓展、平等和区别性的原则,让教师的教学人格对学生的成长起到正面的积极的影响。

(1)客观公正原则

即要坚持实事求是的态度,对事物的认识和评判要有理有据,客观真实,避免携带过多的个性色彩,还原客观真实的本来面目。对学生的表现也要坚持这个原则,不能因为老师不喜欢某个学生,或者某个学生在哪方面表现较差而作有失偏颇的评价,这样都会给学生造成不良的心理影响。

(2)立场鲜明的原则

即教师的评价要有明确的倾向性,什么是提倡的、积极向上的;什么是应该反对的、不科学的,教师都应该在点评中表明自己的思想方法和立场。

(3)积极肯定的原则

在对学生的评价中特别要注意这个原则。尽可能不对学生采取正面的严厉批评,以免挫伤师生之间的感情和学生的自尊心。要善于发现学生的优点,包容或者委婉地批评他们的缺点和不足,积极鼓励和肯定学生的正向行为,这是教学中一个很重要的原则。

(4)准确性原则

这一原则主要适用于自然科学领域的课程,也适用于人文科学中一些已经普遍认为是真理的认知常识。

(5)鼓励性原则

评价的重要目的是激发学生的学习兴趣和学习热情。因此,我们评价学生时,尽量不使用否定性评价,而是要努力地去发现学生学习过程中的闪光点,进行鼓励性评价。

(6)拓展性原则

评价语言的拓展性,指的是教师在运用评价语言时,不应孤立地为评价而评价,而应该将评价与教学环节的过渡、学习方法的指导、课程主题的升华等方面进行有机的结合。

(7)平等性原则

平等性原则主要是指教师在评价学生的过程中,一定要以公平的心态来对待每一个学生,不能因为自己的喜好而在评价中流露偏袒的意味。

(8)区别性原则

区别性原则是指根据学生的心理素质、性格特点、学习程度、认知水平等多方面的因素对学生采取因人而异的评价。区别性原则和平等性原则并不矛盾,平等性原则重在对学生人格的尊重,而区别性原则重在讲对学生评价方法的采纳。它们的共同之处在于都立足于对学生人格的尊重的基础上,着眼于学生的可持续发展。

2. 评价语设计的方法

(1)联系生活,富有哲思

有时候,老师要给学生讲述一个道理,也需要作一番充满思辨的议论和评价。如果能够联系生活感受,把道理寓于一定的事例中,通过多面的评析,让学生明白,则是令人回味无穷的。

一次作文评点课上,老师发现一部分同学对美的认识不太全面,大家都从一点上来给美寻找标准。老师作了以下的评述:

"虹看到弧形的石桥,向它说道:我的大地上的姐妹,你的生命比我长久啊。石桥回答道:你那样美,你在人们的记忆中必然是永恒的。"在引导学生思考到底如何认识美的讨论之后,老师总结道:"我认为虹和桥都是美的。美的内涵是丰富的,它的外延又十分广大。它丰富多彩,无所不在。我们不能因为有虹,便鄙夷脚下的桥;也不能因为踏上了桥,便不愿意看天上的彩虹。美,绝不是一个简单的判断。我们要积极地发现身边的美,包括美的事物、美的人格、美的生活、美的理想。既不能因为喜欢蓝色的辽阔,便排斥绿色的生机;也不能因为轰轰烈烈而忽视了默默无闻。应该在自己的生活中,时时刻刻自觉地追求美的语言、美的行为、美的心灵,用美的标准来要求自己……"

老师的这一段评述,充满思辨,意义深远。启发学生如何认识美,认识美的多面性,要辩证地看待事物,不能追求单方面的标准,要善于用美的心灵去寻找生活中多彩的美,要有感染力。

(2)以点带面,正反评说

说服和批评学生,要以情动人,这也是谈话时说服人的一种有效的手段。评说别人要使人心中点头,理念上认同,情感上接受,情与理结合,理借情动人。

有一个女中学生入学时成绩虽不太好,但多才多艺,经过一段时间的努力,居然成了尖子学生之一。可是不久就开始经常旷课,一向积极参加的文体活动也不感兴趣了。原来,她交了男朋友。班主任多次对她进行批评教育,可无济于事。班主任把这个学生交给了教导主任。经过了解,这个学生身世很不幸,母亲早逝,没有兄弟姐妹,后母及父亲对她很不好,将她寄养在姨妈家，姨妈又过世，生活没有着落，又无亲可投。了解到这些情况后，这位教导主任决定找她谈一次话。

教："同学，我希望咱们能开诚相见，都说心里话好吗？"

生："说真的，我不想上学了！"话一出，她的眼泪直流。

教："坦率地说，我对你的印象很好，你发展很全面。演讲在县里获二等奖，3000米长跑全县第一……这些成绩来之不易呀！你是一个很有前途的学生。说实话，学校不愿失去你这样的学生，我更是打心眼里喜欢你，难道你自己就甘心抛下这光荣的历史与美好的前程吗？"这位女生抬起头看看老师，又把目光移到别处思而不语。

教："同学，你的情况我都知道了。我想，你过早地谈恋爱，大概也出于无奈。我也是从小没妈，知道失去母爱的痛苦。但我还有父爱，你还不如我。你寄养在姨妈家，姨妈又病逝，是生活逼得无亲可投，无温暖可寻……"这些话勾起了她痛苦的回忆，眼泪流了下来。

教："恋爱并不算丑事，人人都要谈的。我和你一样大时，也谈过好几个，都是别人介绍的。现在回想起来，觉得好幼稚啊。幸亏未成，否则不知会带来多少痛苦。著名女作家程乃珊说过，过早地把自己的未来缠在一个异性的身上，是一个沉重的羁绊。它处处妨碍你投入更广阔的人生。这话可是经验之谈啊！你认为你与那位男孩生活在一起会幸福美满吗？"

学生抬起了头，用信任的目光看看老师，说："老师，其实我也谈不上多么爱他，只是他经常来找我，他妈又对我特别好，我到他家感到很温暖。最近他妈病了，我能不管吗？"

教："我完全理解你。不过，我想再提醒你，你未来的路还很长，前途也很光明，希望你能够珍惜自己的未来，认真处理好目前这一问题，你能答应我吗？"

生："能！"

教："以后到了星期天，你到我家来玩。我有一个女儿，和你年龄差不多，她是高二学生，她会热情接待你的。"

生："谢谢您，老师！"

后来，这位学生与教导主任的女儿真的成了好朋友，与那个男孩也断绝了往来，重新活跃在校园中。

整个谈话过程中，通过教导主任正反两方面的评说，先肯定地评价了学生的成绩，又肯定了学生的恋爱行为，体现的是教师对学生的理解与关爱，十分入理。再通过激励和反面的后果给予开导，这个学生心里感到十分受尊重。所以说，中肯的评价才能引导学生转向积极的方面。

(3)有感而发，多方联系，倾向鲜明

很多时候，老师都要对一些讲课的内容作个人的评价和分析，这个分析和评价中体现了教师的智慧和学识，有感而发的评价就更加生动鲜明，给学生留下深刻的印象。

林语堂先生曾在北京大学讲《论东西文化的幽默》，其中论及儒家的幽默时，他依据史实，说孔子面对失败和挫折其实都是泰然自若"很风趣"的，但为什么却被人描绘成一个"道貌岸然，规行矩步的学究"呢？对此，林先生不禁感慨地说：

"每当人的精神颓废而退化，伪善而夸大的陈词滥调，甚至残酷，便会再度抬起头来。孔子的容忍、幽默和富于人情味的热情便被忘却了，于是一些新儒家便把他的教训纳入一套严厉的道德经典中，诸如女人缠足、寡妇守节，一个女子在其未婚夫于婚前夭折，即不得改嫁他人，等等，竟成为一种崇尚的妇德，非常受到新儒家的鼓励和钦佩。在这些学者论道德的文章中，就找不到一点人情味和幽默感。而在一些匿名作家或者将其姓名签署于文学作者所写的小说中,我们才再度找到幽默和一种比较能真实反映人生,符合一般人思想、知觉和情绪的东西。”

由古而今,由幽默而社会,有理有据,评点了一种现象,揭示了一种规律。这种评点,冷静而客观,蕴意而深远。

3. 评价语的类型

就大的范围来说,评价语可以分成两大类,即简单式评价和复合式评价。简单式评价是指教师针对学生的回答进行直接的、简短的评价。比如:

师:“死海不死”这个题目有什么特点?

生:简洁。

师:对! 简洁。因为题目只有四个字。回答也很简洁,只用了两个字。还有吗?

生:我觉得这个题目很新颖,看起来是矛盾的,读起来又并不矛盾,跟一般的题目不一样,有奇特之处。

师:讲得好。

简单式评价常用的语言还有:真认真、真会动脑筋、真聪明、你真了不起、很善于思考、回答很正确、讲得很好、分析有道理、表述得很准确、读得很好、读得真有感情、好极了、绝妙的想象等等。

复合式评价是相对于简单式评价而言的,指的是在简单评价的基础上,对学生的学习信息的反馈(主要是对问题的思考和回答)进行指点、概括、扩展、提升、过渡。复合式评价语主要包括商讨式评价、概括式评价、扩展式评价、提升式评价和过渡式评价五种。

(1)商讨式评价

商讨式评价就是指点式评价。运用“商讨式”这一概念,主要突出在学生学习出现问题的时候,教师不是以批评的语言进行评价,而是运用商讨的口气。比如周凌老师在《鸿门宴》《垓下之围》研究性学习课堂教学中这样评价:

这组同学能从传统文化的角度来解释项羽失败的原因,体现了同学们思考的深度。但我们论证时,在逻辑上要有合理性,要有严密的推理。关于鸿门宴时项羽、刘邦他们的座位次序的问题,如果完全用“义”来解释,就可能显得牵强些。司马迁在这里所写的一笔,我想可能基于这样的考虑,在天下大乱时候,双方的力量决定各自的地位,这里主要是表现出项刘两方力量的悬殊,同时也点出了项羽阵营的自满情绪,这为以后项羽的失败埋下伏笔。我的意见仅供参考。

在这段评价语中,教师热情地肯定了学生的优点,同时也委婉地表示出自己的看法,对学生如何全面地解释项羽失败的原因提供了一种方法。更让人敬佩的是,在末尾周老师所说的“我的意见仅供参考”的坦然,这无疑在给学生渗透一种正确的认识世界的方法:你可以参考别人的观点,但别人的观点永远不能取代、统治你自身的观点。

(2)概括式评价

概括式评价是指教师运用简短概括的语言对学生的回答内容进行归纳。程继伍老师在教学《冬天之美》一文时是这样评价学生的学习的:

生:冬天才会下雪,下雪为我们的生活增添了无穷的情趣。

师:情趣盎然,浪漫无限。

生:我出生于冬天,冬天跟我结下了不解之缘,因此我特别喜欢冬天。

师：不了的情缘，永远的冬天。

生："梅花香自苦寒来"，寒冬是孕育生机和理想的季节。

师：诗情画意，志趣高远。

（也有不少学生不喜欢冬天，理由是：）

生：因为冬天太冷了。

生：因为冬天老阴沉着"脸"，地上湿漉漉的。

生：因为冬天满目萧条，并不美丽。

师：切身感受，现实主义者。

在这段简短的教学实录中，程老师的评价语极其简单而概括，但是往往会使学生漾出会心的一笑。在这样宽松的课堂教学氛围中，学生畅所欲言是必然的。

（3）扩展式评价

扩展式评价是指教师在评价的基础上进行能力、方法等的概括和提升，使学生通过评价语获得更多的相应信息。沈江峰老师在教学《项链》这一小说时这样评价学生的学习：

刚才许多同学发表了自己的意见，归纳起来共有四种意见：一是玛蒂尔德性格基本变了；二是基本没变；三是既变又不变；四是作者只是客观地向我们展示这么一个故事，并不是要表现她变还是不变。我想告诉大家，这些问题，也是专家、学者、老师仍在争论的学术问题。今天我们在课堂上进行讨论，许多同学已经形成了相当深刻的认识。不管是哪种观点，结论并不重要，我们只是借助这些问题的讨论来加深对小说的认识和理解。下面谈谈我的理解，只是一家之说……

这段评价语言的一个主要特色是教师在学生学习的基础上，帮助学生拓展了思路，开阔了眼界，而且使学生获得学习的成就意识，促使学生更加执着地投入研究。

（4）提升式评价

提升式评价主要是针对情感而言的，教师根据学生的回答在文章的思想情感上进行升华，使之产生更强烈的震撼力量。例如：

在教学徐志摩的《再别康桥》时，教师让大家就诗歌意境构思一幅画并进行描述。

有一位学生说："刚才同学的构思中，画面里都出现了诗人的形象，我觉得没有人更耐人寻味。通过景物的描写，让看的人自己去感受。我的设想是一条船在康河中缓缓地前行，然后镜头对向河畔的金柳、粼粼的柔波、波光里的艳影和水底软泥上的青荇。船，只出现一个船头，然后用全景，拍河畔和康河，最后用远景拍船渐渐远去，直至消失。"教师的评价语是："这种创意的确含蓄，耐人寻味，诗人依然在，可是躲到了幕后。是啊，他既然要把这份别离之情藏在康桥的一草一木中，为何不首先把自己藏起来啊，你的构思独到！"

在这段评价语中，教师对学生的回答与诗歌的内容进行了很好的整合，通过"要把这份别离之情藏在康桥的一草一木中"一语，对诗歌的艺术化创造过程进行了指导思想上的提升。这种评价非常有利于学生举一反三、以点及面的学习习惯的形成。

（5）过渡式评价

过渡式评价是指教师的评价语可以起到教学环节的链接和过渡作用。例如：

大家刚才对文章的理解都很有自己的思想，那么就让我们循着刚才的感受，来看一看课文是如何进一步来阐述这个观点的。

这段评价语，既对学生进行了充分的肯定，同时又引出接下来要学习的内容，使学生的学习呈现出循序渐进的特点，同时也激发学生继续保持旺盛的学习精力和浓厚的学习兴趣，能够收到很好的效果。

当然，评价语的设计是可以多种多样的，但是不管是哪种评价语，都要特别注意以表扬和鼓励为主，因为爱听表扬和夸赞是人的天性，无批评式的评价语，能够极大地激发学生学习的积极性和主动性，使学习始终处于最佳状态。

综合技能训练

一、从实习材料中选出几篇课文，设计几段导入语和小结语，在小组或全班试讲，同学评议。

二、根据所学的专业，找出一段概念、原理或文章段落，运用讲授语在全班讲析。

三、选取任一学科中的两个概念、原理，进行口头解说、小组评议，之后教师小结。

四、试找出一篇课文或一个章节来，以任课教师身份分别为其设计一个归纳式结束语、延伸式结束语、激励式结束语、点拨式结束语、复习式结束语、预告式结束语、练习式结束语。分小组讲给同学们听，并请大家评点。

五、提问语技能训练。

按照前面提示的提问类型，以下面材料为例设计几种提问语。各学科同学可根据自己熟悉的内容设计，然后在同学之间互相交流。

1. 空投重物的下落运动不是自由落体运动。

2. 正常健康的人体血液是按一定方向流动的，不能倒流。

3. 小说反映社会现实，要塑造具有典型性的人物。我们学习过的鲁迅小说中有阿 Q、华老栓、孔乙己、祥林嫂、中年闰土等，这些人物在反映社会现实上都有共同的典型意义。

4. 情境设计：以“森林被破坏必然对农业造成不良影响”为课题，以初中生或高中生为教学对象，设计一组提问语。

六、小结语技能训练。

要求：小结语简洁、完整、灵活，具有帮助学生理解、巩固和记忆的作用。

1. 观摩录像中教师运用的小结语，指出它的特点与作用。

2. 针对某一学科的内容，设计两段小结语并试讲。

第十七章　公关口才

本章导读

事业成功、单位兴旺需要“天时”“地利”“人和”三个条件，而搞好公共关系就是打造单位组织“人和”的优化环境。例如：在商务公关活动中，开业典礼不能只放鞭炮而不致辞；记者招待会不能只喝茶水而不发布信息；展销会上要宣传；联谊会上要交友；被顾客误会要解释；回答询问要耐心……可以说，离开了口才交际，公共关系工作就无法展开。相对私人间的社交口才交际，公关口才交际是一种群体间的社会关系交往表达，是社会组织及其成员为实现一定的目标，通过一定的媒体平台，在社会公众中塑造形象、沟通信息、协调关系，以增进与公众相互了解和协作的一种策略行为。

开篇案例

1971 年 7 月 29 日，基辛格率代表团秘密访华，进行了打破 20 年外交僵局的谈判。来华前，尼克松总统曾不止一次为他们设想这次会谈的情形，以为中方会大拍桌子叫喊打倒美帝国主义，勒令他们退出中国台湾、滚出东南亚。为此基辛格一行非常紧张。

但事实出乎他们的意料。周恩来总理在钓鱼台国宾馆亲切会见了他们。周恩来总理微笑着握着基辛格的手，友好地说：“这是中美两国高级官员二十几年来第一次握手。”当基辛格把随行人员一一介绍给周恩来时，周恩来总理的赞美更出乎他们的意料，他握住霍尔德里奇的手说：“我知道，你会讲北京话，还会讲广东话。广东话连我都讲不好。你在香港学的吧？”又对斯迈泽说：“我读过你在《外交季刊》上发表的关于日本的论文，希望你也写一篇关于中国的。”最后他握住洛德的手，说：“小伙子，好年轻，我们该是半个亲戚，我知道你的妻子是中国人，在写小说。我愿意读到她的书，欢迎她回来访问。”①

周恩来总理简短的公关口才交际表达蕴含了相应的特征和技巧，既缓解了对方的紧张情绪，又让对方认识到中国人民的友好态度。

第一节　公关口才概述

一、公关与口才

（一）什么是公共关系

“公共关系”一词是由英文 public relations 译过来的，简称“公关”，是社会组织在经营管理中为了塑造良好的组织形象，运用传播沟通的手段，促进社会组织与相关公众之间的相互

①李华荣. 演讲与口才[M]. 北京：中国经济出版社，2005：195.

了解、理解、信任与合作的科学与艺术。

公共关系既是一门科学,也是一门艺术。作为一门科学,它研究的是社会组织与公众之间传播与沟通的行为、规律和方法;作为一门艺术,它是社会组织在做好自己工作的基础上,用心寻找公众的兴趣点,用传播和沟通这种软性的方法,与公众在情感上、思想上达到共鸣,从而使公众在心理上、感情上愿意配合、支持社会组织工作的“攻心”技巧。

(二)公关与口才的关系

公共关系活动是人类交往的重要形式之一,这种交往形式离不开语言的运用,因为公共关系是通过传播信息,使社会组织与公众相互沟通、相互联系,而公共关系信息传播的每一个具体实践活动几乎都离不开语言这个承载体。

在公共关系活动中,公共关系活动人员如果能有较好的口才,注重口才技巧的学习,就会调动各种因素,使公共关系的宣传过程引起公众注意,形成友好的交际情感和气氛,产生最佳的社会效果,从而起到为社会组织树立良好形象的作用,促成公共关系目标的实现。

二、公关口才的基本原则及特征

(一)公关口才是一种公共传播活动

公关是以传播为媒介的。一个组织如果要在另一个组织或社会公众中树立起自己的良好形象和美好声誉,就不能离开各种传播手段。

公关口才是一种信息交流活动,又称为传播活动。它是通过面对面或电话通信等方式,使用有声语言进行彼此有目的的沟通,调节好组织与公众的多重关系。传播就是传意,就是把自己一方的意念诚心诚意地说给别人听,在相互交流思想、意识、感情的基础上,力图改变对方的言行,达到双方更好的相互支持和合作。如果双方都是无意识的,就谈不上传情达意,根本就无法沟通了。公关传播的方式有多种,但使用得最广泛、最多的就是公关口才,所以公关口才几乎体现了公共关系传播的全部特性,即社会性、普遍性、互动性和共享性。

(二)公关口才要以公共利益为出发点

公共关系是社会组织与其内外公众的关系,它不是私人之间的交往,而是一种群体间的社会关系交往。由此,公关口才的活动范围也就理应在群体之间而非私人之间进行。这就要求公关口才的实施者在开展工作时,必须以组织和公众的共同利益为出发点,而不能用个人利益去干扰甚至损害组织和公众的利益。公关人员以权谋私、假公济私、损公肥私是违背职业道德的。当然,社会关系与个人关系紧密相连,一定的社会关系必然会表现为一定的人际关系,也就是说,公关口才实施的过程,群体间的社会关系常常借助于个人与个人的关系表现出来,因此,必须要处理好个人感情与自己所从事的工作、与群体利益的关系。

例如,碰到营业员与顾客发生纠纷,商店的公关人员就不能运用公关口才站在营业员一边去指责顾客,而应当通过自己的公关口才去协调商店与消费者之间的关系,维护商店的整体形象。

(三)公关口才要自信沉稳,以势夺人

“要想说服别人,先要说服自己。”以自己的自信、沉稳去征服他人,是公关口才中尤其重要的要领。无论是政治活动、社交活动还是商业活动,都要在气势上做到先声夺人。

人一旦自己有了信心,就能够影响他人。“只有我才是能使你幸福的人”“这件事只有我

才能办好”，这其中所包含的那种舍我其谁、气度不凡的自信，在公关场合往往最能说服那些陷入迷惑、犹豫不决的人。

许多人都有过类似的体验，当我们需要对某一事物作出判断或选择时，如果稍遇困惑，就会丧失判断力、陷入迷宫，无法作出正确的选择，而这种时候，心理上往往都会期待着别人给予自己一个强有力的建议，帮助自己作出判断。因此，此时我们的自信最能影响他人。机会总是来去匆匆，能否抓住它，就靠你的当机立断。

（四）公关口才要求随机性、灵活性和针对性

1. 随机性

公关通常是面对面的信息交流和信息沟通活动，说话者可以及时得到反馈（如通过对方的表情、姿态、动作等），了解信息发出后给对方引起的反应；可以根据这种反应的信息来检验自己的公关语言，了解传播的效果，以便及时调整自己的公关语言。当对方不明白或误解了自己的意思时，能够及时地进行解释。这种随机应变的口才方式，就是公关口才的随机性。

2. 灵活性

公关口才无论在时间上还是地点的选择上，都具有较大的灵活性。根据公关活动的需要临场发挥，即兴而谈，灵活运用语言技巧，这样的谈话往往给人以深刻的印象，使情景、气氛达到一致协调。茶余饭后、旅途之中、休息室、火车上、家里，这些都是公关口才的施展之地。有时，在比较随便的场所进行公关交谈活动反而更有利于倾心交谈，赢得对方的信任。这些都显示出公关口才的灵活性。

3. 针对性

公共关系的人际交往有较强的针对性，在进行公关活动时，必须要考虑到接受者的个性特点、心理特征、经验多少等多方面的情况，并在这一基础上开展工作。越有针对性的谈话越有利于对问题的深入讨论和交换意见，也就越能获得较为理想的效果。

三、公关口才的功能

要想达到最基本的人际沟通及最成功的公关效果，首先需要使用的就是语言，即先要过口才这一关。从各种国际谈判、贸易洽谈，到新闻发布会、货物推销会等，从国家最高领导到各行各业的每一个人员，都在为完成特定使命而应用着自己的口才能力。那么，公关口才都有哪些主要功能呢？

（一）塑造良好形象

公关口才可以说是一个组织向社会介绍自己的“名片”。随着市场经济的深入发展，信誉和形象已经成为社会组织无形的资产和财富，是社会组织取得竞争优势、稳步发展的重要支柱。运用公关口才可以使社会组织得到公众的肯定和支持，使公众对组织的产品和服务产生好感和信任感；运用公关口才可以使社会组织获得更多更好的投资条件和其他支持；运用公关口才，还能增强本组织内部职工的向心力和归属感，增强组织对人才的吸引力；运用公关口才，能使组织获得包括社区在内的多种社会团体及媒体的好感和帮助，并会得到多种合作机会。总之，公关口才能够提高组织的知名度，塑造组织的良好形象。

只有具备良好形象的组织才能取信于民，才能使社会公众对组织从了解到理解，从理解

到信任,从信任到产生合作的动机和行为,从而有利于组织目标的实现。许多有规模的企业或集团公司,都把公共关系工作贯穿于日常管理的各个环节,就是为了在任何时间和场合不忘宣传和体现自己的组织形象,而公关口才是实现这一目的的重要措施之一。

(二)协调内外关系

只要有人,只要是由人构成的组织,只要人与人之间有关系,生活中就处处离不开公关。人们常讲“天时、地利、人和”,实际上,公关攻的就是“人和”的关,即协调人际关系。人心的向背在任何时候、任何事件中都是决定胜负的重要因素,在当今世界的商战、技术战、信息战、外交战中更是如此。

任何一个社会组织在其生存和发展的过程中,其内部和外部的各种关系都难免出现抵触、失调及紧张现象,特别是在当前市场竞争激烈和体制改革不断深化的条件下,各种矛盾的产生不仅难以避免,而且瞬息万变,让人难以防范。这类问题若不解决,就会损害组织的形象,并进一步阻碍组织的生存与发展。积极开展公关活动,主动与各方冲突者交流沟通,能够促进彼此的了解,转化矛盾,实现协作,有效地减少摩擦,增强组织的活力,最终提高组织自身的效益和社会整体效益。因此,有能言善辩的伶俐口齿,对内下达命令、安排诸项事务;对外处理社交事务、沟通企业内外联系等的重要性是不言而喻的。

例如,近年来许多企业都主动组织公关活动,到街头巷尾进行企业形象的口头宣传,对自己的产品或本企业参与的公益活动作口头介绍。如铁道部门得知群众对火车票涨价有意见后,在春节前举行听证会,让旅客代表畅所欲言,也派自己的代表详细讲解火车票价格上调的理由。虽然一次听证会未必能解决实际问题,但促进了彼此的理解,使这种口头的公关活动收到了较好的社会效果。

(三)为公关对象出谋划策

面对公关对象,公关的目的必须十分明确,那就是使对方朝着有利于双方的方向发展。公关口才的发挥一定要从公关对象的实际出发,了解对方目前面临的问题或困难,要有目的、有针对性地向公关对象实施公关口才。通过向决策者、管理者或合作者提供咨询服务,使之头脑更清醒、目光更长远、反应更机敏,从而使组织的经营决策制定得更符合实际,最终实现组织的既定利益。

(四)有利于人的全面发展

假如你注意观察的话,就会发现,生活中,出言不当,会令你四面楚歌;用语妥帖,则使你左右逢源。因此,对一个人的生活和事业来说,善于公关言谈的人,可以借助口才的力量促成自己的事业,为社会多作贡献;而拙于公关言谈的人,往往会失去机遇,或将事情越办越糟,因而抱恨终生。在公关场合,准确无误的口才为你广交朋友、拓宽领域、打下一个坚实的事业基础,创造了条件。

公关口才是博取公众好感,使双方获益的一种行为。公关口才倡导人与人之间的友好相处,主张在人际交往中遵守社会道德规范和文明礼貌;公关口才讲究交往的方法和艺术,这些都有助于纠正人际关系中封闭戒备、钩心斗角、损人利己等消极的现象,有助于建立新型的人际关系。

第二节　公关口才技巧

公关交际是人们进行社交活动、与具体的社交对象及公众建立亲密关系的最经济、最有效的工具。只有优化语言,不断提高公关语言的艺术水平,才能形成互相理解、互相协调、互相支持的友好氛围,产生最佳的社会效益和经济效益。

一、平等待人,礼貌周到

(一)选取适宜的称呼

公关交际中,在任何场合与人见面,遇到的第一个问题就是如何得体地称呼别人。因为公关交际中称呼稍有差错,便会贻笑大方,或给对方留下不好的印象。

我国是礼仪之邦,公关的称呼历来很受重视,因为它能体现一个人的礼貌修养。在公关交往中,体现谦和、礼貌的称呼语主要有敬称、美称、婉称、谦称等。根据言谈对象及其在公关活动中所处的地位、作用,必须掌握使用合适的称呼来拉近彼此间的距离,减少陌生感。

要在最短的时间里最快地记住公关对象的名字,这一点至关重要。卡耐基博士在其处世格言中一再强调,要想获得别人的好感,首先要牢记他人的姓名,以示对他人的尊重。

周恩来总理在这方面堪称高手,他在接待世界各国的贵宾和出访并与各国首脑进行外交活动时,都能很快说出对方的名字,令外国人兴奋又吃惊,立刻被周总理友好亲善的态度所打动。

(二)恰当地介绍自己

向别人介绍自己,看似简单,实则并不是件容易的事。介绍的得体、得法,会给人留下深刻的印象,从而迈出成功公关的第一步;介绍的不得体、不得法,可能会引起对方的反感,增加对方的不信任感,从而对以后的公关活动产生不好的影响。

把自己介绍给别人有直接和间接两种途径,不必拘泥一格。单刀直入切入主题也罢,利用新闻媒体、中介人也好,包括其他传播手段甚至独特"招数"都未尝不可,这正体现了公关口才上"八仙过海、各显神通"的特色。

(三)选择话题很重要

在公关场合,有人感到周身不自在,"不好意思"交谈;有人感到无从启齿,"没有办法交谈"。他们或局促一角,尴尬窘迫;或欲言又止,话不成句;或说话生硬,使人误解……产生这些现象的原因便是缺乏合适的话题。

有几种话题是永远受欢迎的:一是以对方感兴趣的事情为话题;二是以对方擅长的方面为话题;三是在众说纷纭的场合抓住大家共同关心的话题。好话题,是初步交谈的媒介,是深入细谈的基础,是纵情畅谈的开端。

另外,及时转换话题也是十分必要的。这就需要在交谈中注意观察,发现交谈进行不顺畅时,就需要转移话题。以下的几种情况需转换话题:公关对象对谈话内容不感兴趣,觉得枯燥乏味;不同意对方意见,又不想与之争论;谈话中话题谈完,出现冷场;失言或其他尴尬局面等。

二、专心倾听和引导对方

(一)要善于倾听

一说到公关口才,人们往往会想到"口若悬河""滔滔不绝"等字眼。当然,这是一种公关口才,但公关口才绝不仅仅如此,有时倾听对方讲话也是公关口才的表现。

越是善于倾听他人意见的人,人际关系就越理想,因为聆听是褒奖对方谈话的一种方式。你能够耐心地倾听对方的谈话,就等于告诉对方:"你是一个值得我倾听你谈话的人。"这样无形中就能提高对方的自尊心,加深彼此间的感情。

历史上和现实中的许多实践表明,在事业上有成就的杰出人物往往善于倾听他人的意见。那些善于倾听他人意见的人总是宾客盈门,因为人们总是喜欢与尊重别人、平易近人的人交往。假如你想成为一个善于公关交谈的人,就应当先成为一个善于专心听别人讲话、鼓励别人多谈他自己成就的人。

善听不仅能交流感情,还有一个很重要的作用就是能捕捉信息、处理信息和及时进行信息反馈。一般说来,谈话是在传递信息,听别人谈话是在接受信息。一个好的聆听者,应该善于捕捉信息,即在一大堆谈话中能捕捉到有用的东西,从而为自己的公关工作找到切入点。

(二)引导对方谈话

我们在公关场合与人谈话,目的是沟通思想、建立感情、形成合作。人们都希望通过语言交流,力图使自己的思想、情感、观念为对方所接受,同时也希望对方能把自己当成真正的朋友,向自己倾诉肺腑之言,说出内心的真实想法。但是在现代社会中,由于各种原因,并不是每一个人都会向你敞开心扉、畅所欲言的,这就需要我们在公关交谈中,要设法激发和引导对方谈话。

在与公关对象交谈时,要积极鼓励对方讲话。我们应当表现出有兴趣的、关心的和赞同的态度,使对方有一种自己被你认同的强烈感受。这时你要鼓励对方多说,如果他没提出让你发表看法时,一般不要插话中断对方的思路,当然在一些细节问题上可以重复对方的语句,以表示重视、肯定和强化其感受。

如:"是的,只有当自己也处在这样的境地才能理解别人的难处。"这样的语句重复是对对方的一种重要的心理支持,也是对他高谈阔论的助兴。

三、恰当赞美公关对象

人人都有自尊心、荣誉感和实现自我价值的欲望,当赞美之词使人的这些心理渴求得到满足时,人们就会感到愉快,受到鼓舞,对赞美者产生亲切感。这就为成功地建立融洽的关系、积极合作、促进理解创造了条件。赞美是公关沟通中建立良好人际关系、激发积极行为的重要方法。

(一)赞美要真诚、具体

只有真心实意的赞美,才有动人的魅力,做作的奉承总会露出虚伪的用心而遭人讨厌。

真诚的赞美一是要所言属实,不能无中生有。

例如,一公关对象确实五官端正,身材苗条,夸她"漂亮""亭亭玉立"并无不当,但若对方其貌不扬,身体肥胖,如此夸她,就会适得其反了。

二是要表达自然，不可矫揉造作。三是要心正意端，不能动机不纯。而且赞美公关对象时，切不可言之无物，一味罗列假大空的套话，而应说出对方值得赞美的具体方面，表达要准确无误，这样才能令对方感动。

（二）赞美要恰到好处

恰到好处就是不夸大其词，赞美语要恰如其分。对公关对象，不要事无巨细都赞美，而是要有分寸、有节制。对一个很平常的表现大加赞扬，使用"真了不起""太伟大了""天下无双"等极端之词，赞美就会失去积极作用，要么因吹捧而有害于人，要么成为戏谑而令人难堪。

（三）赞美要把握时机

所谓把握赞美的时机，一是当对方期待得到赞美或需要赞美时，要及时给予赞美；二是要讲究给予赞美的场合，要考虑是当众赞美，还是避开他人只说给当事人听，或是并不当着当事人的面赞美。一般来说，当人因挫折而情绪低落时，当人获得成绩时，当人特意为某事付出善意的努力时，应毫不吝啬地及时给予其赞美。这样的赞美会使沮丧者恢复自信，使成功者感到快乐，使努力工作者获得慰藉。

四、特殊公关口才技巧

（一）商业谈判的技巧

商业谈判大体有国内谈判和国际谈判两种。无论是哪一种谈判，双方都会派出自己最恰当的人选，在谈判场上努力角逐，倾尽全力，斗智、斗勇、斗口才，以期获得满意的结果。这里不用刀枪，却是唇枪舌剑；这里没有硝烟，却不逊于战场。有时，甚至战场上得不到的东西，谈判桌上却能得到。商业谈判口才之重要，由此可见一斑。

下面简要介绍一下商业谈判中需要注意的几个问题。

1. 旁敲侧击

除了调查研究收集对方资料以外，了解对手还有一种比较有效的方法，就是现场利用公关口才"旁敲侧击"。

例如：谈到产品价格时，当发觉对对方的底细了解得不够清楚时，可迂回曲折地询问一些看似与谈判无关的问题，如打听当地同类产品的市场价格，了解对方企业员工的收入和福利，等等，还可与谈判席上并非最重要的人物，如秘书、助理、随员等聊天，从侧面了解对方的情况，以增加谈判取胜的筹码。

2. 不知彼，莫开口；先知彼，再开口

在商业谈判中，"不知彼，莫开口；先知彼，再开口"的宗旨行之有效。知己知彼能在对方实力明显强于自己的情况下起到保护自己的作用。这样也可以避免开口时机不当导致失误，造成难以协调的后果。

3. 故作"迟钝"

在商业谈判中，有时故作"迟钝"未必不是聪明人。"迟钝"的背后隐藏着过人的精明。在商业活动中，有些人听多说少，甚至不说，显示出一种"迟钝"，其实他们这样做的目的是获得最大的利益。少开口不作无谓的争论，对方就无法了解你的真实想法；反之，你可以探测对方的动机，逐步掌握主动权。谈判中间阶段不能放松警惕，明智的做法是继续研究对方已经透露了多少信息，如何利用这些信息把商业活动引导到自己期望的轨道上来。

(二)电话公关口才的技巧

在当今快节奏、高效率的时代，许多事务的处理都是通过电话完成的，因为电话具有传递迅速、简便经济、效率高、省时省力等优点。不过，其难度较面对面交谈要大，因为一旦开局不好，对方可以轻易地结束这段谈话，即把电话挂掉。因此，电话公关口才需要较高的技巧。

1. 打电话前要先打个腹稿，内容紧凑，不东拉西扯

通话的公关目的要十分明确，要讲的内容需思考清楚，最好记下要点，以免临时表达不清或有所遗忘。另外，备好纸笔，准备随时记录。通话时，不宜谈论与公关意图无关的话题。与通话对象东拉西扯，不着边际地聊天，是非职业化的表现，也会给对方留下缺乏修养的印象。

2. 打电话要讲究礼貌

电话拨通后，先说“您好”，再自报家门，要主次分明。对方讲话时，要不断地辅以“嗯”之类的语气词作答，表示你在认真倾听。通话时还应不时地称呼对方的姓氏或官衔，这样能使对方听起来感到亲切愉快。在相互问好后，应立即转入主题，先通报要点，给对方一个整体印象，如“有一件事情想和您商量”“有几项通知告诉您”，然后再依次叙述。通话完毕后，不应急于放下电话，要说“谢谢”“再会”“再见”等，让对方先结束通话，自己再轻放电话。如果来电话的人需要留言，那就要准确记下日期，来电话人的单位、姓名、电话号码、所交代的事项等。为了无误，还可将内容复述给对方听，核对后再放下电话。

3. 说话时要口齿清楚

语调应始终保持轻松愉快，语速要适中，重要地方最好加重一下语气，必要时可询问对方是否听清楚了。

4. 若要说服别人，先要说服自己

电话公关过程中，你的声音里千万不要缺乏自信。软弱无力的话语，一听就没有自信，说出去效果自然很差。而充满力度的声音会让人耳目一新，不仅会让对方重视你提出的问题，还会对你深表好感。

综合技能训练

一、假如你是某单位的员工，领导对你不怎么了解，你有一个对单位发展很好的建议和想法想去和领导谈谈，借此让领导熟悉你，创设一个这样的情景，登台演示。

二、假如你们社团要举办一个活动，你作为代表去一个可以为你们社团在活动中做些宣传的公司拉赞助，创设一个这样的公关口才交际的情景，登台演示。

三、假如你是某单位办公室人员，单位为扩大影响，欲举办一个各方人士聚集的联谊活动，创设这样一个情景，请你对其中的一些人进行公关口才交际表达。

参考文献

[1]叶童.世界著名演说家演说实录[M].天津:天津人民出版社,1996.
[2]曾湘宜.演讲与口才[M].成都:西南财经大学出版社,2008.
[3]蒋红梅,杨毓敏.演讲与口才实训教程[M].北京:清华大学出版社,2009.
[4]王舒.青少年必备演讲与口才全书[M].北京:企业管理出版社,2007.
[5]刘建祥.演讲与口才应用知识大全[M].长沙:湖南人民出版社,2006.
[6]曾湘宜.演讲与口才[M].北京:北京工业大学出版社,2006.
[7]钱奇佳.演讲与口才[M].合肥:安徽大学出版社,2006.
[8]李华荣.演讲与口才[M].北京:中国经济出版社,2005.